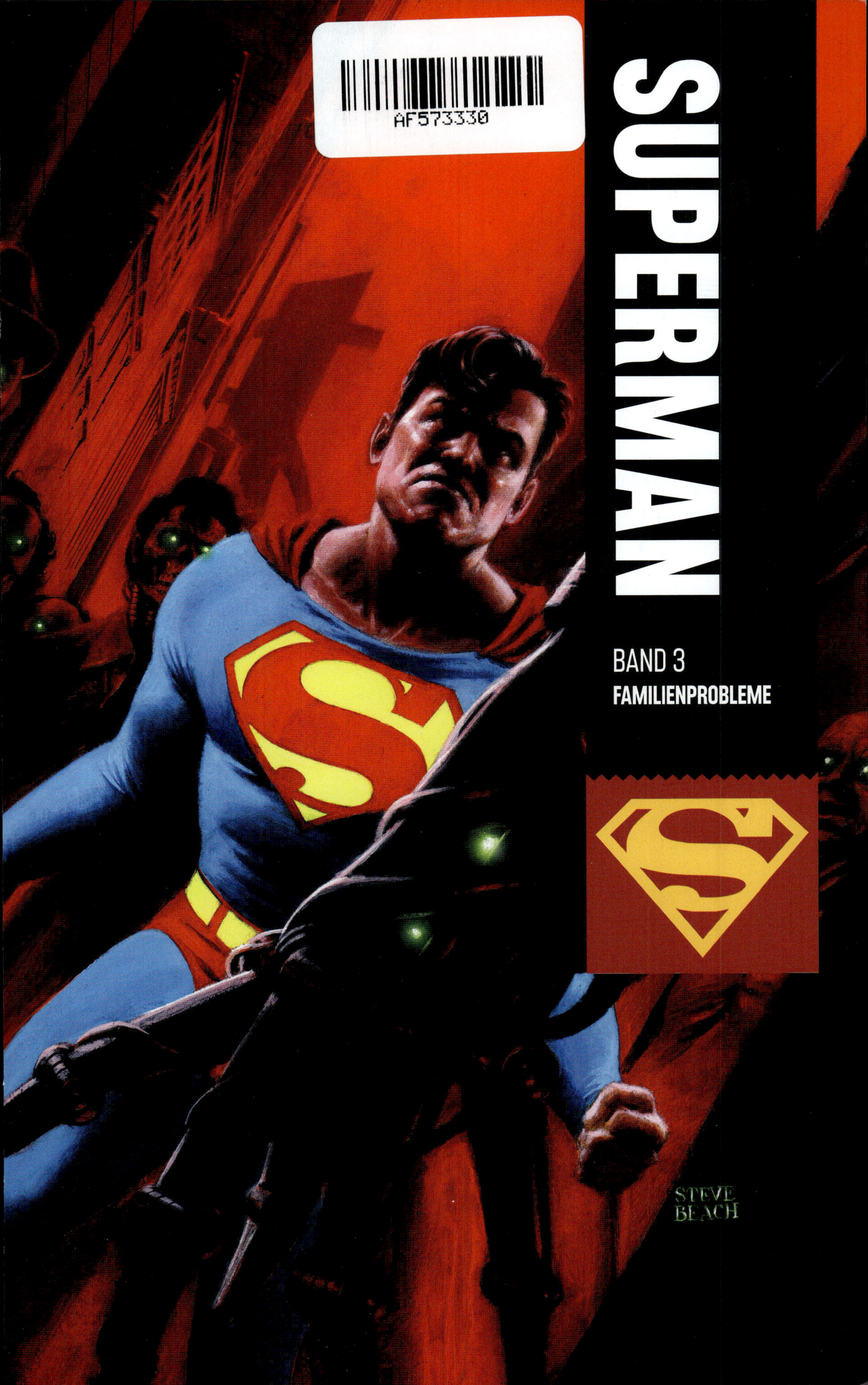
AF573330
SUPERMAN
BAND 3
FAMILIENPROBLEME
STEVE BEACH

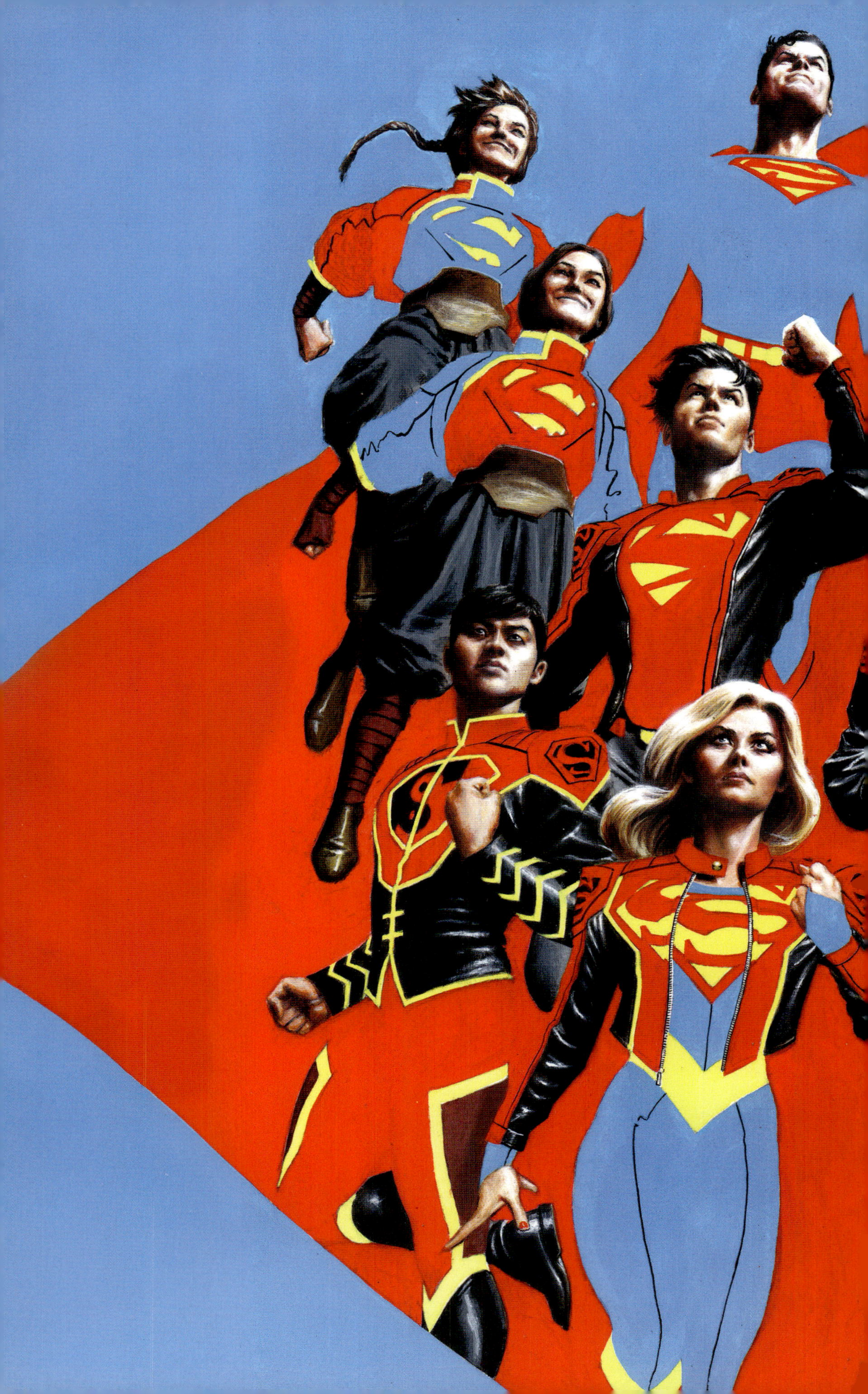

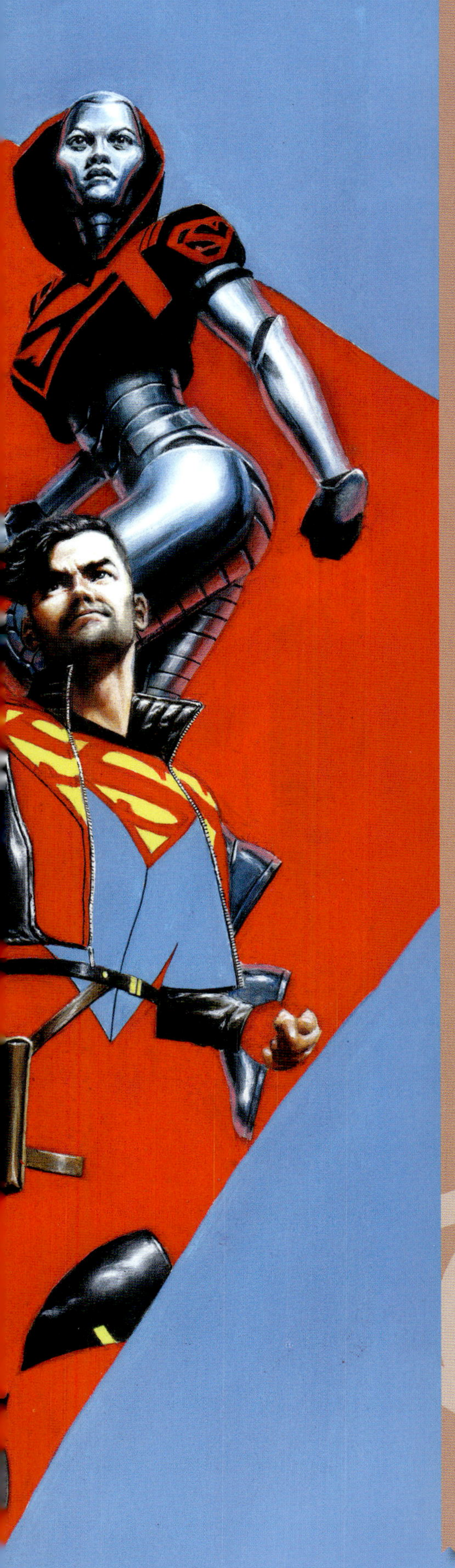

NEUE GEFAHREN

Metropolis ... ist sie die **Stadt der Geheimnisse** oder die **Stadt von Morgen**?! In jedem Fall ist sie der Ort, den **Superman** seine Heimat nennt, auch wenn in der Millionenmetropole vieles im Wandel ist. In den ersten beiden Ausgaben unserer Serie haben wir gesehen, wie Supermans Erzfeind **Lex Luthor** seine Firma **LexCorp** dem **Stählernen** überschrieben hat und in **Supercorp** umbenennen ließ. Das inhaftierte und offenbar geläuterte Supergenie veranlasste dies, um der Gefahr der wahnsinnigen Wissenschaftsgenies **Dr. Pharm** und **Mr. Graft** Herr zu werden, die die Heimatstadt des Stählernen als Petrischale für ihre kranken Experimente und ihre Rache am verhassten Luthor betrachten.
Zeitgleich zu diesen Ereignissen passierte in der Welt von Superman und dessen erweiterter stählerner Familie aber noch wesentlich mehr, wovon dieser Band, der die Storys aus der US-Serie *Action Comics* sammelt, erzählt:
Nach seiner Rückkehr von **Warworld** wird Superman nicht nur von seinem Super-Sohn **Jon Kent**, den Technik-Genies **John Henry** und **Natasha Irons** und dem Superklon **Conner Kent** freudig begrüßt, er bringt auch zwei neue Mitglieder für die Superman-Familie mit: **Osul-Ra** und **Otho-Ra** sind Geschwister vom kryptonischen Volksstamm der **Phälosianer**, die der **Mann von Morgen** auf Warworld befreite. Andere Aliens, die Superman ebenfalls gerettet hat, werden im neuen Stadtteil **A-Town** angesiedelt, dessen Einrichtung bei einigen Bürgern aus Metropolis jedoch für Unmut sorgt. Zudem ist **John Corben** alias **Metallo** ein gefährliches Bündnis mit Lex Luthor eingegangen. Vor Luthors Läuterung hat das Supergenie dem Mann mit dem Kryptoniterzen einen neuen künstlichen Körper gegeben, der über Warworld-Technologie verfügt. Corben war dazu nur widerwillig bereit, um seiner in Not geratenen Schwester **Tracy Corben** zu helfen. Doch mit seiner neu gewonnenen Macht könnte er für Superman zu einer tödlichen Gefahr werden ...

Christian Heiß

PHILLIP KENNEDY JOHNSON
Story

RAFA SANDOVAL
MAX RAYNOR
Zeichnungen & Tusche

MATT HERMS
Farben

CHRISTIAN HEISS
Übersetzung

WALPROJECT
Lettering

DAN MORA
STEVE BEACH
SEBASTIÁN FIUMARA
Original-Cover

Superman geschaffen von **Jerry Siegel** und **Joe Shuster**.
Superboy geschaffen von **Jerry Siegel**.
Supergirl nach Ideen von **Jerry Siegel** und **Joe Shuster**.
Mit besonderer Genehmigung der **Jerry Siegel**-Familie.

SUPERMAN erscheint bei **PANINI COMICS**, Schloßstraße 76, D-70176 Stuttgart. Druck: Lito Terrazzi S.r.l. – Prato. Pressevertrieb: Stella Distribution GmbH, D-22297 Hamburg. Direkt-Abos auf **www.paninicomics.de**. Geschäftsführer **Hermann Paul**, Publishing Director Europe **Marco M. Lupoi**, Finanzen/Logistik **Felix Bauer**, Marketing Director **Holger Wiest**, Marketing **Thorsten Kleinheinz**, Vertrieb **Alexander Bubenheimer**, PR/Presse **Steffen Volkmer**, Publishing Manager **Lisa Pancaldi**, Redaktion **Tommaso Caretti**, **Christian Grass**, **Christian Heiß**, **Monika Trost**, **Daniela Uhlmann**, **Jürgen Zahn**, Übersetzung **Christian Heiß**, Proofreading **Katrin Hoppe**, Lettering **Walproject**, grafische Gestaltung **Rudy Remitti**, **Nicola Spano**, Art Director **Alessandro Gucciardo**, Redaktion Panini Comics **Annalisa Califano**, **Beatrice Doti**, Prepress **Francesca Aiello**, **Andrea Bisi**, Repro/Packager **Alessandro Nalli** (coordinator), **Anna Boselli**, **Mario Da Rin Zanco**, **Valentina Esposito**, **Luca Ficarelli**, **Linda Leporati**. Compilation, cover and all new material Copyright © 2024 DC. All Rights Reserved. Originally published in the US in single magazine form in ACTION COMICS #1051-1056. Copyright © 2023 DC. All Rights Reserved. Original U.S. editors: Jillian Grant, Paul Kaminski. All characters, their distinctive likenesses and related elements featured in this publication are trademarks of DC. The stories, characters and incidents featured in this publication are entirely fictional. DC does not read or accept unsolicited submissions of ideas, stories or artwork. Superman created by Jerry Siegel and Joe Shuster. By special arrangement with the Jerry Siegel family. Published by Panini Verlags-GmbH under license from DC. Any inquiries should be addressed to DC, c/o Panini Verlags-GmbH, Schloßstraße 76, D-70176 Stuttgart. Cover von **Dan Mora**, *Action Comics* 1051.

Digitale Ausgaben:
ISBN 978-3-7569-1526-2 (.pdf) / ISBN 978-3-7569-1527-9 (.epub) / ISBN 978-3-7569-1528-6 (.mobi)

Bibliografische Information der Deutschen Nationalbibliothek
Die Deutsche Nationalbibliothek verzeichnet diese Publikation in der Deutschen Nationalbibliografie; detaillierte bibliografische Daten sind im Internet über dnb.d-nb.de abrufbar.

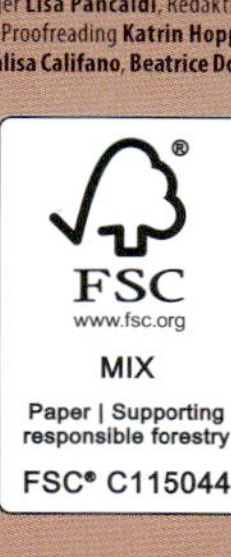

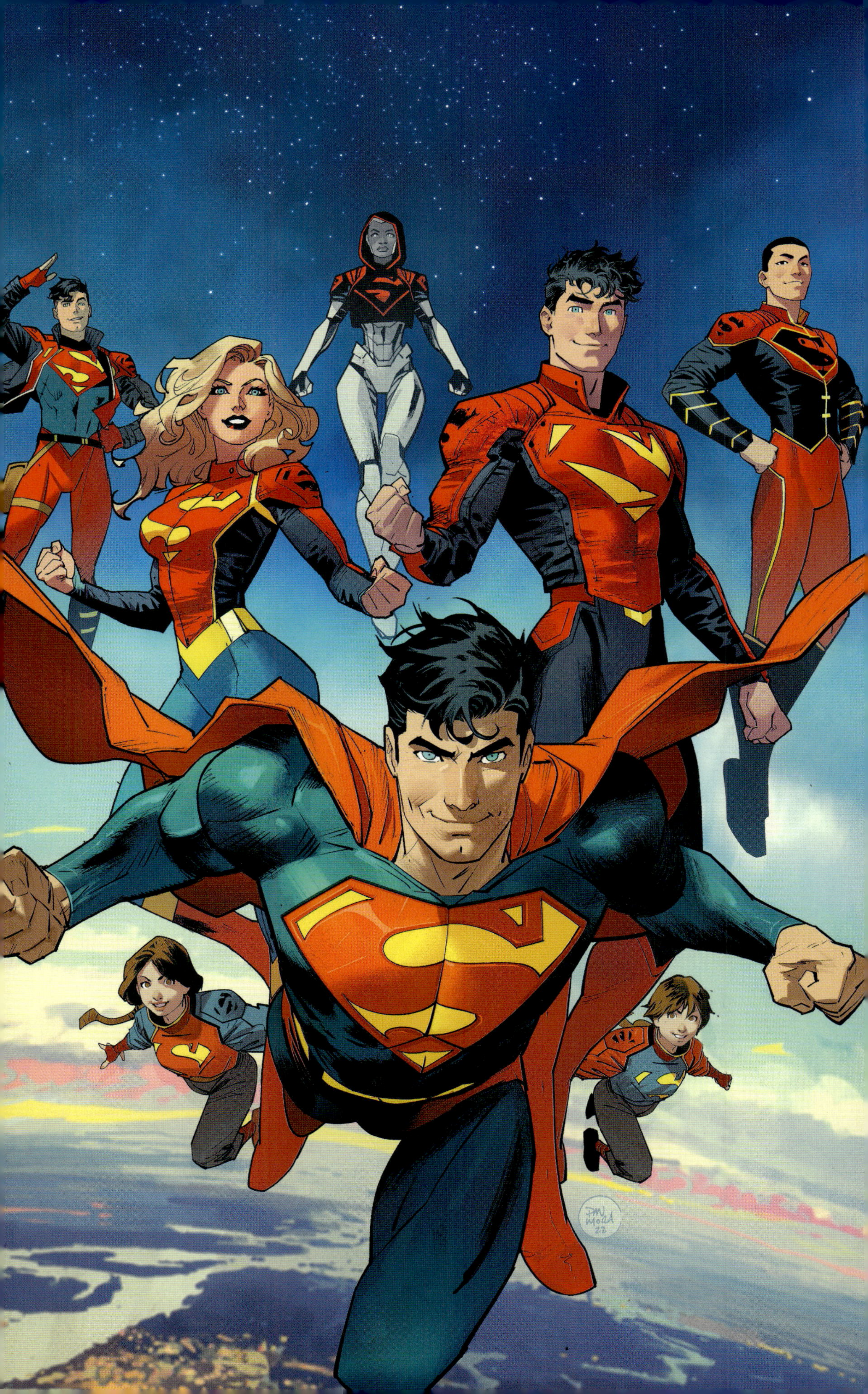

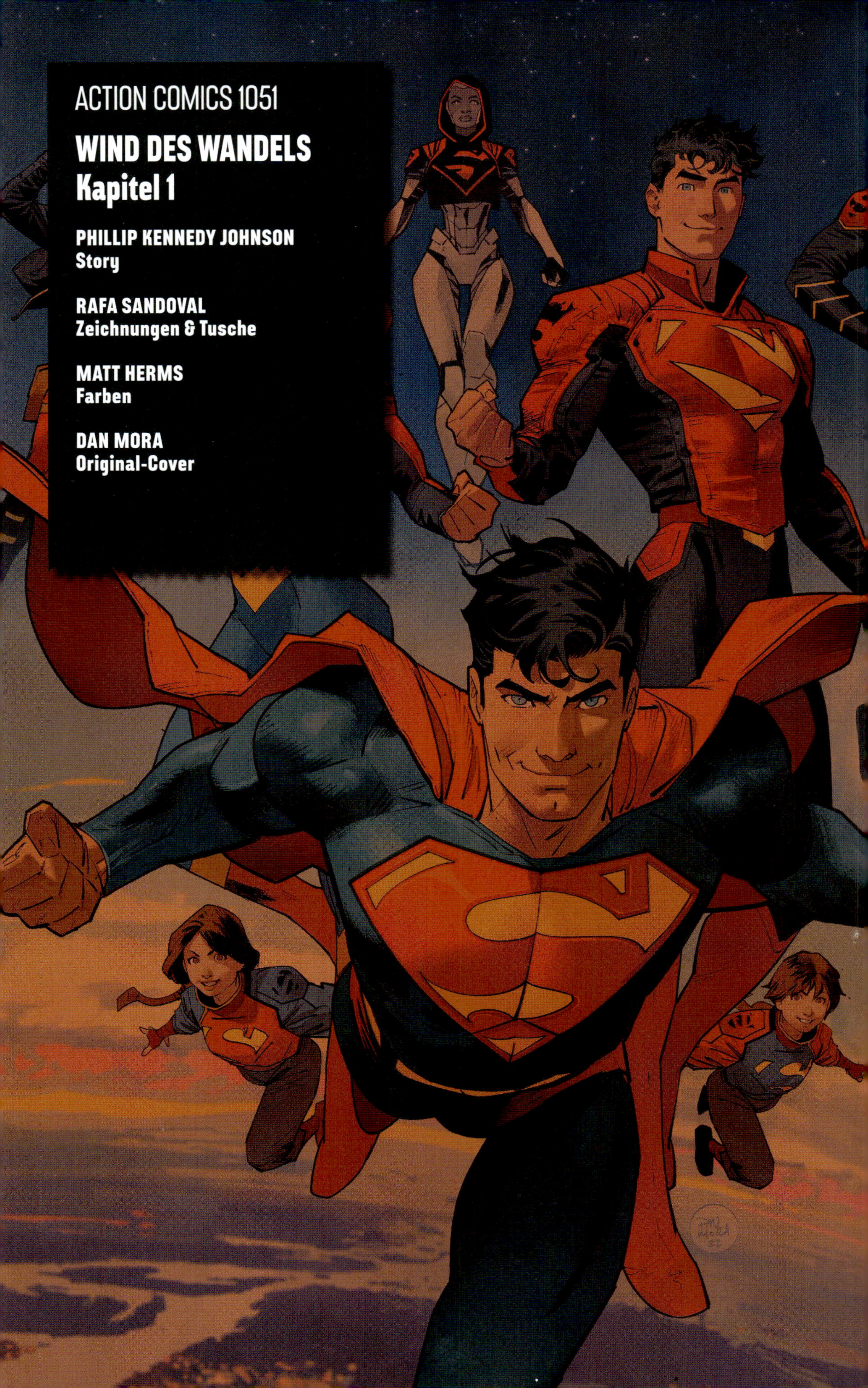
ACTION COMICS 1051
WIND DES WANDELS
Kapitel 1
PHILLIP KENNEDY JOHNSON
Story
RAFA SANDOVAL
Zeichnungen & Tusche
MATT HERMS
Farben
DAN MORA
Original-Cover

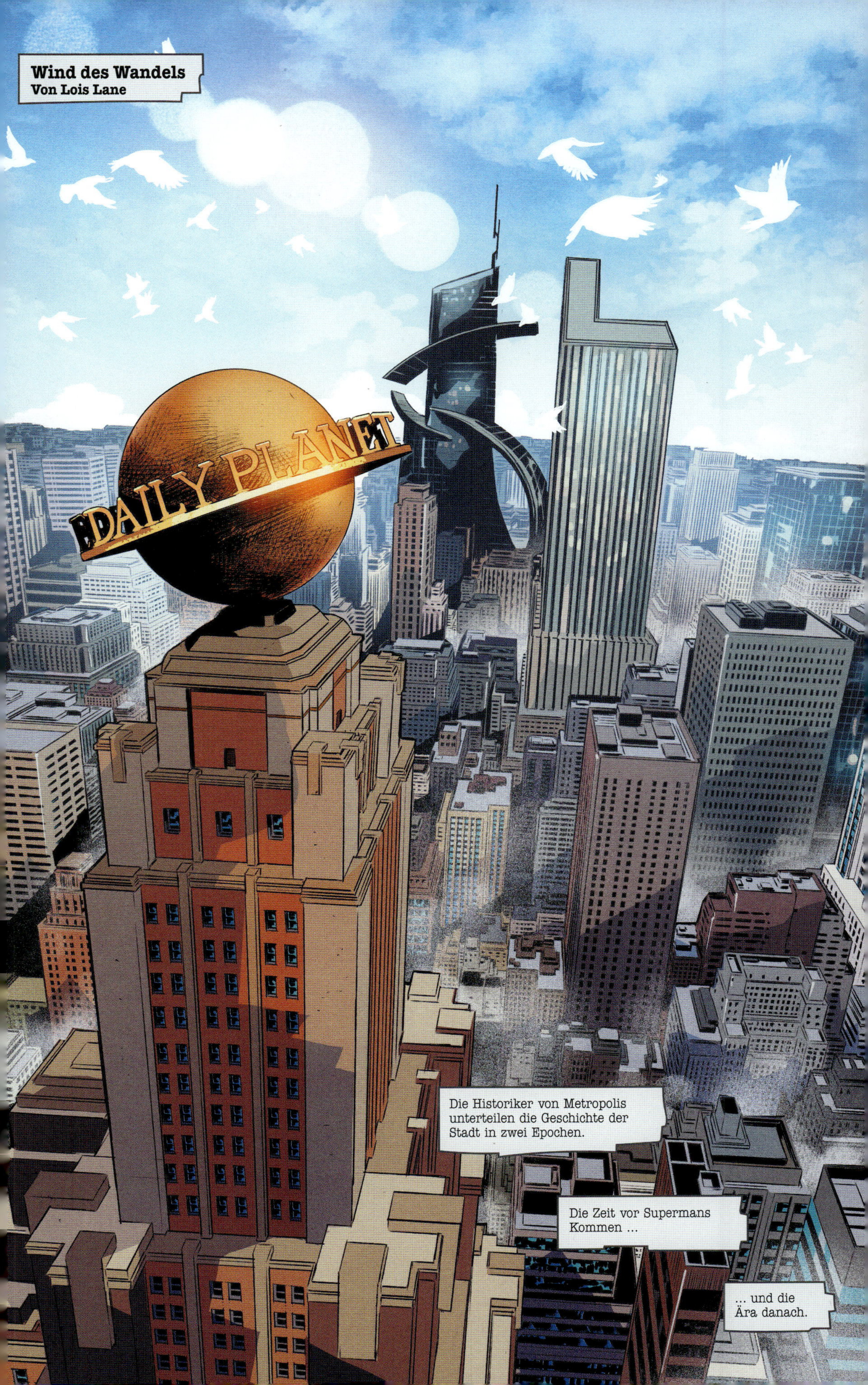
Wind des Wandels
Von Lois Lane
DAILY PLANET
Die Historiker von Metropolis unterteilen die Geschichte der Stadt in zwei Epochen.
Die Zeit vor Supermans Kommen ...
... und die Ära danach.

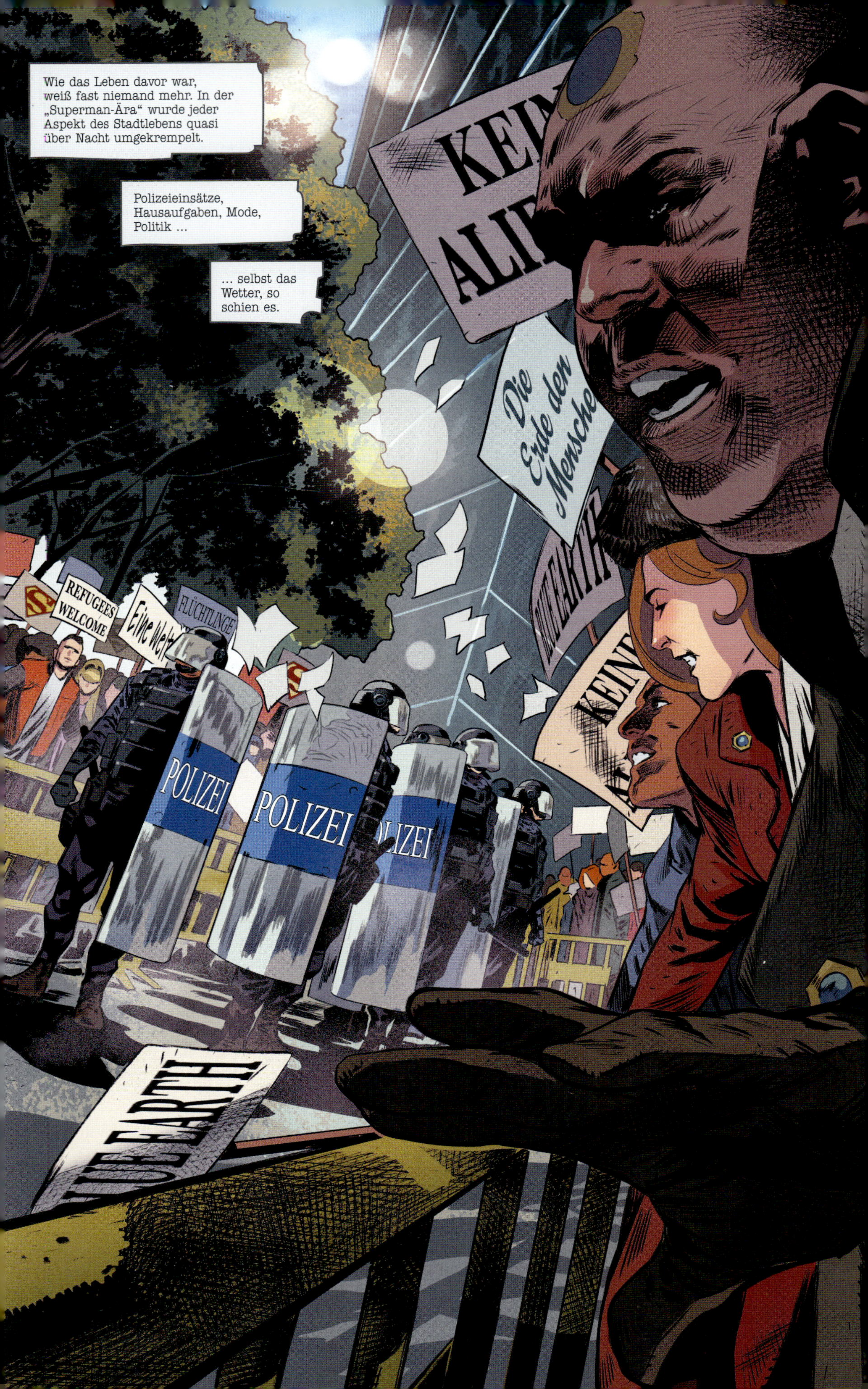
Wie das Leben davor war, weiß fast niemand mehr. In der „Superman-Ära“ wurde jeder Aspekt des Stadtlebens quasi über Nacht umgekrempelt.
Polizeieinsätze, Hausaufgaben, Mode, Politik ...
... selbst das Wetter, so schien es.
REFUGEES WELCOME
Eine Welt
FLÜCHTLINGE
POLIZEI
POLIZEI
KEIN

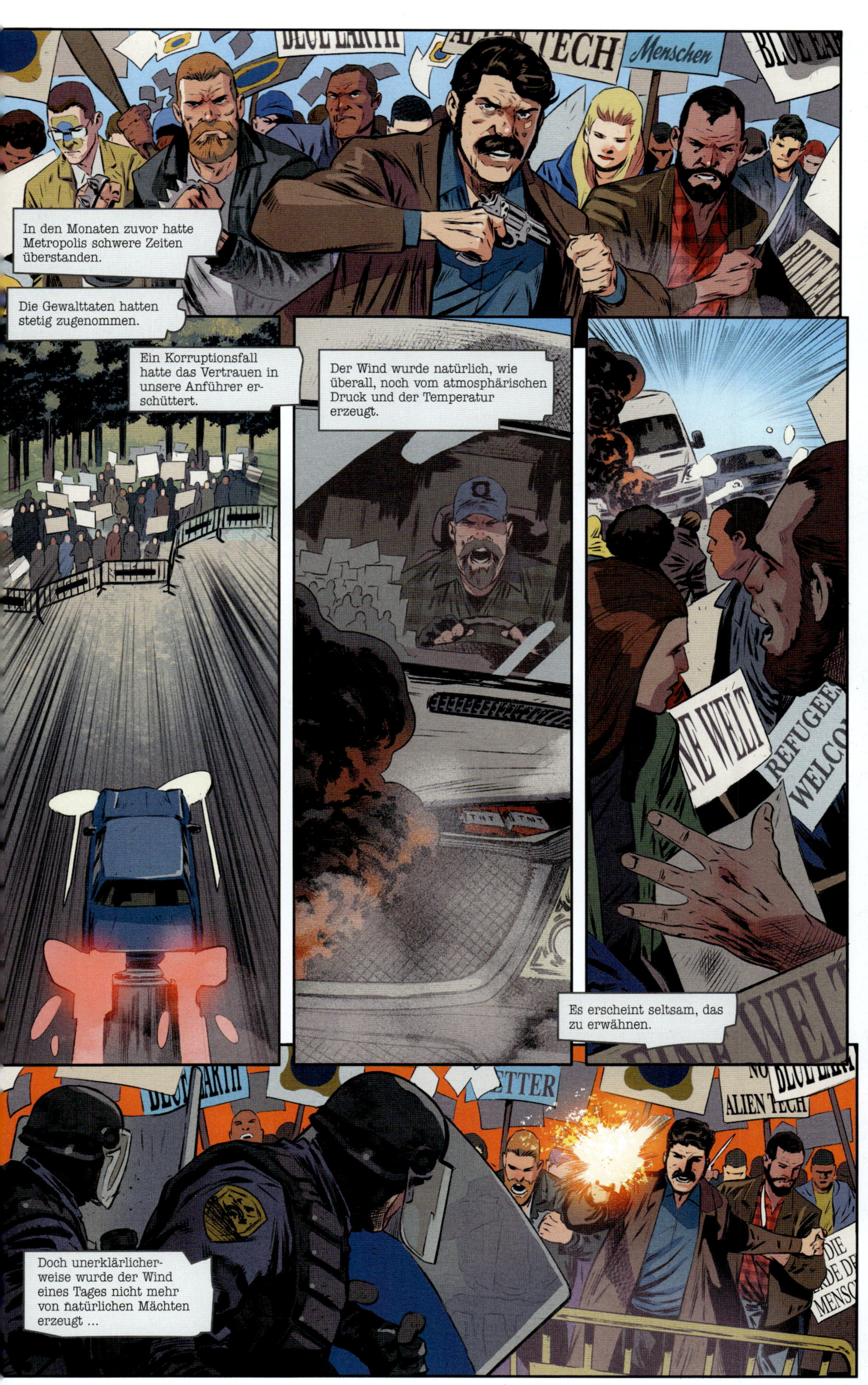
Menschen
In den Monaten zuvor hatte Metropolis schwere Zeiten überstanden.
Die Gewalttaten hatten stetig zugenommen.
Ein Korruptionsfall hatte das Vertrauen in unsere Anführer erschüttert.
Der Wind wurde natürlich, wie überall, noch vom atmosphärischen Druck und der Temperatur erzeugt.
Es erscheint seltsam, das zu erwähnen.
ALIEN TECH
Doch unerklärlicherweise wurde der Wind eines Tages nicht mehr von natürlichen Mächten erzeugt …

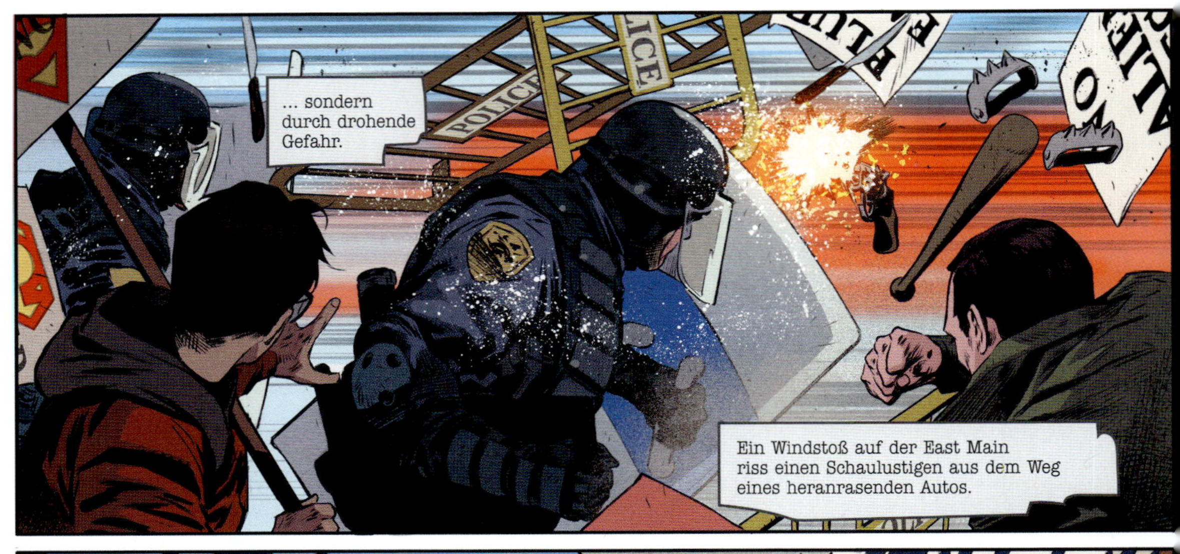

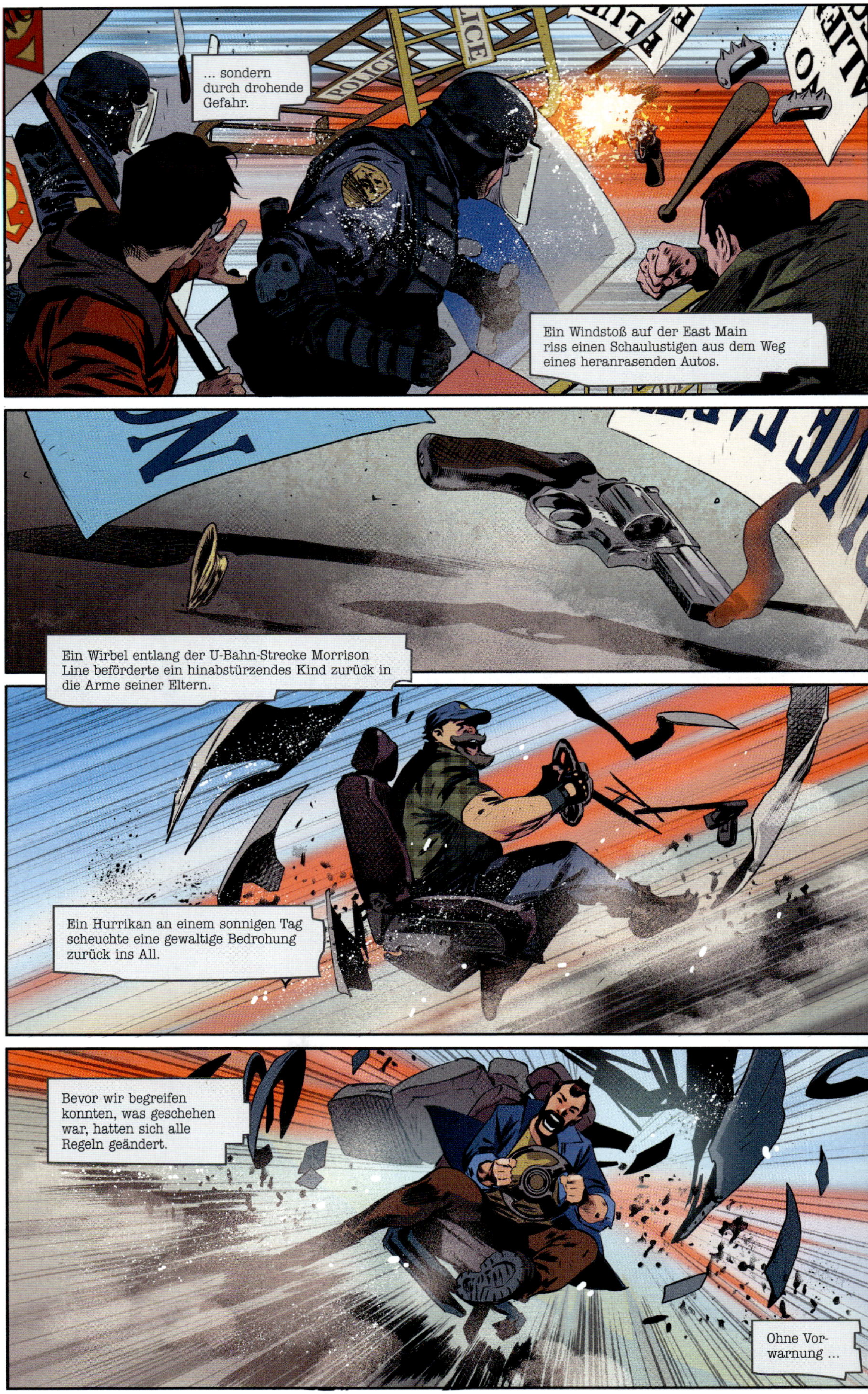

Ein Wirbel entlang der U-Bahn-Strecke Morrison Line beförderte ein hinabstürzendes Kind zurück in die Arme seiner Eltern.

Ein Hurrikan an einem sonnigen Tag scheuchte eine gewaltige Bedrohung zurück ins All.

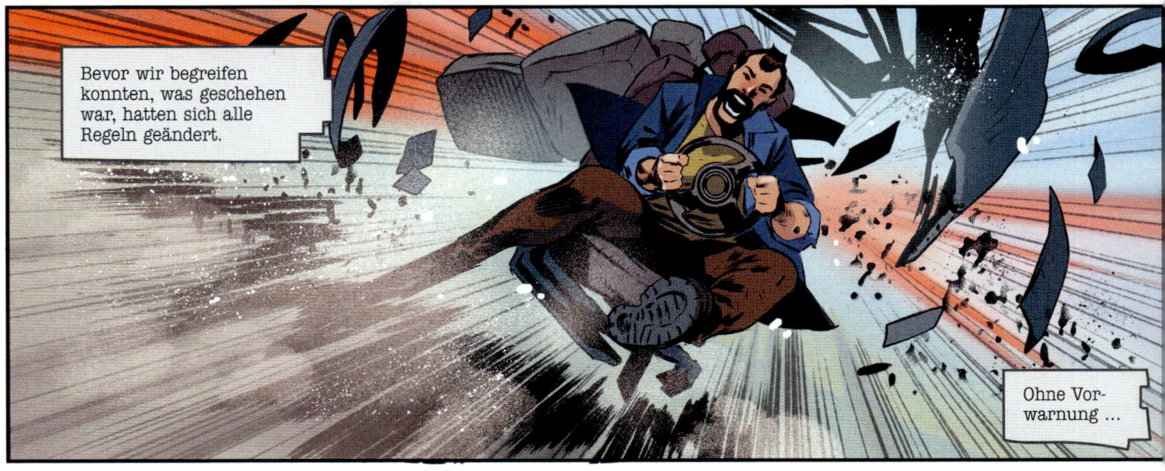

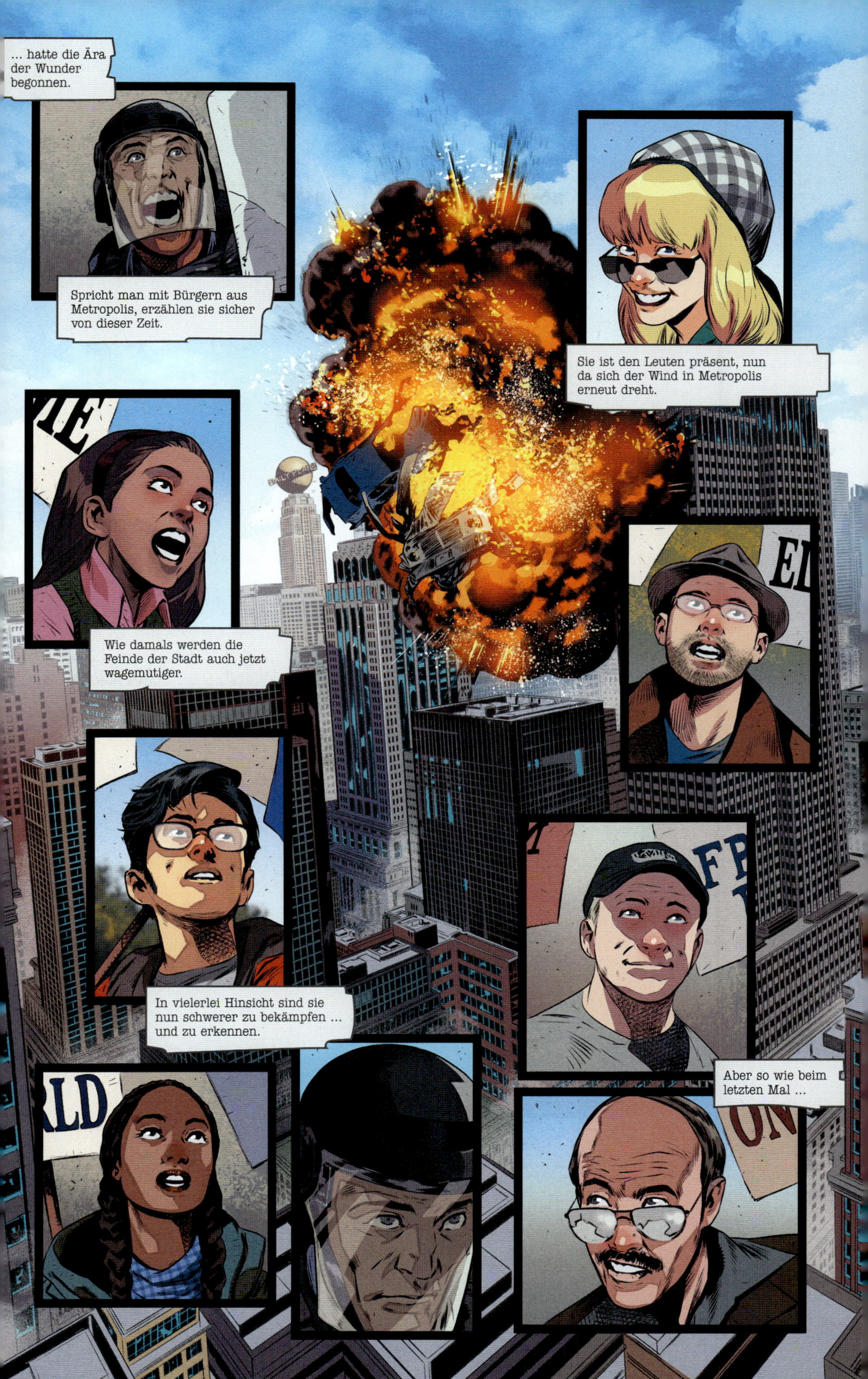
… hatte die Ära der Wunder begonnen.
Spricht man mit Bürgern aus Metropolis, erzählen sie sicher von dieser Zeit.
Sie ist den Leuten präsent, nun da sich der Wind in Metropolis erneut dreht.
Wie damals werden die Feinde der Stadt auch jetzt wagemutiger.
In vielerlei Hinsicht sind sie nun schwerer zu bekämpfen … und zu erkennen.
Aber so wie beim letzten Mal …

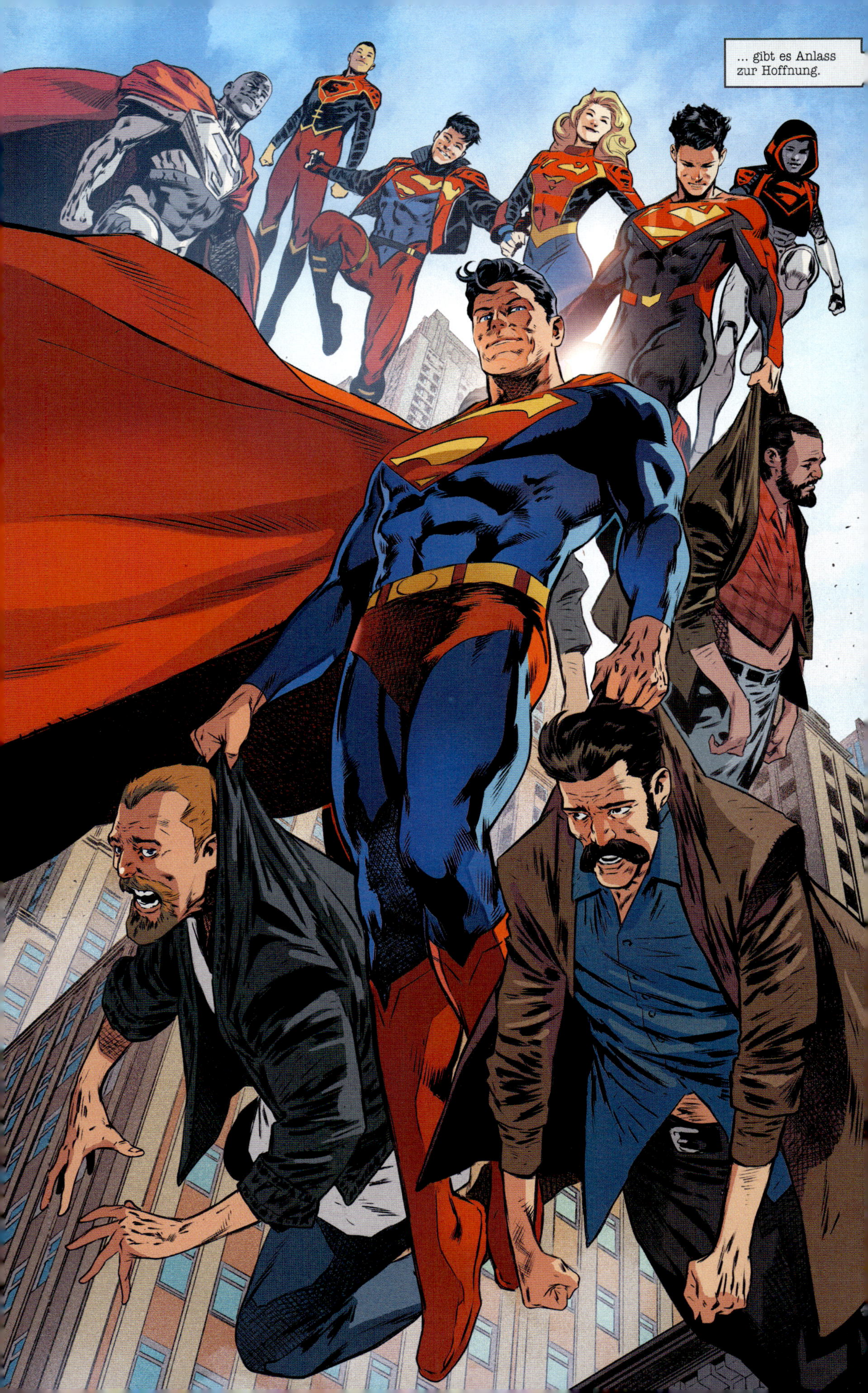
... gibt es Anlass
zur Hoffnung.

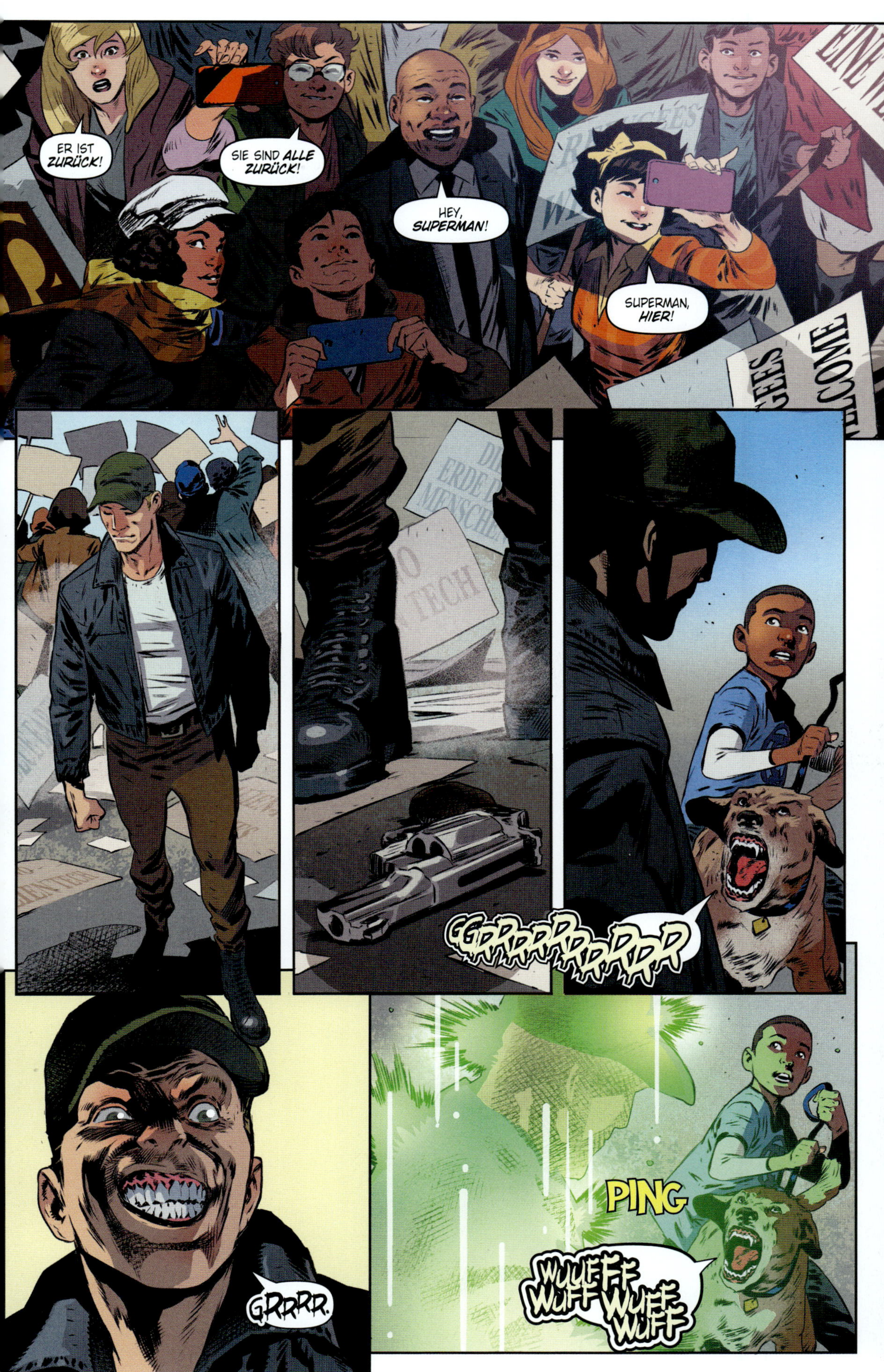
ER IST ZURÜCK!
SIE SIND ALLE ZURÜCK!
HEY, SUPERMAN!
SUPERMAN, HIER!
GGRRRRRRRRRRRR
GRRRRD.
PING
WUFFFF WUFF WUFF WUFF

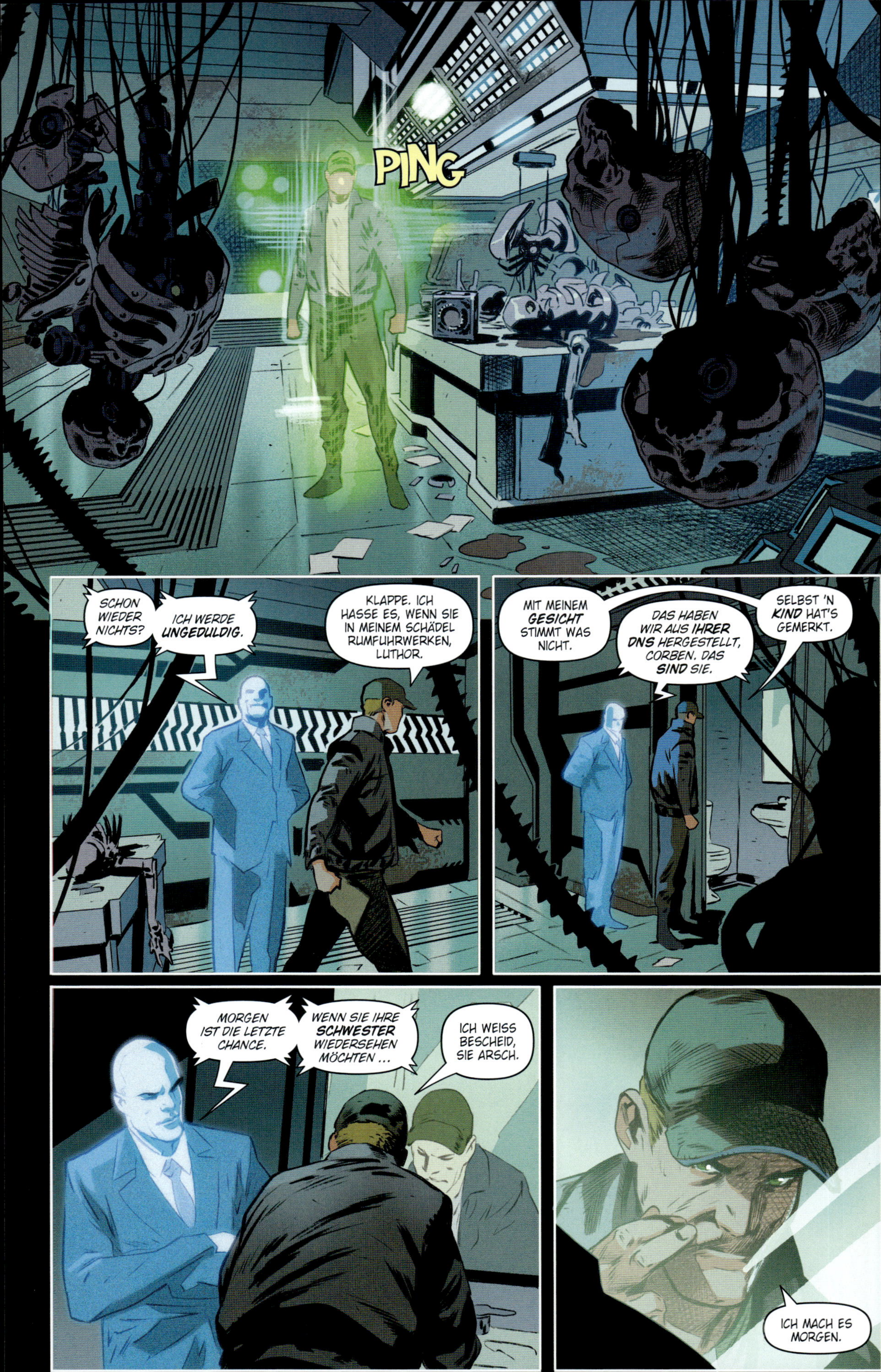

PING

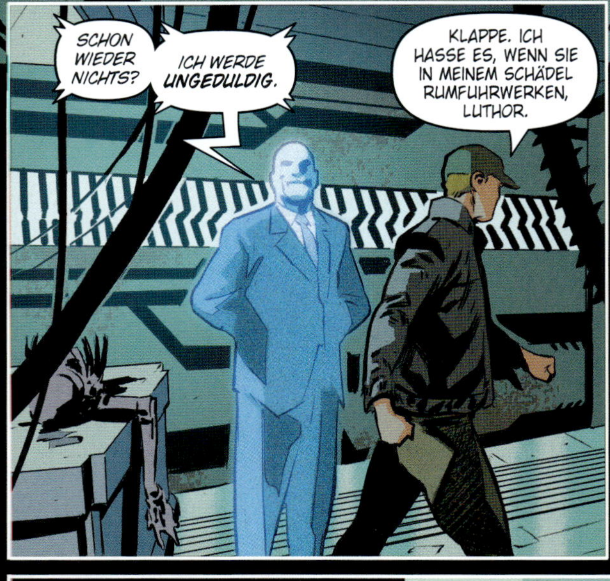
SCHON WIEDER NICHTS?
ICH WERDE **UNGEDULDIG**.
KLAPPE. ICH HASSE ES, WENN SIE IN MEINEM SCHÄDEL RUMFUHRWERKEN, LUTHOR.

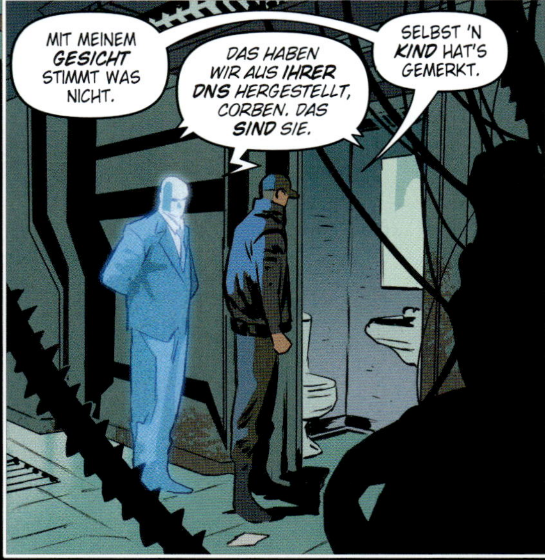
MIT MEINEM **GESICHT** STIMMT WAS NICHT.
DAS HABEN WIR AUS **IHRER DNS** HERGESTELLT, CORBEN. DAS **SIND** SIE.
SELBST 'N **KIND** HAT'S GEMERKT.

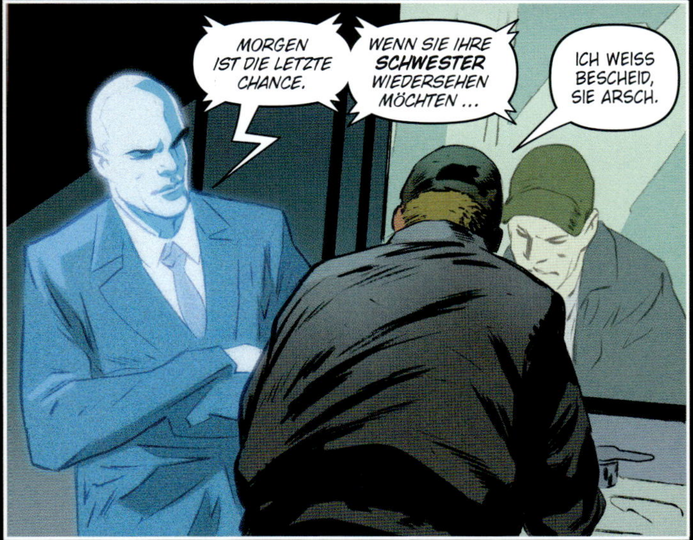
MORGEN IST DIE LETZTE CHANCE.
WENN SIE IHRE **SCHWESTER** WIEDERSEHEN MÖCHTEN ...
ICH WEISS BESCHEID, SIE ARSCH.

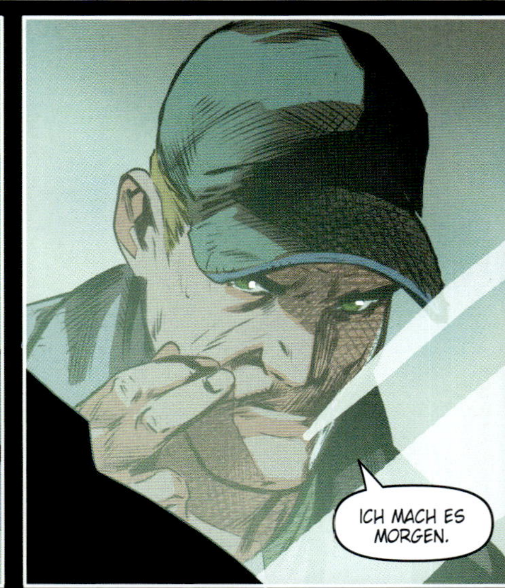
ICH MACH ES MORGEN.

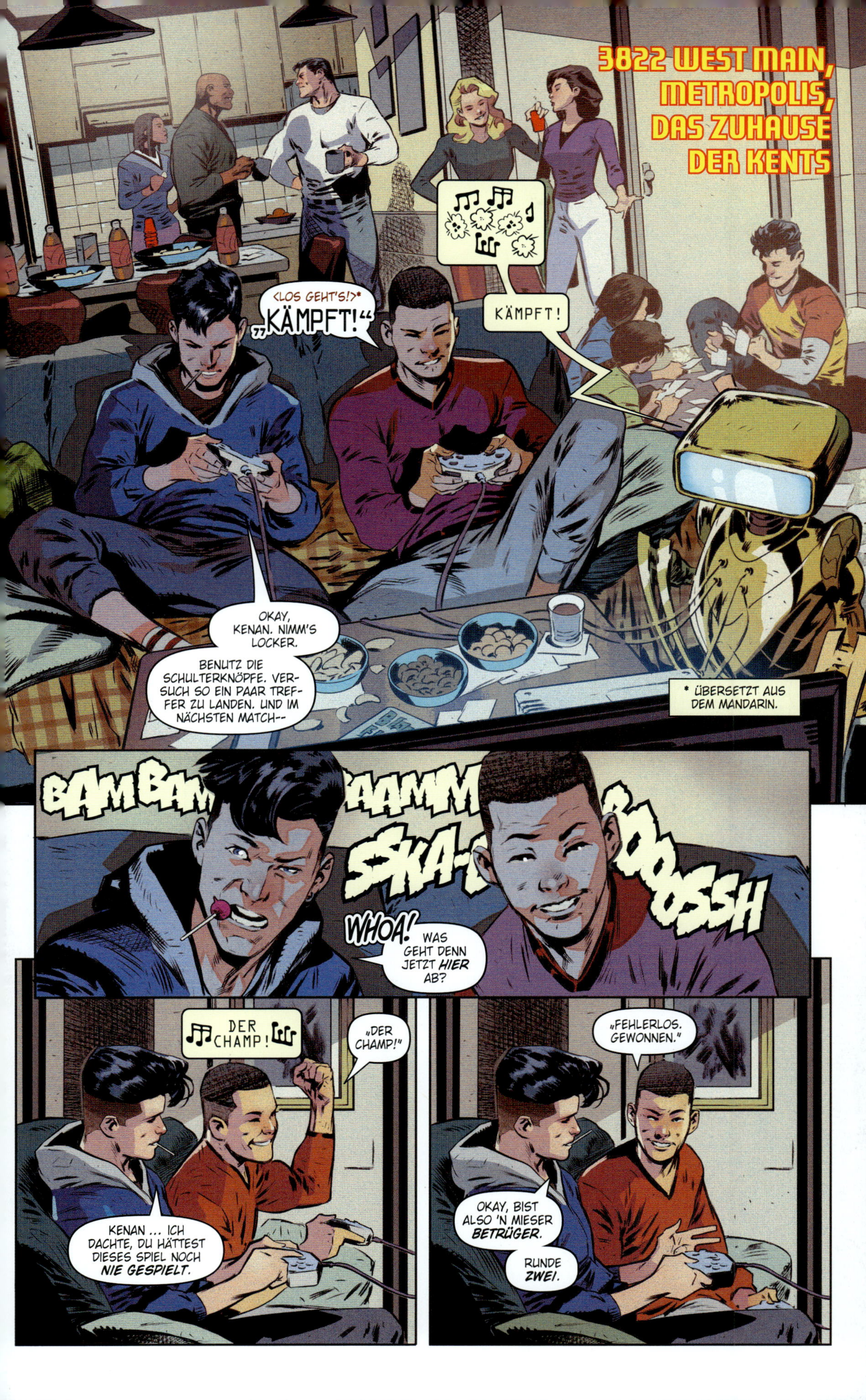
3822 WEST MAIN, METROPOLIS, DAS ZUHAUSE DER KENTS
<LOS GEHT'S!>* „KÄMPFT!"
KÄMPFT!
OKAY, KENAN. NIMM'S LOCKER.
BENUTZ DIE SCHULTERKNÖPFE. VERSUCH SO EIN PAAR TREFFER ZU LANDEN. UND IM NÄCHSTEN MATCH--
* ÜBERSETZT AUS DEM MANDARIN.
BAM BAM
BAAMM
SSKA-
OOOSSH
WHOA!
WAS GEHT DENN JETZT *HIER* AB?
DER CHAMP!
„DER CHAMP!"
KENAN ... ICH DACHTE, DU HÄTTEST DIESES SPIEL NOCH *NIE GESPIELT.*
„FEHLERLOS. GEWONNEN."
OKAY, BIST ALSO 'N MIESER *BETRÜGER.*
RUNDE *ZWEI.*

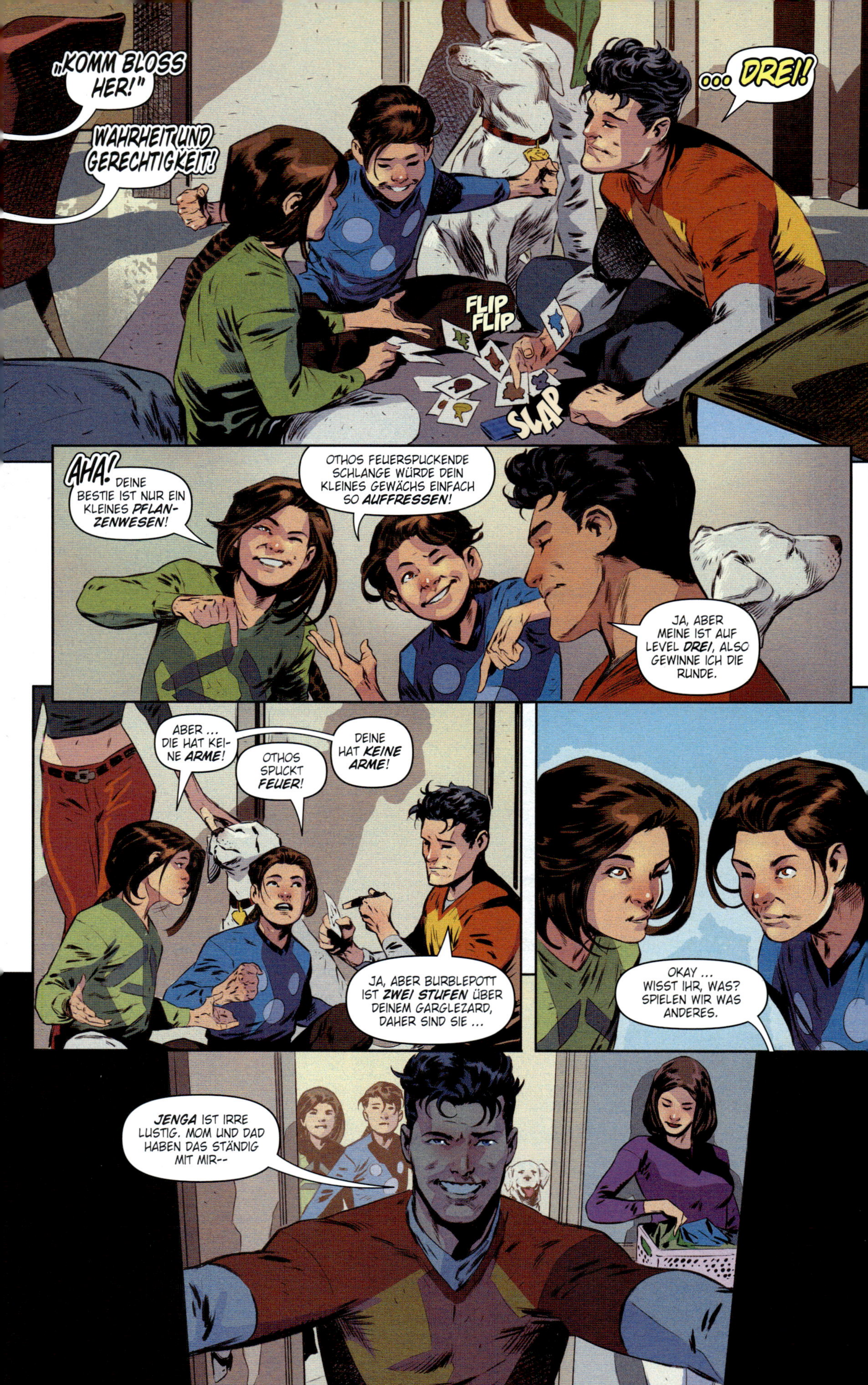
„KOMM BLOSS HER!"
WAHRHEIT UND GERECHTIGKEIT!
... DREI!
FLIP FLIP
SLAP
AHA! DEINE BESTIE IST NUR EIN KLEINES PFLANZENWESEN!
OTHOS FEUERSPUCKENDE SCHLANGE WÜRDE DEIN KLEINES GEWÄCHS EINFACH SO AUFFRESSEN!
JA, ABER MEINE IST AUF LEVEL DREI, ALSO GEWINNE ICH DIE RUNDE.
ABER ... DIE HAT KEINE ARME!
OTHOS SPUCKT FEUER!
DEINE HAT KEINE ARME!
JA, ABER BURBLEPOTT IST ZWEI STUFEN ÜBER DEINEM GARGLEZARD, DAHER SIND SIE ...
OKAY ... WISST IHR, WAS? SPIELEN WIR WAS ANDERES.
JENGA IST IRRE LUSTIG. MOM UND DAD HABEN DAS STÄNDIG MIT MIR--

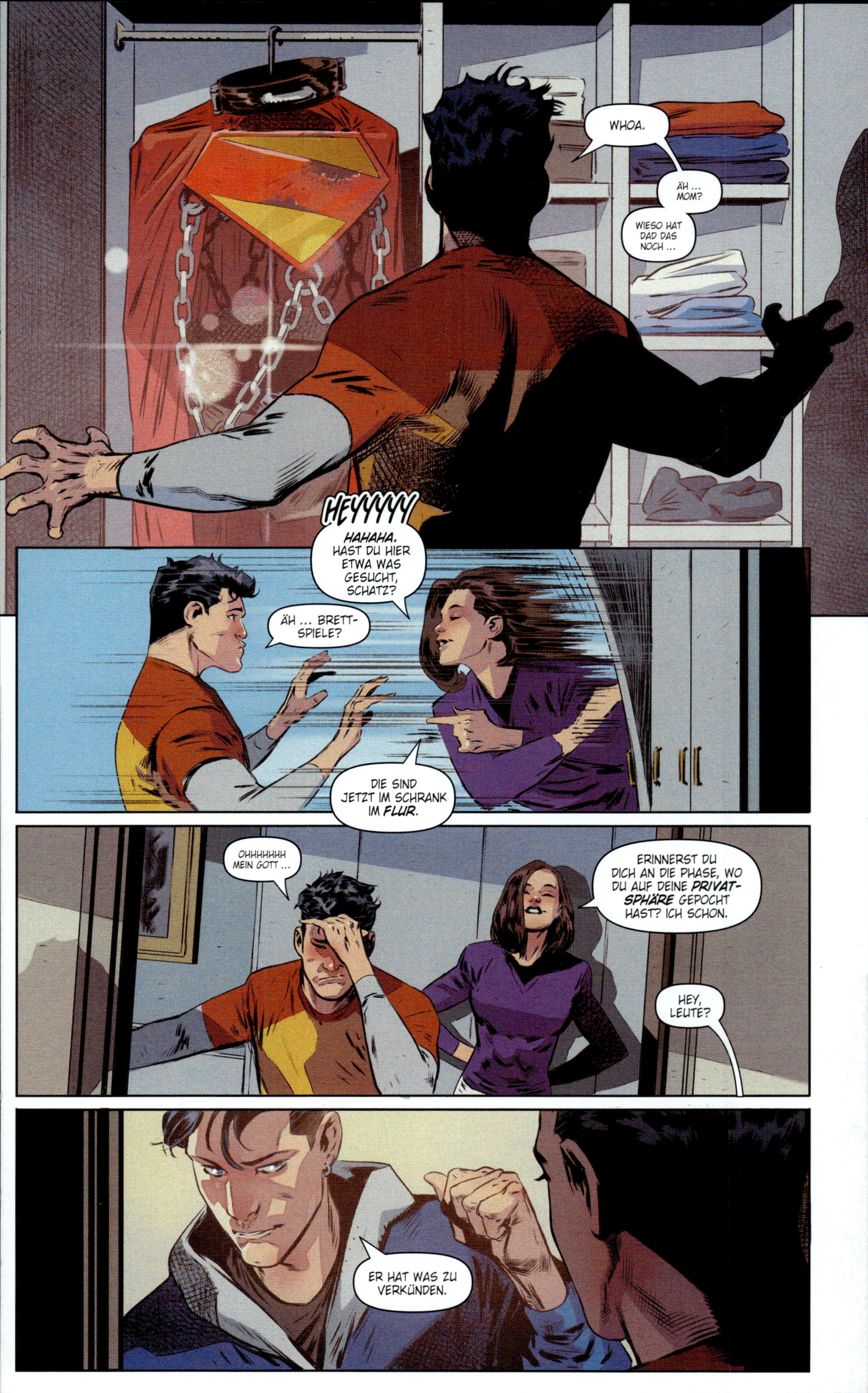

WHOA.
ÄH … MOM?
WIESO HAT DAD DAS NOCH …
HEYYYYY
HAHAHA. HAST DU HIER ETWA WAS GESUCHT, SCHATZ?
ÄH … BRETT-SPIELE?
DIE SIND JETZT IM SCHRANK IM *FLUR*.
OHHHHHHH MEIN GOTT …
ERINNERST DU DICH AN DIE PHASE, WO DU AUF DEINE *PRIVAT-SPHÄRE* GEPOCHT HAST? ICH SCHON.
HEY, LEUTE?

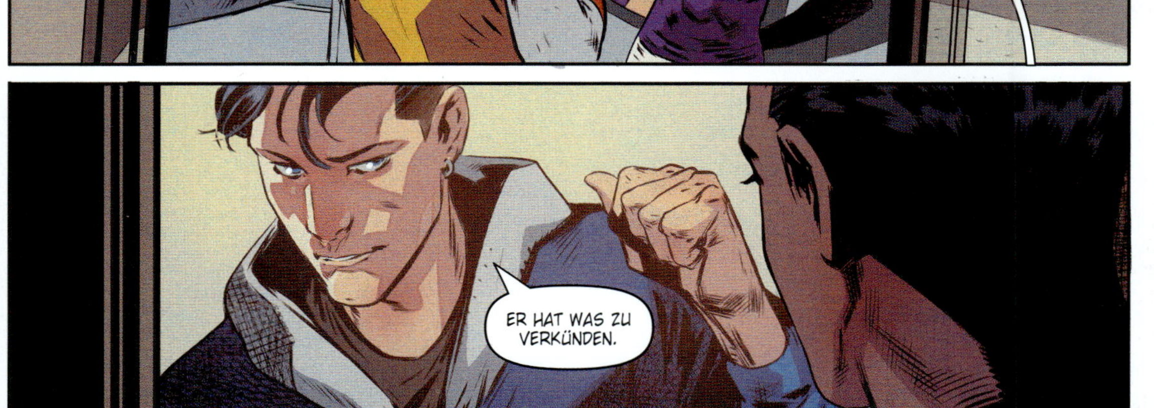
ER HAT WAS ZU VERKÜNDEN.

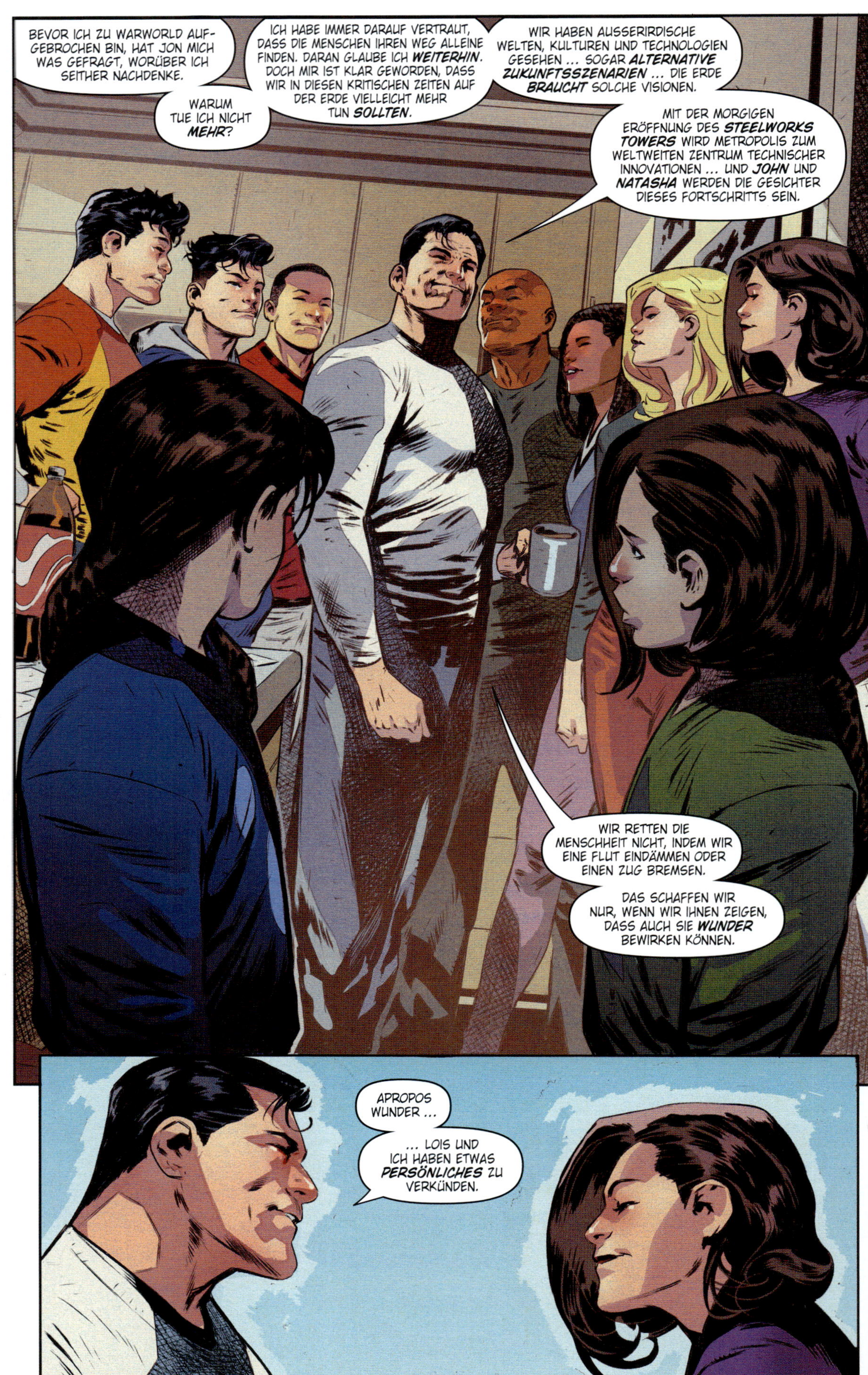
BEVOR ICH ZU WARWORLD AUFGEBROCHEN BIN, HAT JON MICH WAS GEFRAGT, WORÜBER ICH SEITHER NACHDENKE.
WARUM TUE ICH NICHT *MEHR*?
ICH HABE IMMER DARAUF VERTRAUT, DASS DIE MENSCHEN IHREN WEG ALLEINE FINDEN. DARAN GLAUBE ICH *WEITERHIN*. DOCH MIR IST KLAR GEWORDEN, DASS WIR IN DIESEN KRITISCHEN ZEITEN AUF DER ERDE VIELLEICHT MEHR TUN *SOLLTEN*.
WIR HABEN AUSSERIRDISCHE WELTEN, KULTUREN UND TECHNOLOGIEN GESEHEN ... SOGAR *ALTERNATIVE ZUKUNFTSSZENARIEN* ... DIE ERDE *BRAUCHT* SOLCHE VISIONEN.
MIT DER MORGIGEN ERÖFFNUNG DES *STEELWORKS TOWERS* WIRD METROPOLIS ZUM WELTWEITEN ZENTRUM TECHNISCHER INNOVATIONEN ... UND *JOHN* UND *NATASHA* WERDEN DIE GESICHTER DIESES FORTSCHRITTS SEIN.
WIR RETTEN DIE MENSCHHEIT NICHT, INDEM WIR EINE FLUT EINDÄMMEN ODER EINEN ZUG BREMSEN.
DAS SCHAFFEN WIR NUR, WENN WIR IHNEN ZEIGEN, DASS AUCH SIE *WUNDER* BEWIRKEN KÖNNEN.
APROPOS WUNDER ...
... LOIS UND ICH HABEN ETWAS *PERSÖNLICHES* ZU VERKÜNDEN.

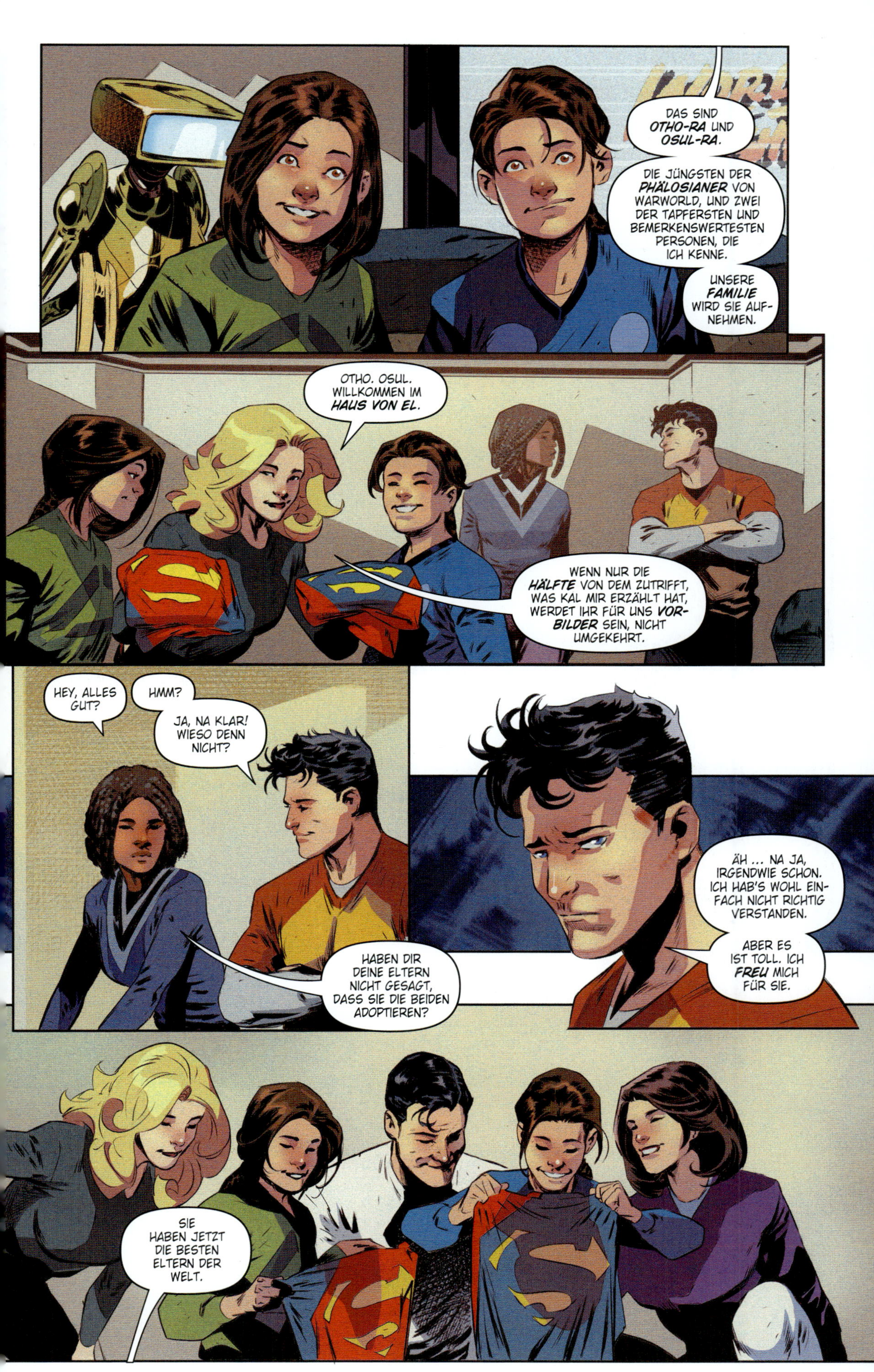
DAS SIND OTHO-RA UND OSUL-RA.
DIE JÜNGSTEN DER PHÄLOSIANER VON WARWORLD, UND ZWEI DER TAPFERSTEN UND BEMERKENSWERTESTEN PERSONEN, DIE ICH KENNE.
UNSERE FAMILIE WIRD SIE AUF-NEHMEN.
OTHO. OSUL. WILLKOMMEN IM HAUS VON EL.
WENN NUR DIE HÄLFTE VON DEM ZUTRIFFT, WAS KAL MIR ERZÄHLT HAT, WERDET IHR FÜR UNS VOR-BILDER SEIN, NICHT UMGEKEHRT.
HEY, ALLES GUT?
HMM?
JA, NA KLAR! WIESO DENN NICHT?
HABEN DIR DEINE ELTERN NICHT GESAGT, DASS SIE DIE BEIDEN ADOPTIEREN?
ÄH … NA JA, IRGENDWIE SCHON. ICH HAB'S WOHL EIN-FACH NICHT RICHTIG VERSTANDEN.
ABER ES IST TOLL. ICH FREU MICH FÜR SIE.
SIE HABEN JETZT DIE BESTEN ELTERN DER WELT.

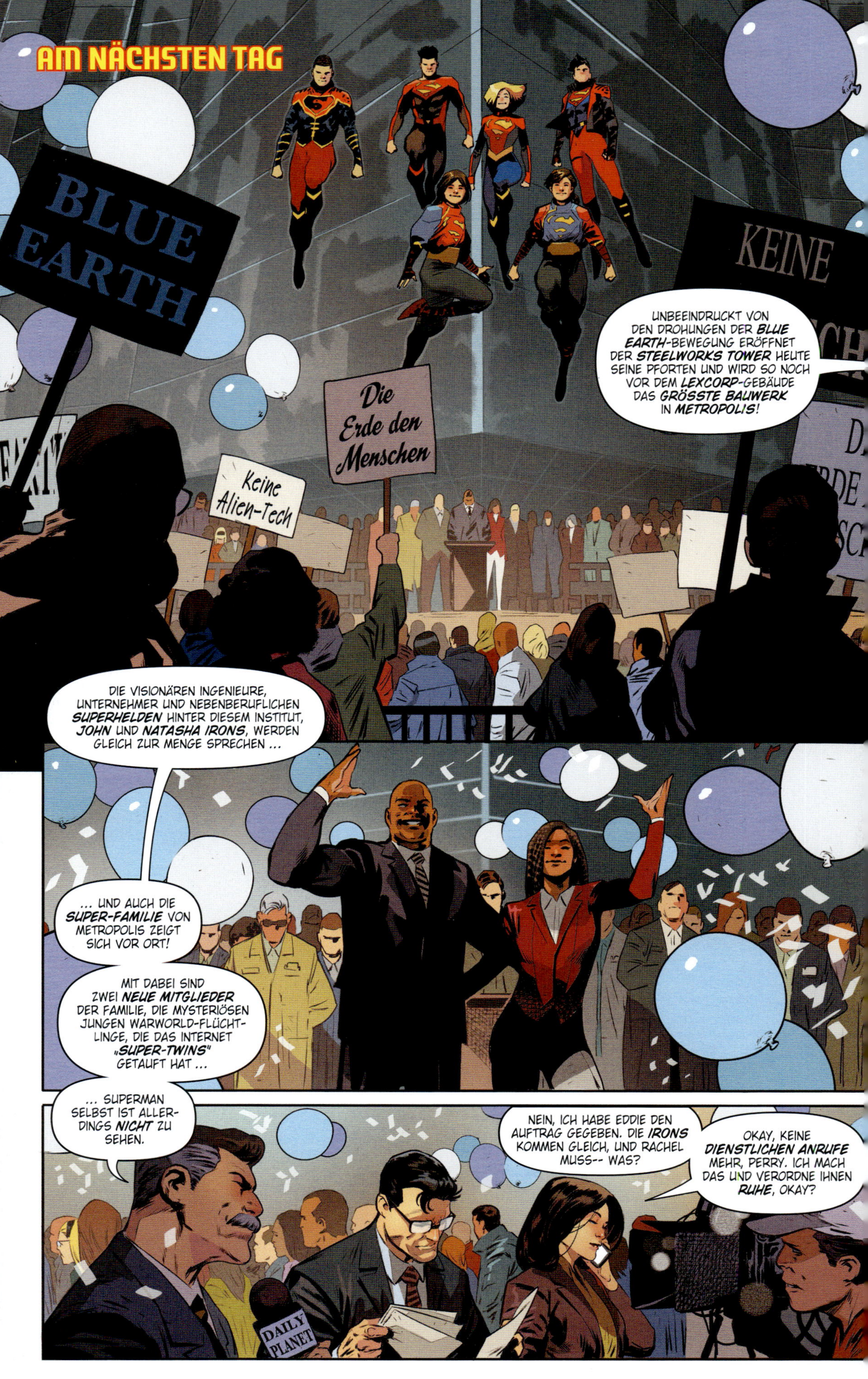
AM NÄCHSTEN TAG
BLUE EARTH
KEINE
Die Erde den Menschen
Keine Alien-Tech
UNBEEINDRUCKT VON DEN DROHUNGEN DER BLUE EARTH-BEWEGUNG ERÖFFNET DER STEELWORKS TOWER HEUTE SEINE PFORTEN UND WIRD SO NOCH VOR DEM LEXCORP-GEBÄUDE DAS GRÖSSTE BAUWERK IN METROPOLIS!
DIE VISIONÄREN INGENIEURE, UNTERNEHMER UND NEBENBERUFLICHEN SUPERHELDEN HINTER DIESEM INSTITUT, JOHN UND NATASHA IRONS, WERDEN GLEICH ZUR MENGE SPRECHEN ...
... UND AUCH DIE SUPER-FAMILIE VON METROPOLIS ZEIGT SICH VOR ORT!
MIT DABEI SIND ZWEI NEUE MITGLIEDER DER FAMILIE, DIE MYSTERIÖSEN JUNGEN WARWORLD-FLÜCHTLINGE, DIE DAS INTERNET „SUPER-TWINS“ GETAUFT HAT ...
... SUPERMAN SELBST IST ALLERDINGS NICHT ZU SEHEN.
NEIN, ICH HABE EDDIE DEN AUFTRAG GEGEBEN. DIE IRONS KOMMEN GLEICH, UND RACHEL MUSS-- WAS?
OKAY, KEINE DIENSTLICHEN ANRUFE MEHR, PERRY. ICH MACH DAS UND VERORDNE IHNEN RUHE, OKAY?
DAILY PLANET

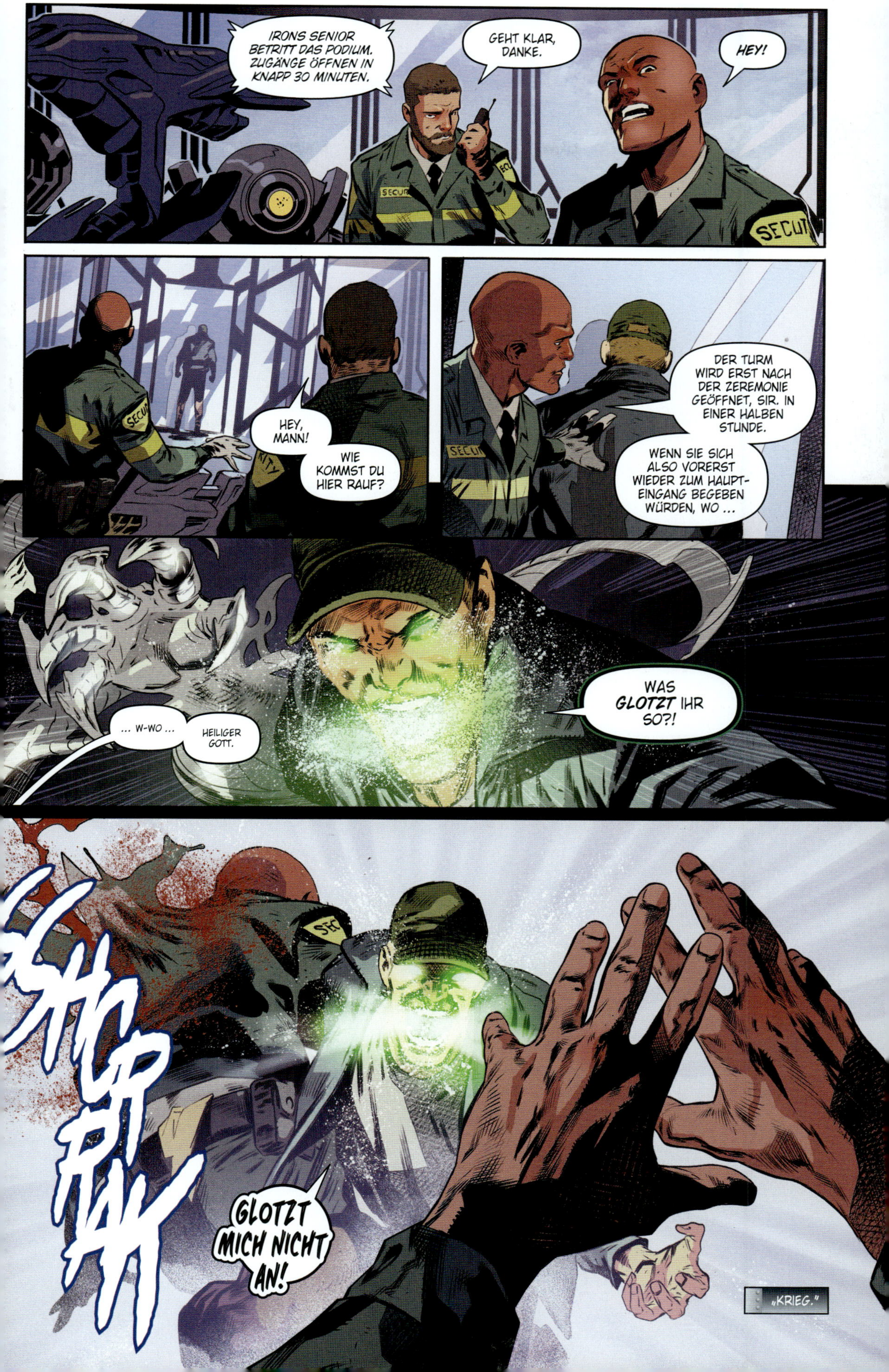

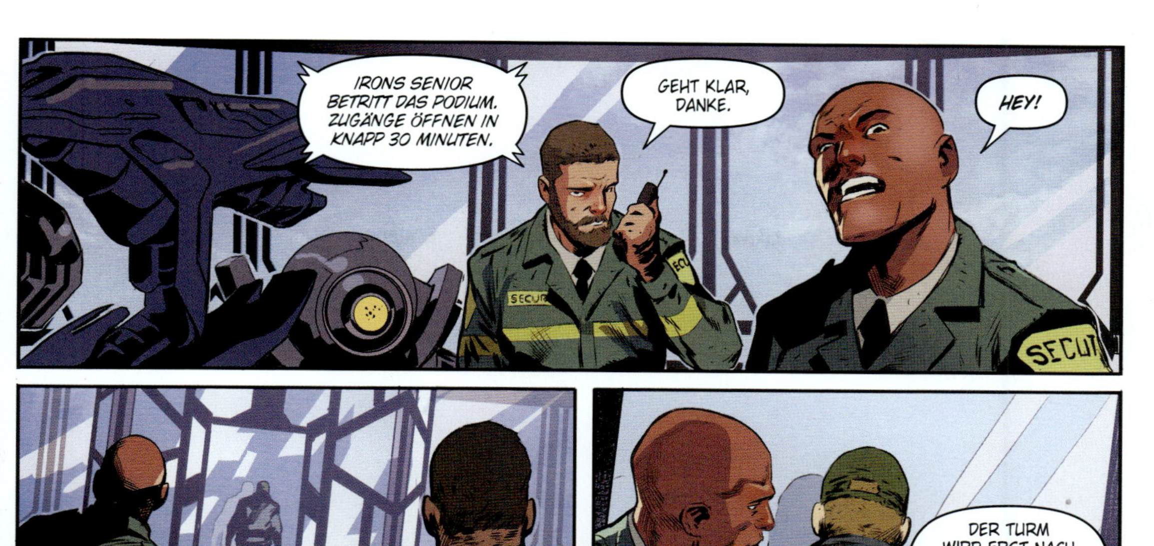
IRONS SENIOR BETRITT DAS PODIUM. ZUGÄNGE ÖFFNEN IN KNAPP 30 MINUTEN.
GEHT KLAR, DANKE.
HEY!
HEY, MANN!
WIE KOMMST DU HIER RAUF?
DER TURM WIRD ERST NACH DER ZEREMONIE GEÖFFNET, SIR. IN EINER HALBEN STUNDE.
WENN SIE SICH ALSO VORERST WIEDER ZUM HAUPT-EINGANG BEGEBEN WÜRDEN, WO ...
... W-WO ...
HEILIGER GOTT.
WAS GLOTZT IHR SO?!
GLOTZT MICH NICHT AN!
„KRIEG."

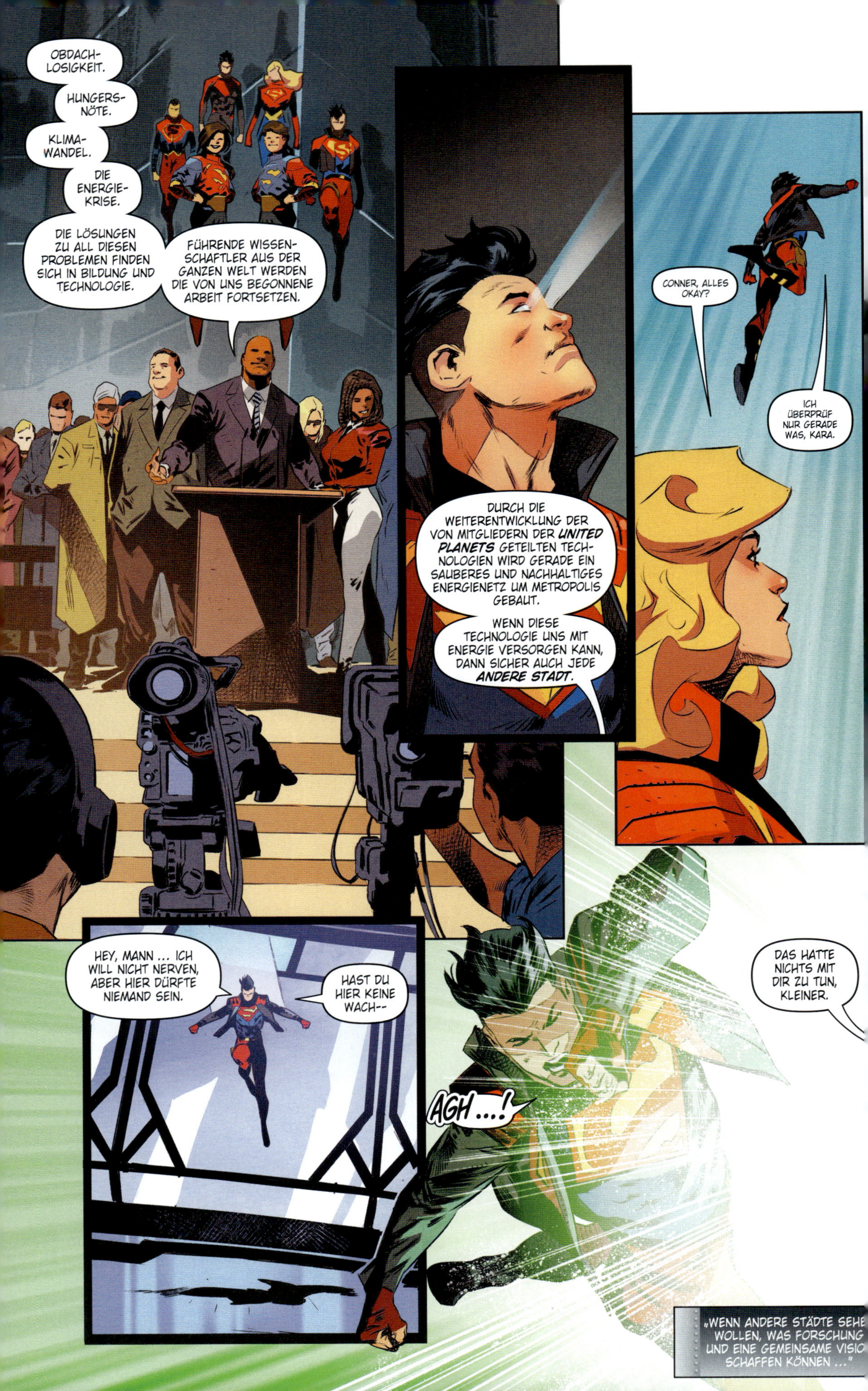
OBDACH-LOSIGKEIT.
HUNGERS-NÖTE.
KLIMA-WANDEL.
DIE ENERGIE-KRISE.
DIE LÖSUNGEN ZU ALL DIESEN PROBLEMEN FINDEN SICH IN BILDUNG UND TECHNOLOGIE.
FÜHRENDE WISSEN-SCHAFTLER AUS DER GANZEN WELT WERDEN DIE VON UNS BEGONNENE ARBEIT FORTSETZEN.
DURCH DIE WEITERENTWICKLUNG DER VON MITGLIEDERN DER **UNITED PLANETS** GETEILTEN TECH-NOLOGIEN WIRD GERADE EIN SAUBERES UND NACHHALTIGES ENERGIENETZ UM METROPOLIS GEBAUT.
WENN DIESE TECHNOLOGIE UNS MIT ENERGIE VERSORGEN KANN, DANN SICHER AUCH JEDE **ANDERE STADT**.
CONNER, ALLES OKAY?
ICH ÜBERPRÜF NUR GERADE WAS, KARA.
HEY, MANN ... ICH WILL NICHT NERVEN, ABER HIER DÜRFTE NIEMAND SEIN.
HAST DU HIER KEINE WACH--
AGH ...!
DAS HATTE NICHTS MIT DIR ZU TUN, KLEINER.
„WENN ANDERE STÄDTE SEHE WOLLEN, WAS FORSCHUNG UND EINE GEMEINSAME VISIO SCHAFFEN KÖNNEN ...“

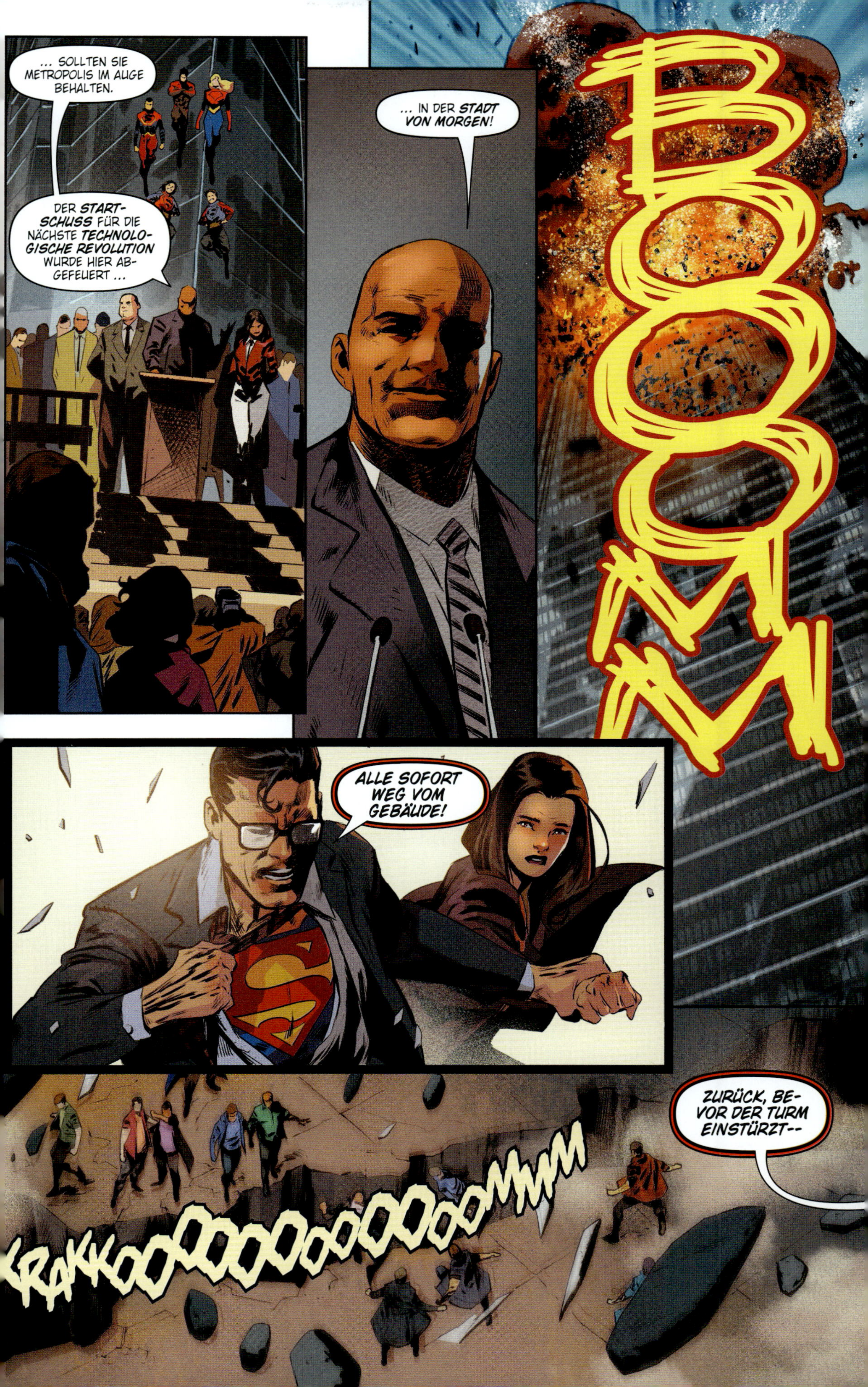
... SOLLTEN SIE METROPOLIS IM AUGE BEHALTEN.
DER START-SCHUSS FÜR DIE NÄCHSTE TECHNOLO-GISCHE REVOLUTION WURDE HIER AB-GEFEUERT ...
... IN DER STADT VON MORGEN!
BOOOM
ALLE SOFORT WEG VOM GEBÄUDE!
ZURÜCK, BE-VOR DER TURM EINSTÜRZT--
KRAKKOOOOOOOOOOOOOMMM

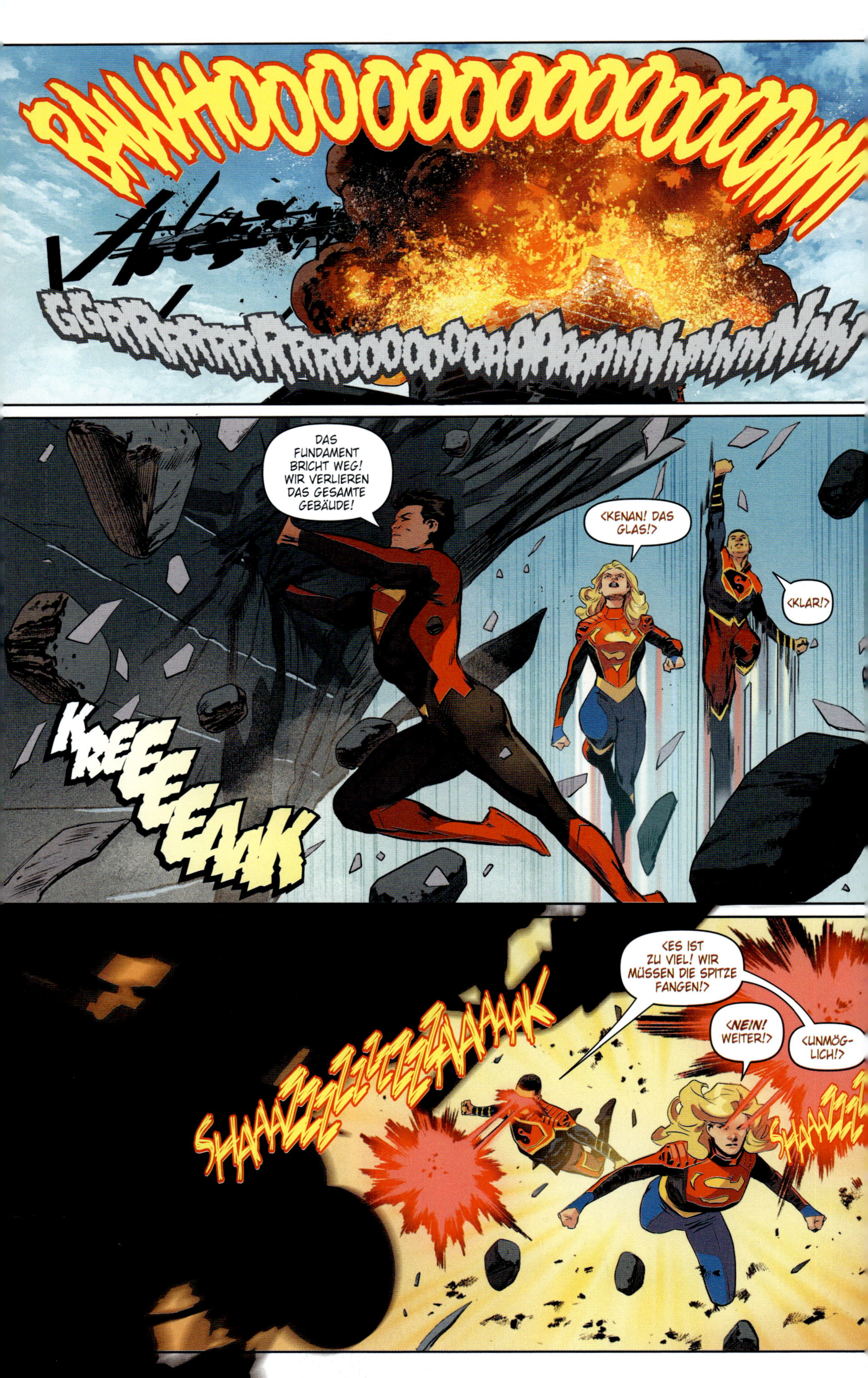

DAS FUNDAMENT BRICHT WEG! WIR VERLIEREN DAS GESAMTE GEBÄUDE!
<KENAN! DAS GLAS!>
<KLAR!>
<ES IST ZU VIEL! WIR MÜSSEN DIE SPITZE FANGEN!>
<NEIN! WEITER!>
<UNMÖG-LICH!>

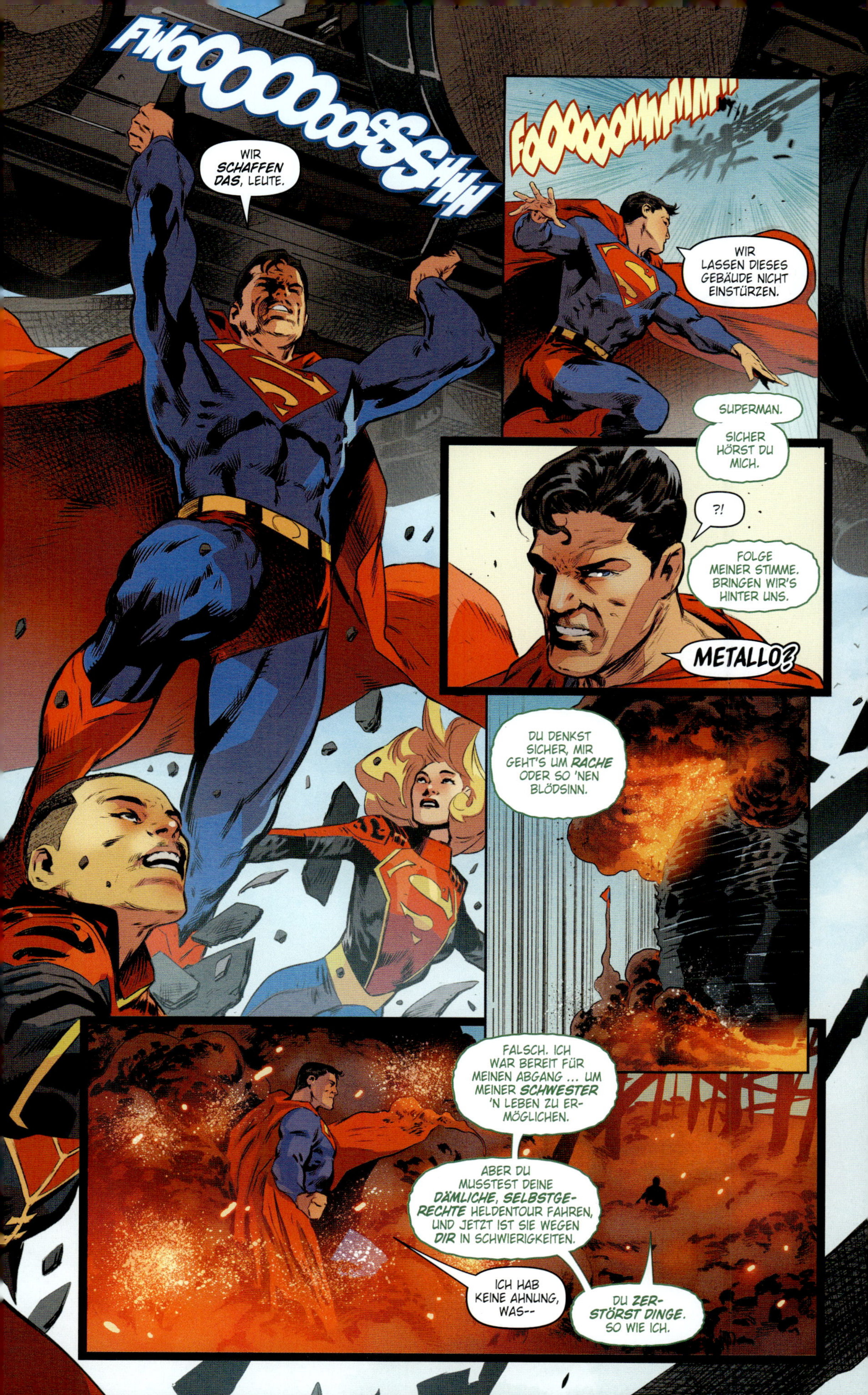
FWOOOOOOOSSHH
WIR SCHAFFEN DAS, LEUTE.
FOOOOOOMMMMM!!
WIR LASSEN DIESES GEBÄUDE NICHT EINSTÜRZEN.
SUPERMAN.
SICHER HÖRST DU MICH.
?!
FOLGE MEINER STIMME. BRINGEN WIR'S HINTER UNS.
METALLO?
DU DENKST SICHER, MIR GEHT'S UM RACHE ODER SO 'NEN BLÖDSINN.
FALSCH. ICH WAR BEREIT FÜR MEINEN ABGANG ... UM MEINER SCHWESTER 'N LEBEN ZU ERMÖGLICHEN.
ABER DU MUSSTEST DEINE DÄMLICHE, SELBSTGERECHTE HELDENTOUR FAHREN, UND JETZT IST SIE WEGEN DIR IN SCHWIERIGKEITEN.
ICH HAB KEINE AHNUNG, WAS--
DU ZERSTÖRST DINGE. SO WIE ICH.

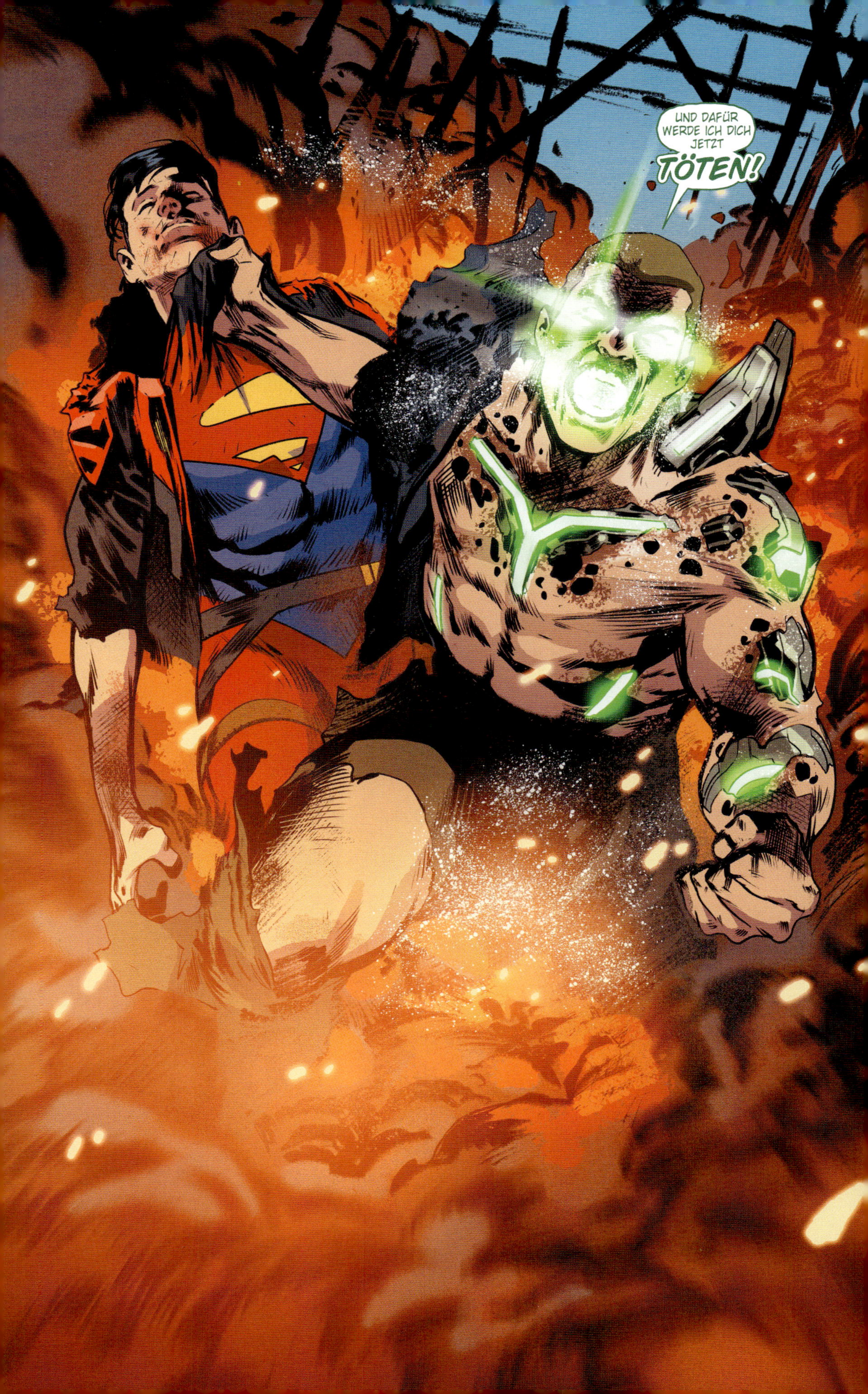
UND DAFÜR WERDE ICH DICH JETZT TÖTEN!

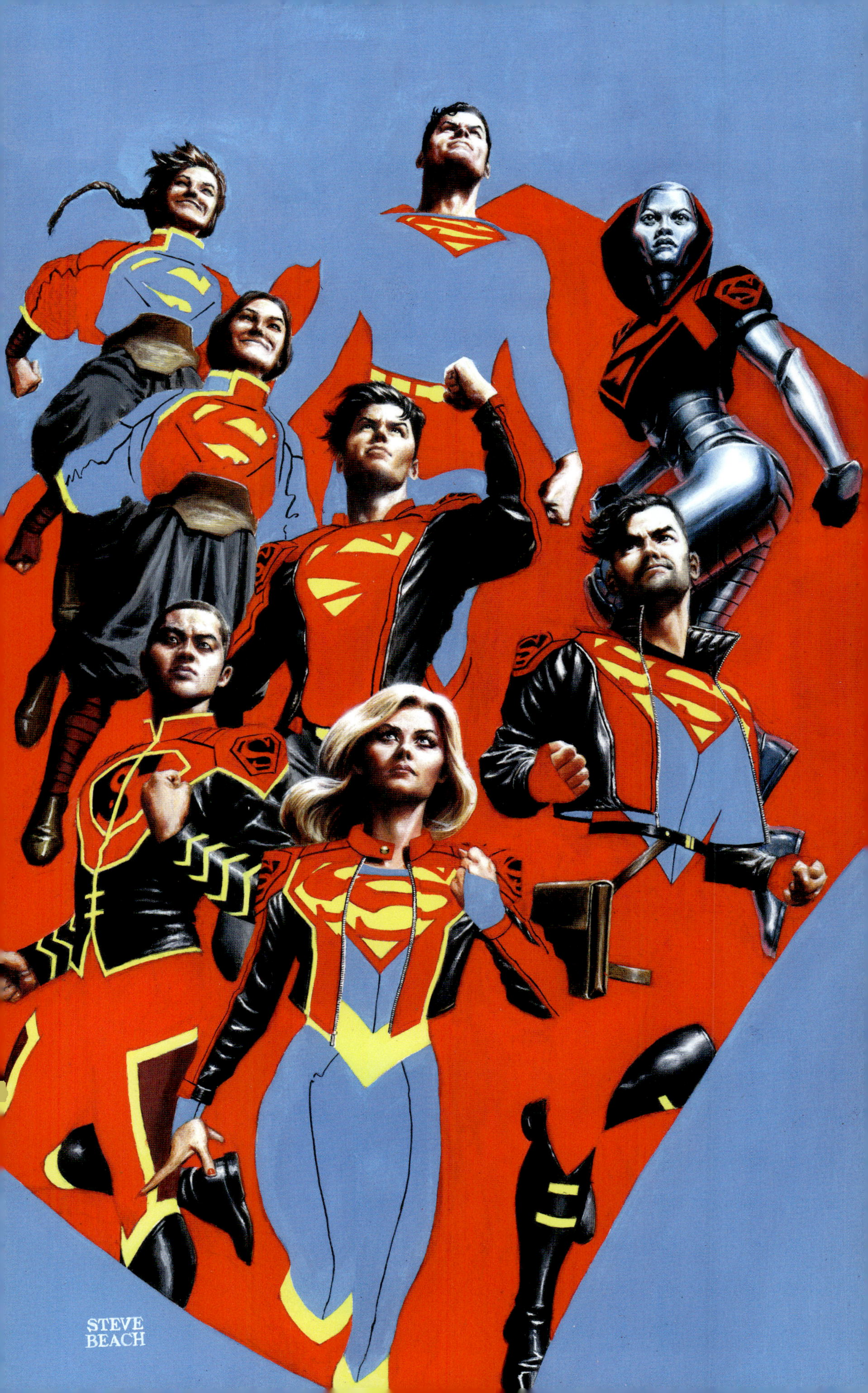
STEVE
BEACH

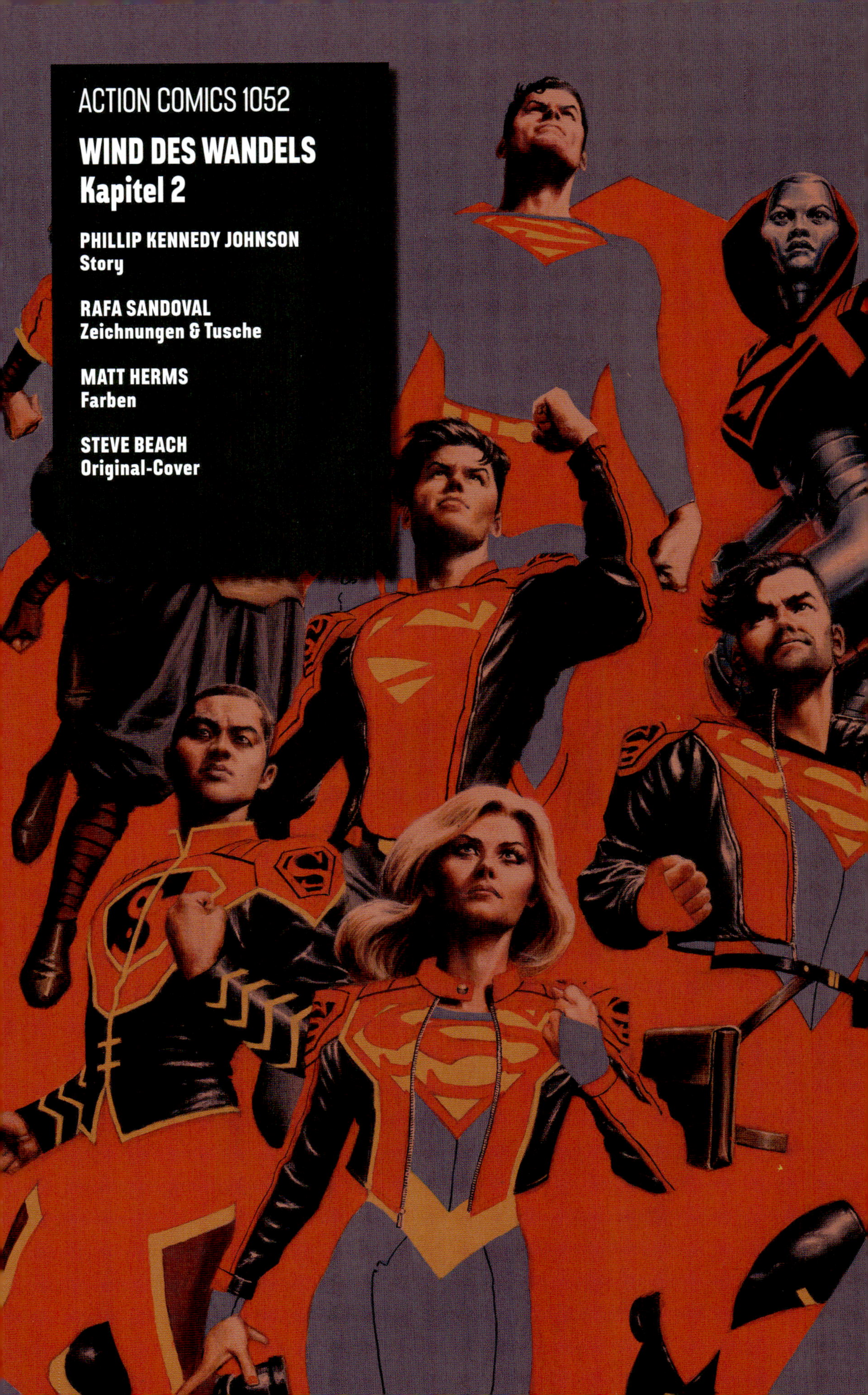
ACTION COMICS 1052
WIND DES WANDELS
Kapitel 2
PHILLIP KENNEDY JOHNSON
Story
RAFA SANDOVAL
Zeichnungen & Tusche
MATT HERMS
Farben
STEVE BEACH
Original-Cover

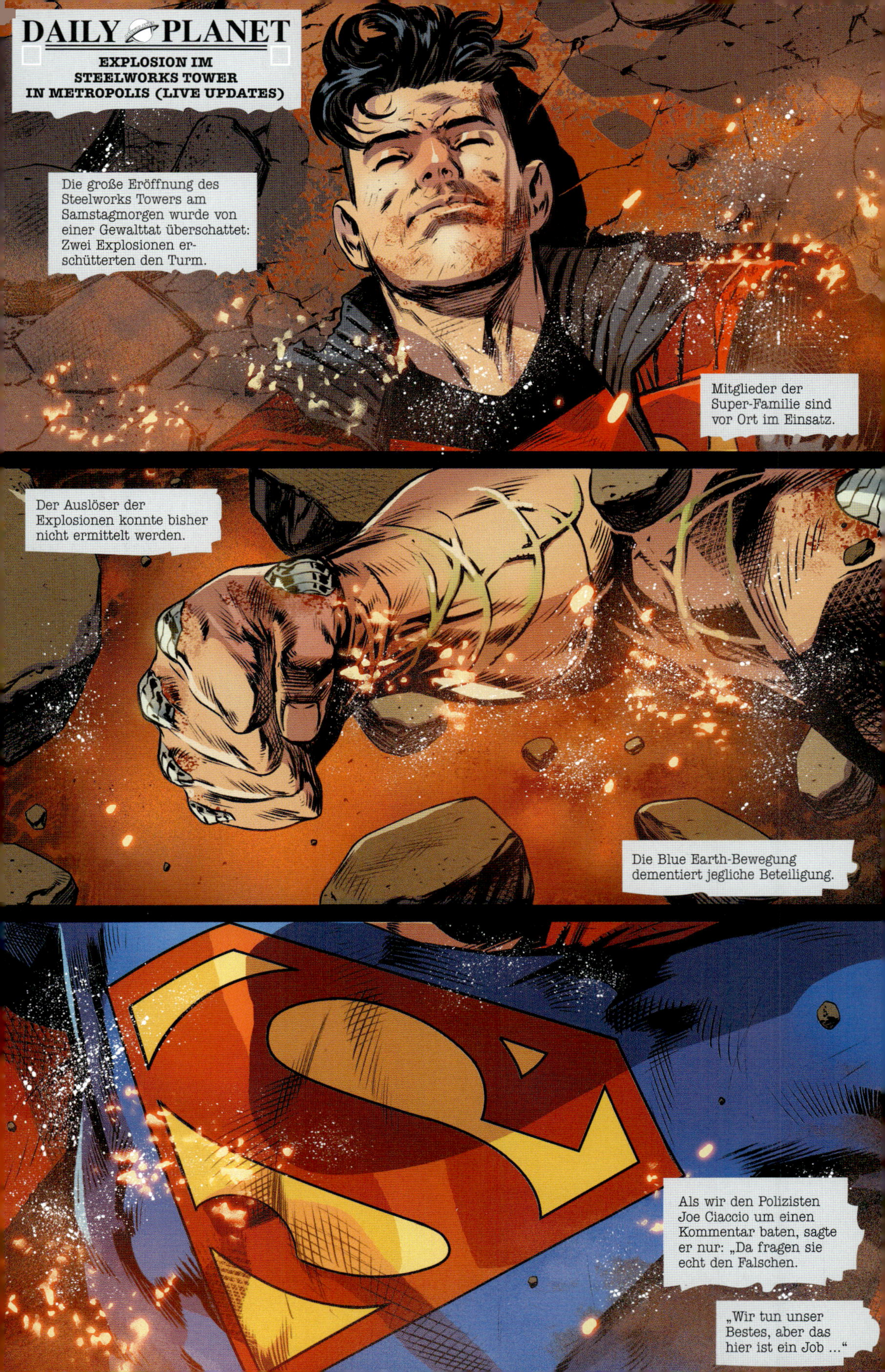
DAILY PLANET
EXPLOSION IM STEELWORKS TOWER IN METROPOLIS (LIVE UPDATES)
Die große Eröffnung des Steelworks Towers am Samstagmorgen wurde von einer Gewalttat überschattet: Zwei Explosionen erschütterten den Turm.
Mitglieder der Super-Familie sind vor Ort im Einsatz.
Der Auslöser der Explosionen konnte bisher nicht ermittelt werden.
Die Blue Earth-Bewegung dementiert jegliche Beteiligung.
Als wir den Polizisten Joe Ciaccio um einen Kommentar baten, sagte er nur: „Da fragen sie echt den Falschen.
„Wir tun unser Bestes, aber das hier ist ein Job ...“

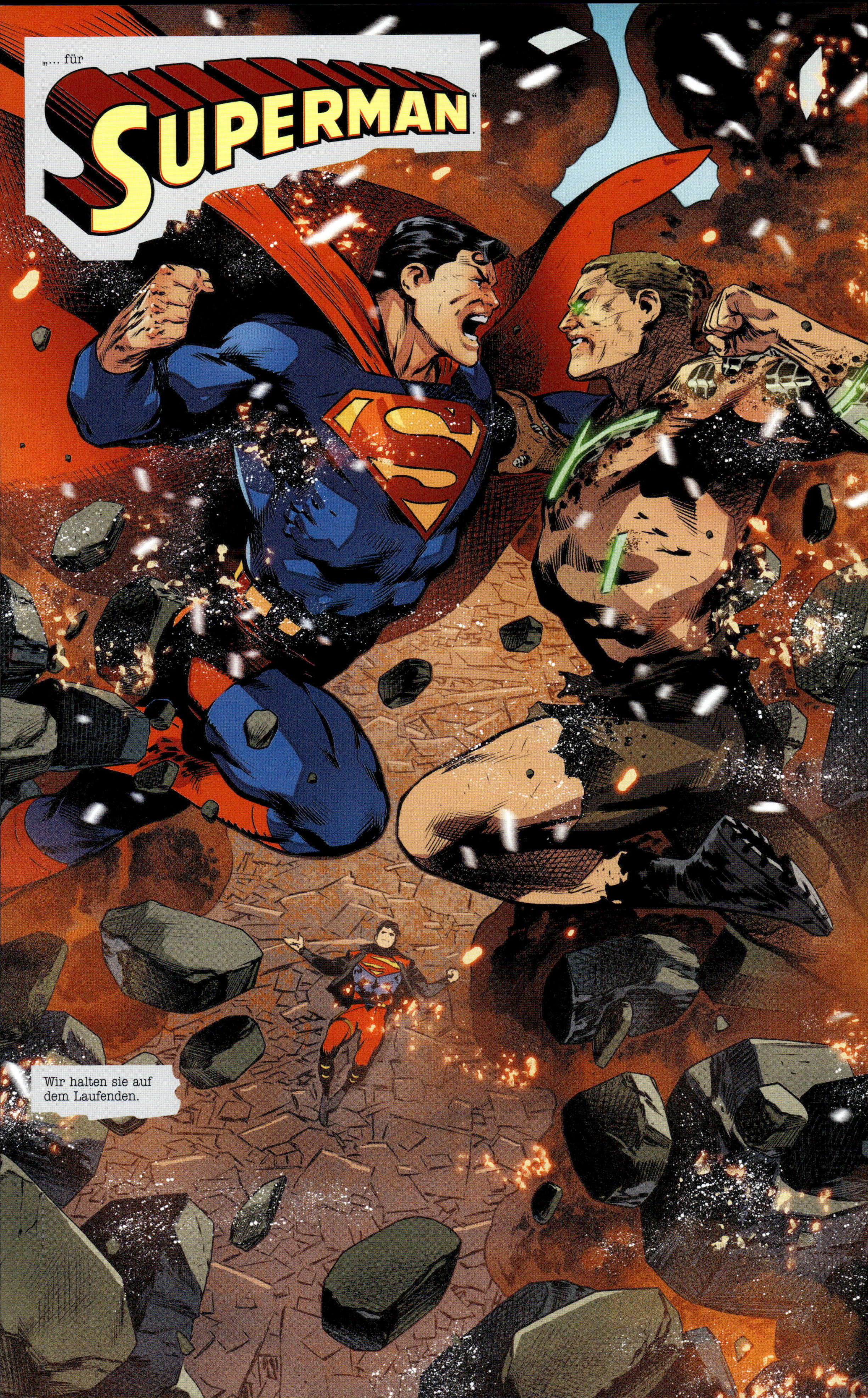
„... für
SUPERMAN"
Wir halten sie auf dem Laufenden.

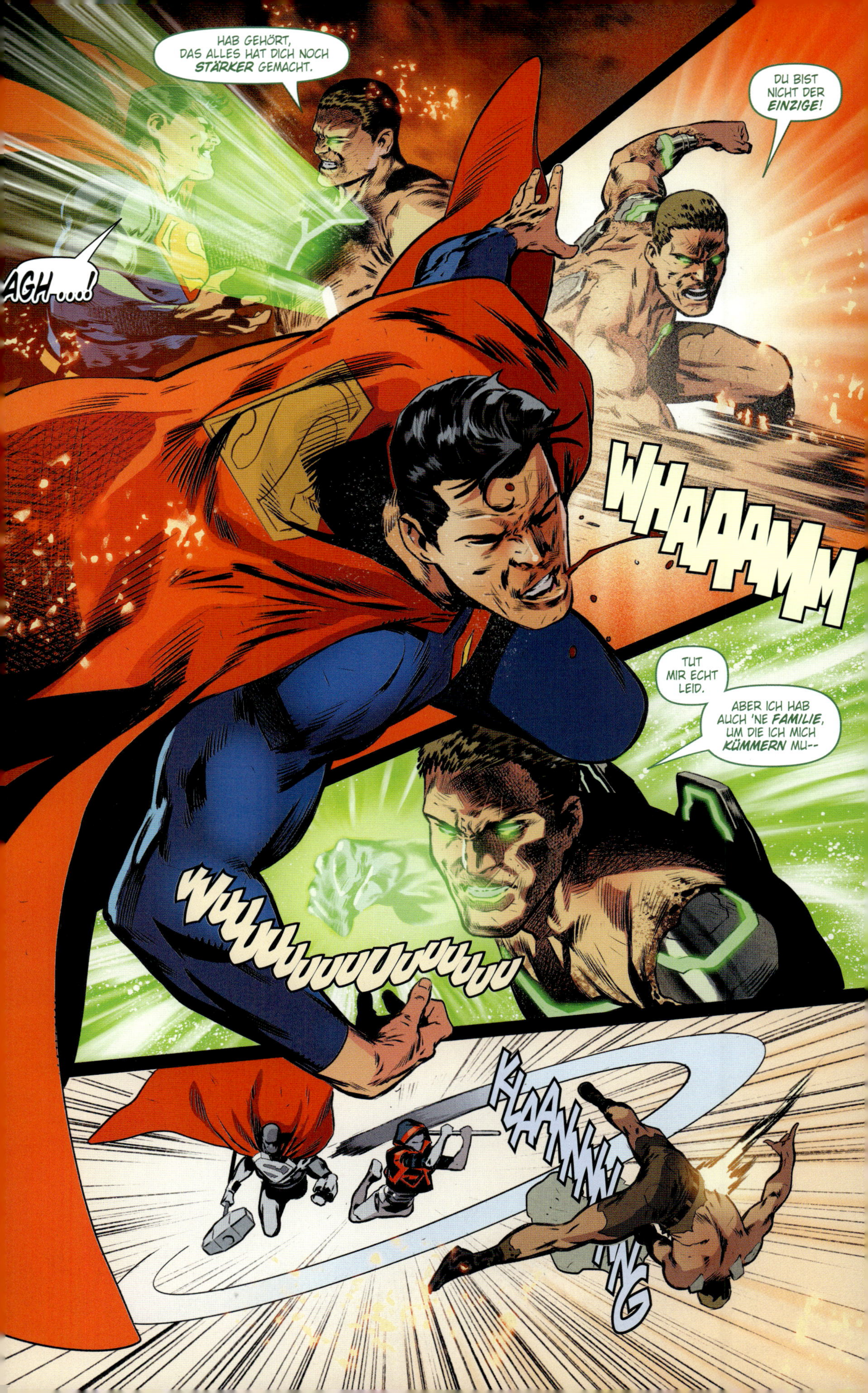
HAB GEHÖRT, DAS ALLES HAT DICH NOCH STÄRKER GEMACHT.
AGH...!
DU BIST NICHT DER EINZIGE!
WHAAAAMM
TUT MIR ECHT LEID.
ABER ICH HAB AUCH 'NE FAMILIE, UM DIE ICH MICH KÜMMERN MU--
WUUUUUUUUUUUUU
KLAANNNNNNG

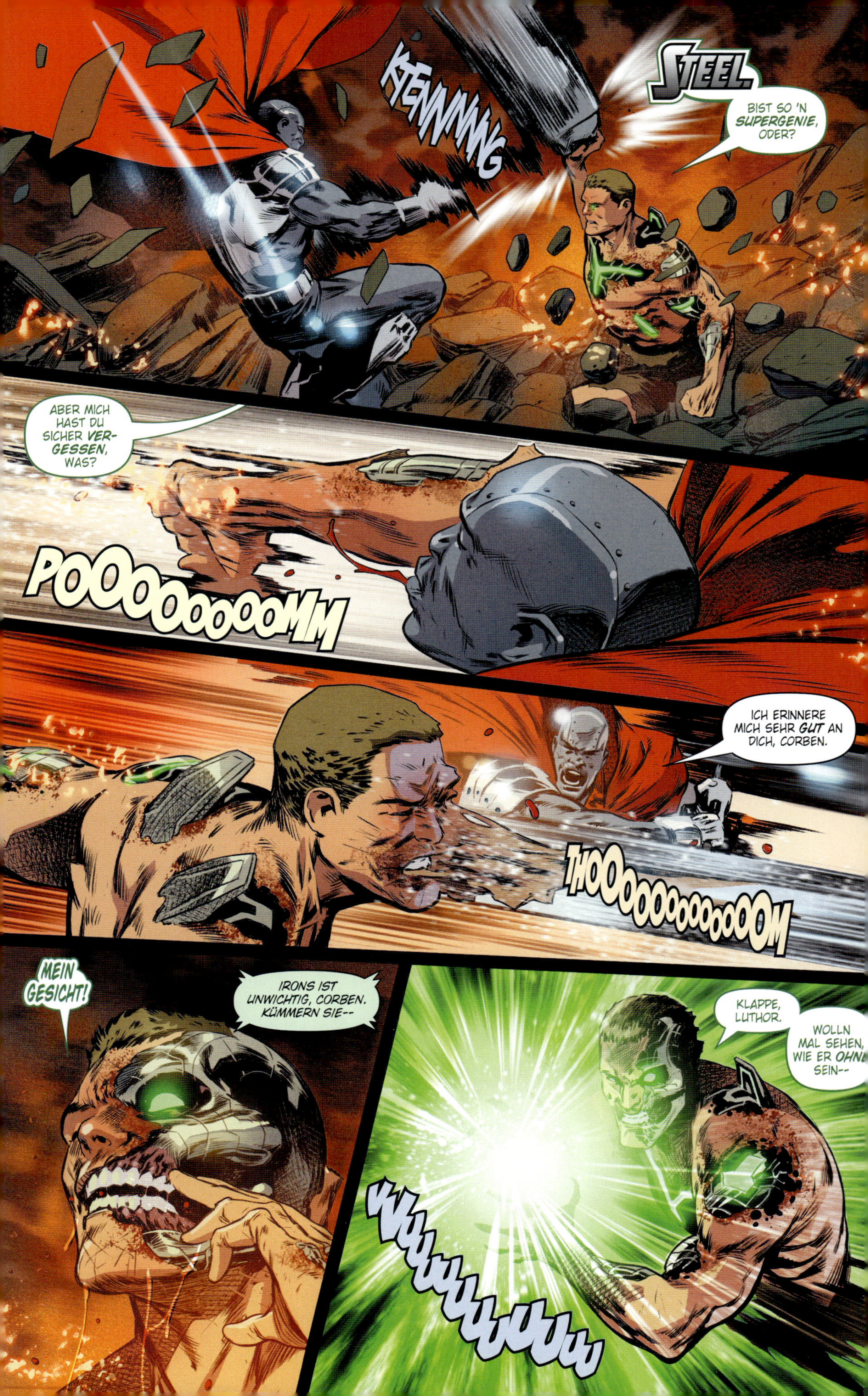
KTENNNNG
STEEL
BIST SO 'N SUPERGENIE, ODER?
ABER MICH HAST DU SICHER VERGESSEN, WAS?
POOOOOOOOOMM
ICH ERINNERE MICH SEHR GUT AN DICH, CORBEN.
THOOOOOOOOOOOOM
MEIN GESICHT!
IRONS IST UNWICHTIG, CORBEN. KÜMMERN SIE--
KLAPPE, LUTHOR.
WOLLN MAL SEHEN, WIE ER OHNE SEIN--
WUUUUUUUUW

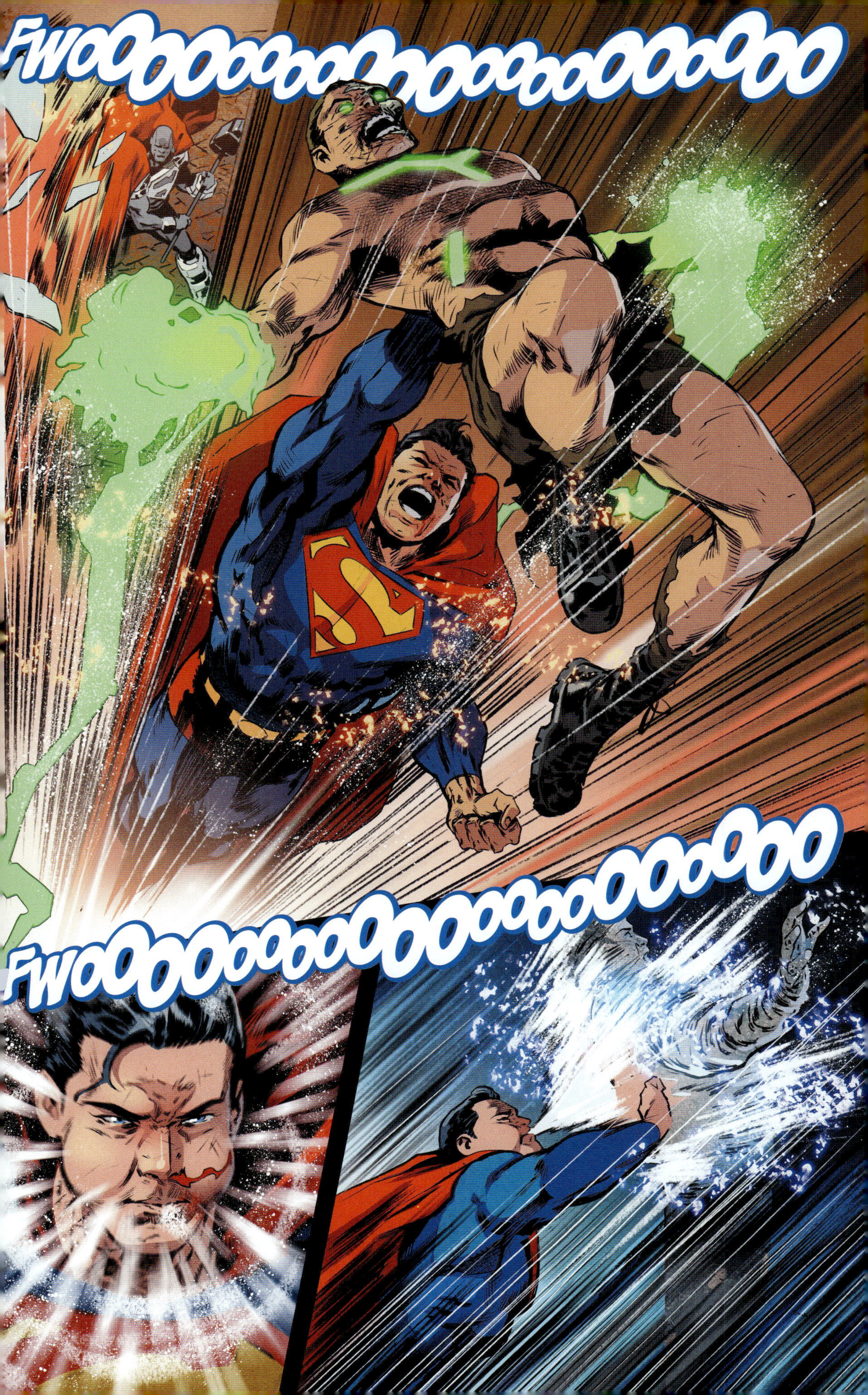
FWOOOOOOOOOOOOOOOOOOOOOO
FWOOOOOOOOOOOOOOOOOOOOOOO

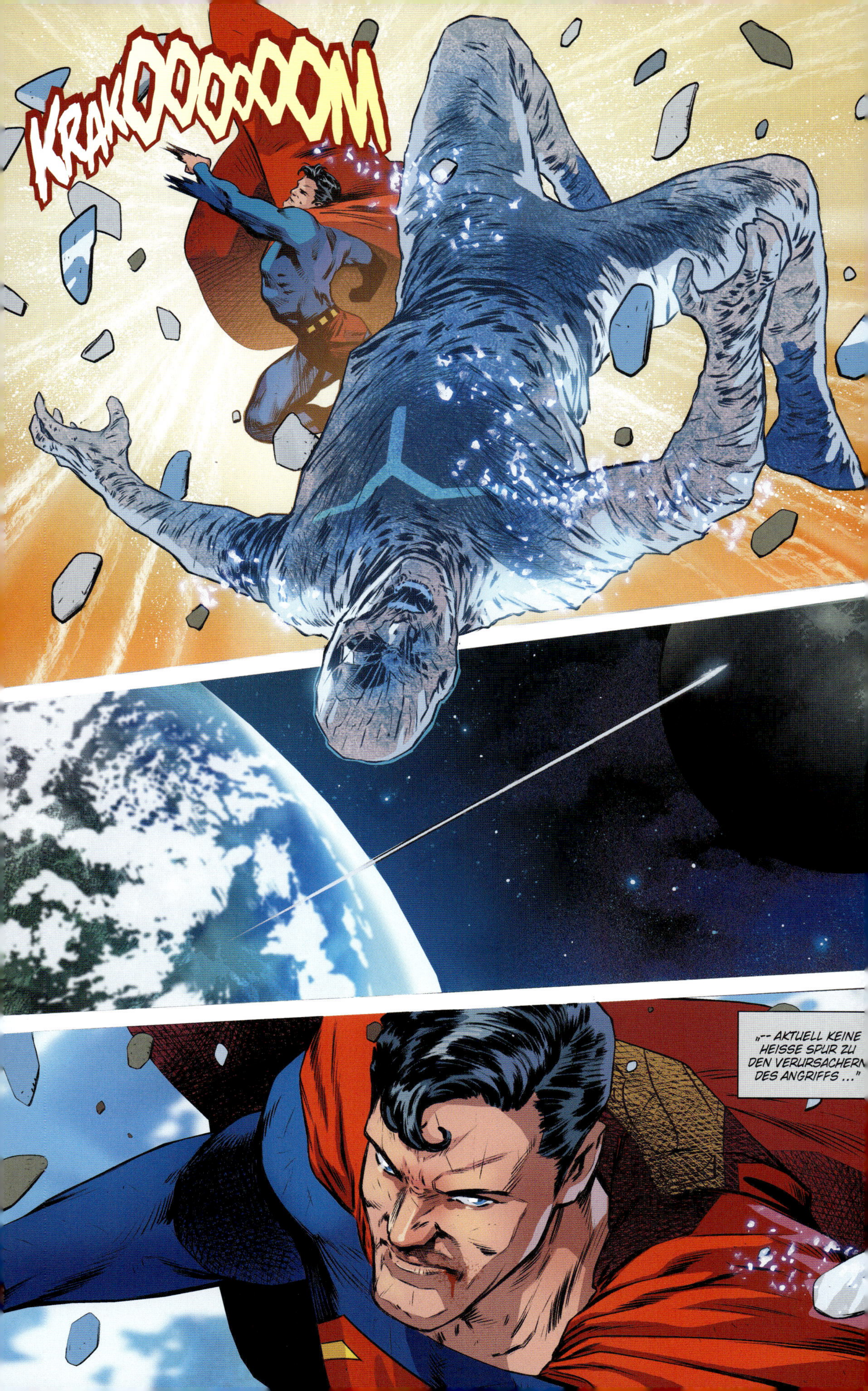
KRAKOOOOOOM
„-- AKTUELL KEINE HEISSE SPUR ZU DEN VERURSACHERN DES ANGRIFFS ..."

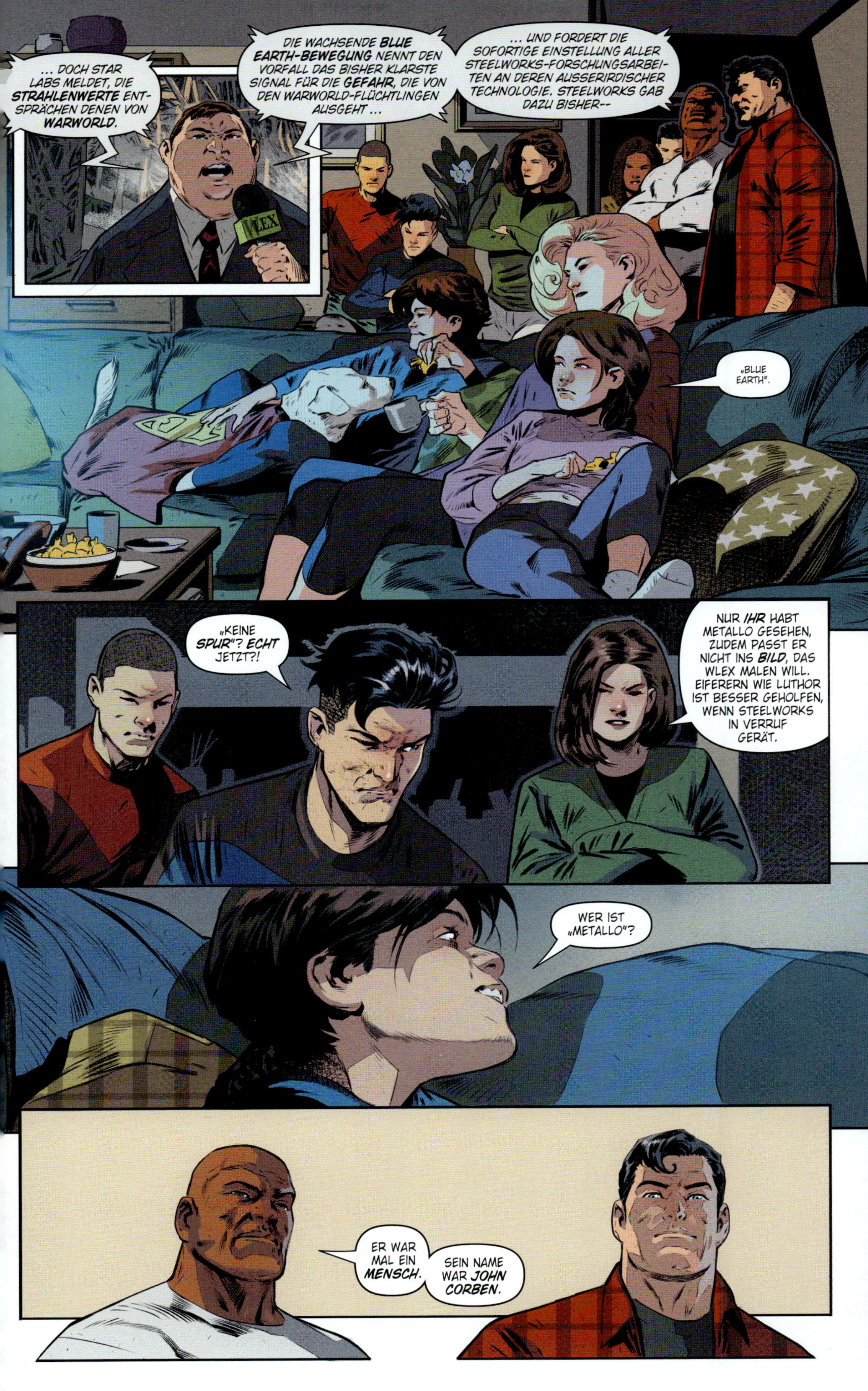
… DOCH STAR LABS MELDET, DIE STRAHLENWERTE ENTSPRÄCHEN DENEN VON WARWORLD.
DIE WACHSENDE BLUE EARTH-BEWEGUNG NENNT DEN VORFALL DAS BISHER KLARSTE SIGNAL FÜR DIE GEFAHR, DIE VON DEN WARWORLD-FLÜCHTLINGEN AUSGEHT …
… UND FORDERT DIE SOFORTIGE EINSTELLUNG ALLER STEELWORKS-FORSCHUNGSARBEITEN AN DEREN AUSSERIRDISCHER TECHNOLOGIE. STEELWORKS GAB DAZU BISHER--
LEX
„BLUE EARTH".
„KEINE SPUR"? ECHT JETZT?!
NUR IHR HABT METALLO GESEHEN, ZUDEM PASST ER NICHT INS BILD, DAS WLEX MALEN WILL. EIFERERN WIE LUTHOR IST BESSER GEHOLFEN, WENN STEELWORKS IN VERRUF GERÄT.
WER IST „METALLO"?
ER WAR MAL EIN MENSCH.
SEIN NAME WAR JOHN CORBEN.

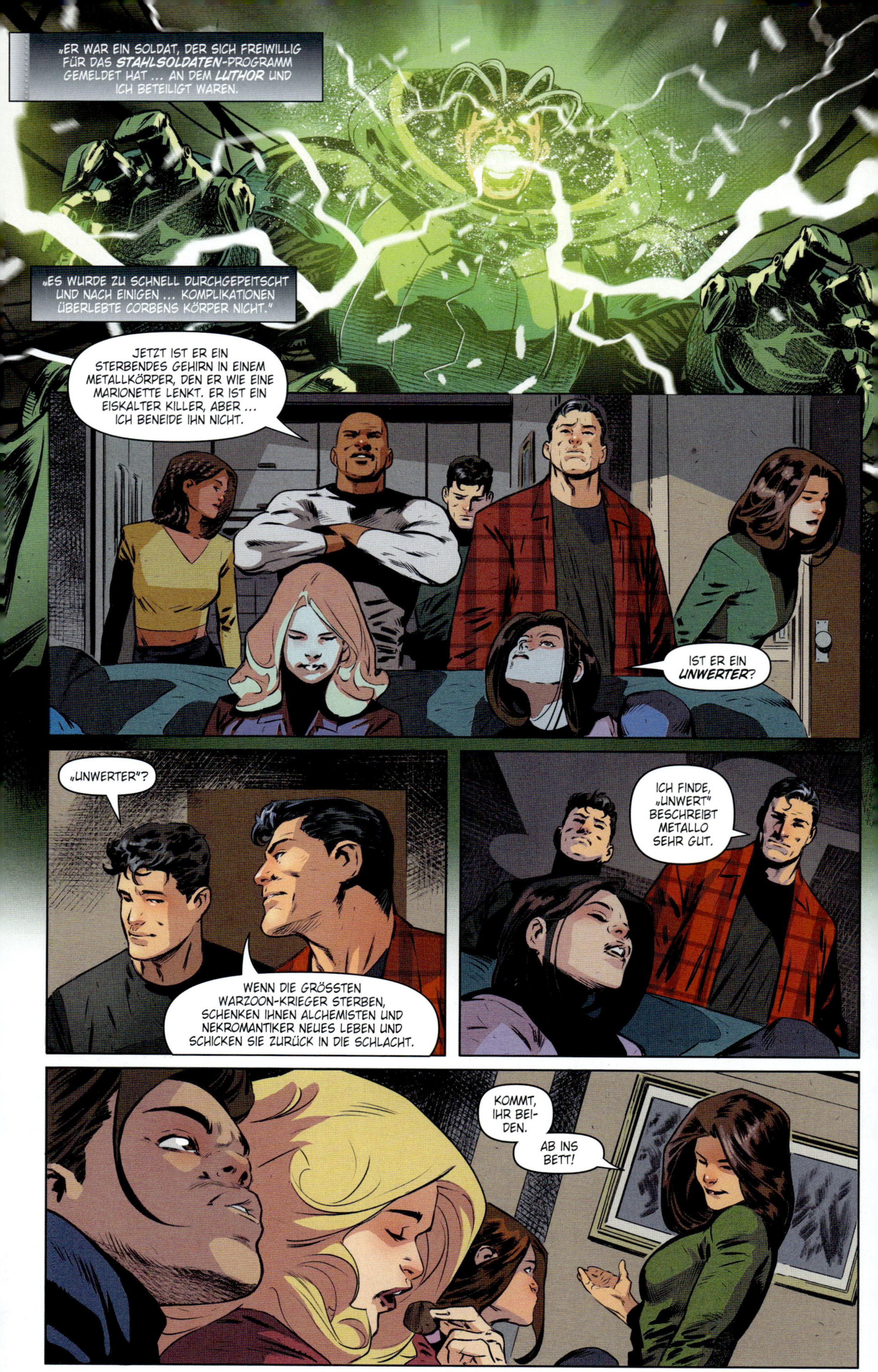

„ER WAR EIN SOLDAT, DER SICH FREIWILLIG FÜR DAS **STAHLSOLDATEN**-PROGRAMM GEMELDET HAT … AN DEM **LUTHOR** UND ICH BETEILIGT WAREN.

„ES WURDE ZU SCHNELL DURCHGEPEITSCHT UND NACH EINIGEN … KOMPLIKATIONEN ÜBERLEBTE CORBENS KÖRPER NICHT."

JETZT IST ER EIN STERBENDES GEHIRN IN EINEM METALLKÖRPER, DEN ER WIE EINE MARIONETTE LENKT. ER IST EIN EISKALTER KILLER, ABER … ICH BENEIDE IHN NICHT.

IST ER EIN ***UNWERTER***?

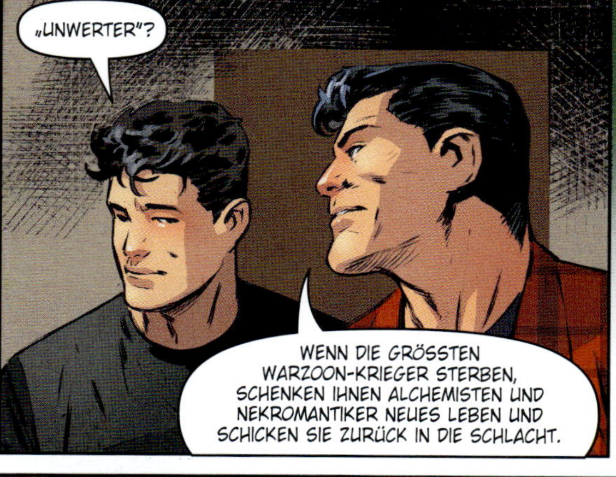

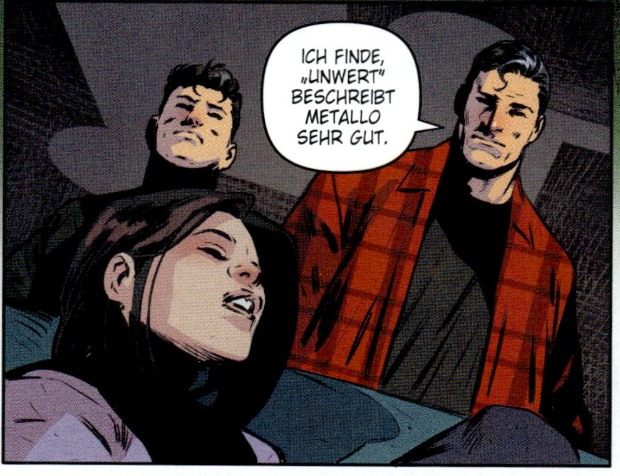

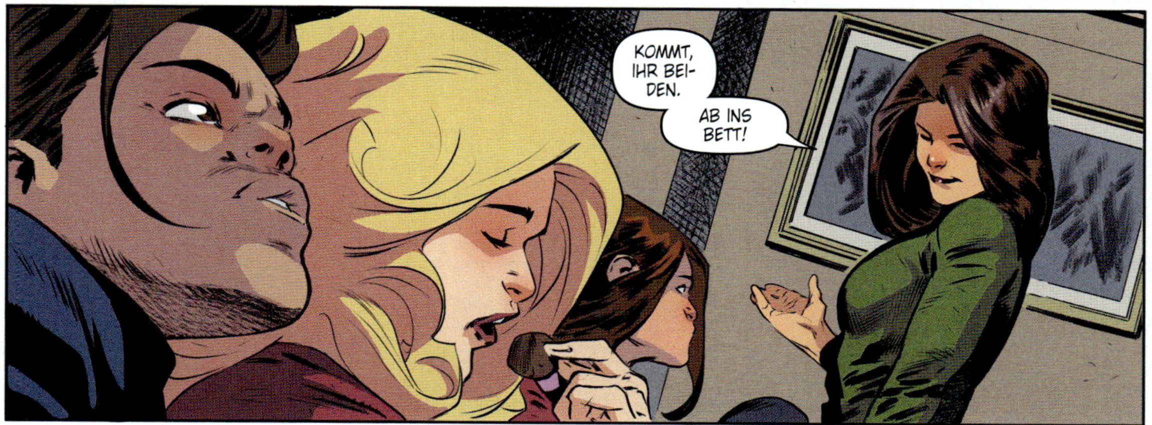

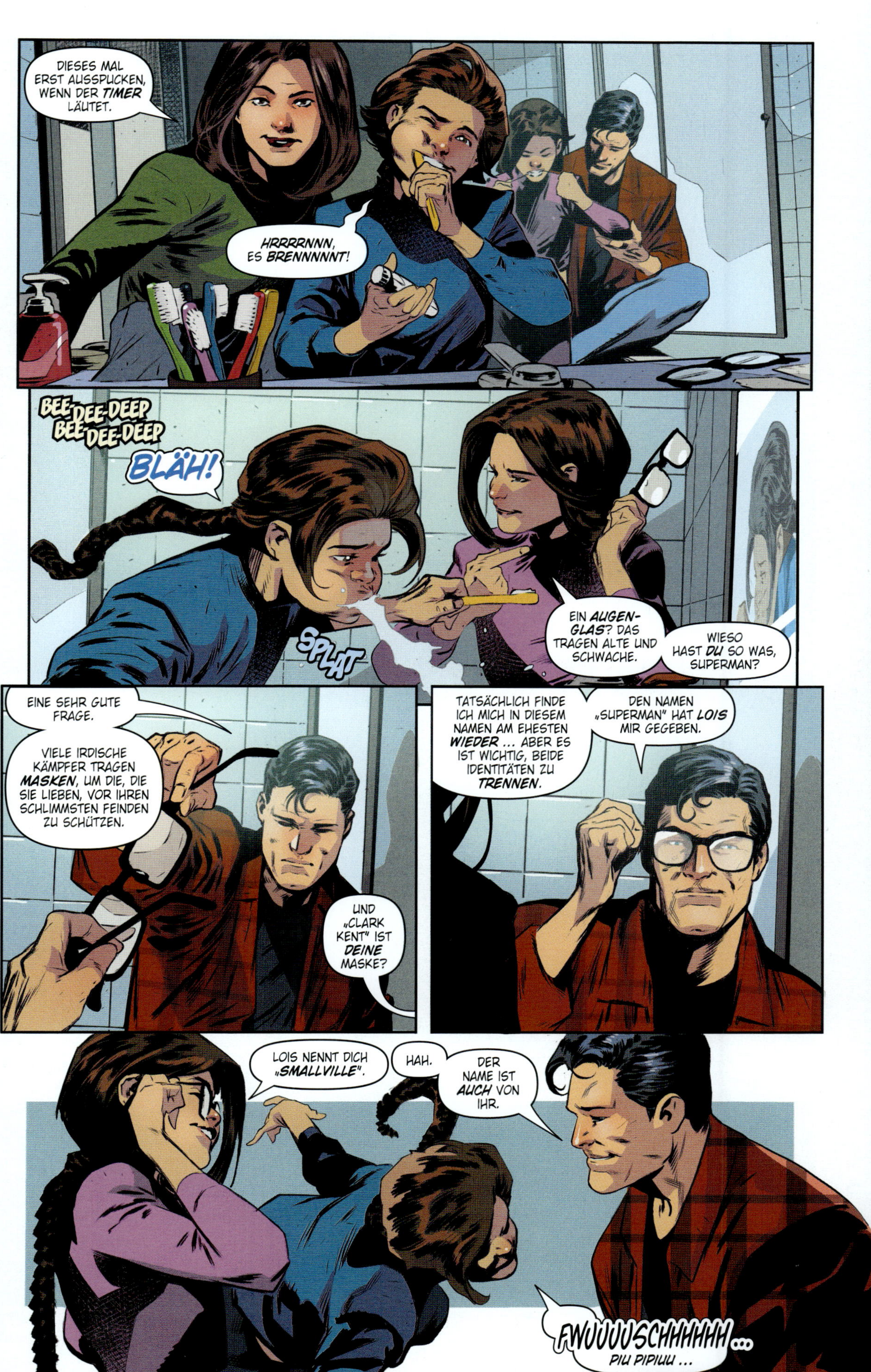
DIESES MAL ERST AUSSPUCKEN, WENN DER TIMER LÄUTET.
HRRRRNNN, ES BRENNNNNT!
BEE-DEE-DEEP BEE-DEE-DEEP
BLÄH!
SPLAT
EIN AUGEN-GLAS? DAS TRAGEN ALTE UND SCHWACHE.
WIESO HAST DU SO WAS, SUPERMAN?
EINE SEHR GUTE FRAGE.
VIELE IRDISCHE KÄMPFER TRAGEN MASKEN, UM DIE, DIE SIE LIEBEN, VOR IHREN SCHLIMMSTEN FEINDEN ZU SCHÜTZEN.
UND „CLARK KENT" IST DEINE MASKE?
TATSÄCHLICH FINDE ICH MICH IN DIESEM NAMEN AM EHESTEN WIEDER ... ABER ES IST WICHTIG, BEIDE IDENTITÄTEN ZU TRENNEN.
DEN NAMEN „SUPERMAN" HAT LOIS MIR GEGEBEN.
LOIS NENNT DICH „SMALLVILLE".
HAH.
DER NAME IST AUCH VON IHR.
FWUUUUSCHHHHHH...
PIU PIPIUU ...

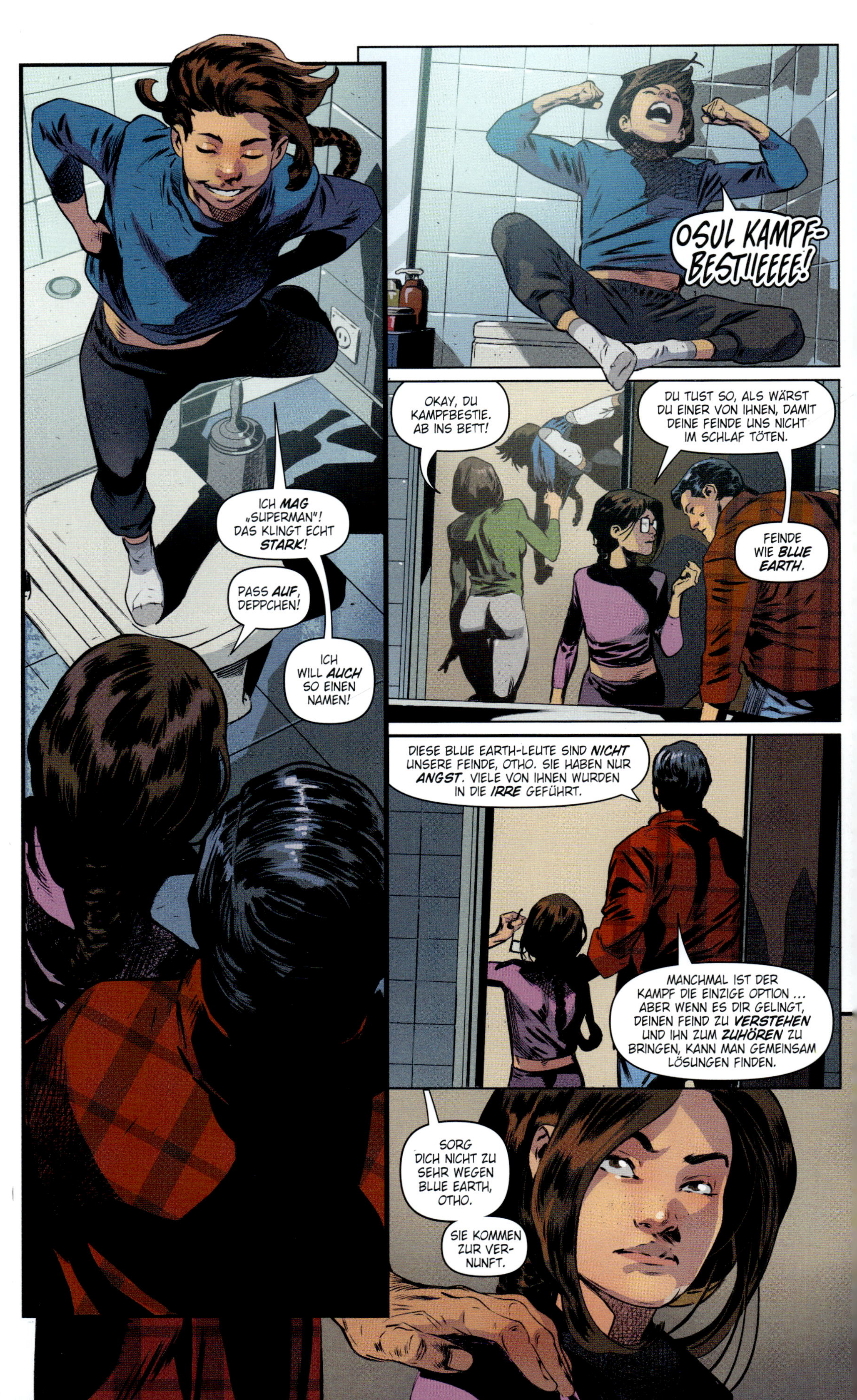
ICH MAG „SUPERMAN"! DAS KLINGT ECHT STARK!
PASS AUF, DEPPCHEN!
ICH WILL AUCH SO EINEN NAMEN!
OSUL KAMPF-BESTIIEEEE!
OKAY, DU KAMPFBESTIE. AB INS BETT!
DU TUST SO, ALS WÄRST DU EINER VON IHNEN, DAMIT DEINE FEINDE UNS NICHT IM SCHLAF TÖTEN.
FEINDE WIE BLUE EARTH.
DIESE BLUE EARTH-LEUTE SIND NICHT UNSERE FEINDE, OTHO. SIE HABEN NUR ANGST. VIELE VON IHNEN WURDEN IN DIE IRRE GEFÜHRT.
MANCHMAL IST DER KAMPF DIE EINZIGE OPTION ... ABER WENN ES DIR GELINGT, DEINEN FEIND ZU VERSTEHEN UND IHN ZUM ZUHÖREN ZU BRINGEN, KANN MAN GEMEINSAM LÖSUNGEN FINDEN.
SORG DICH NICHT ZU SEHR WEGEN BLUE EARTH, OTHO.
SIE KOMMEN ZUR VERNUNFT.

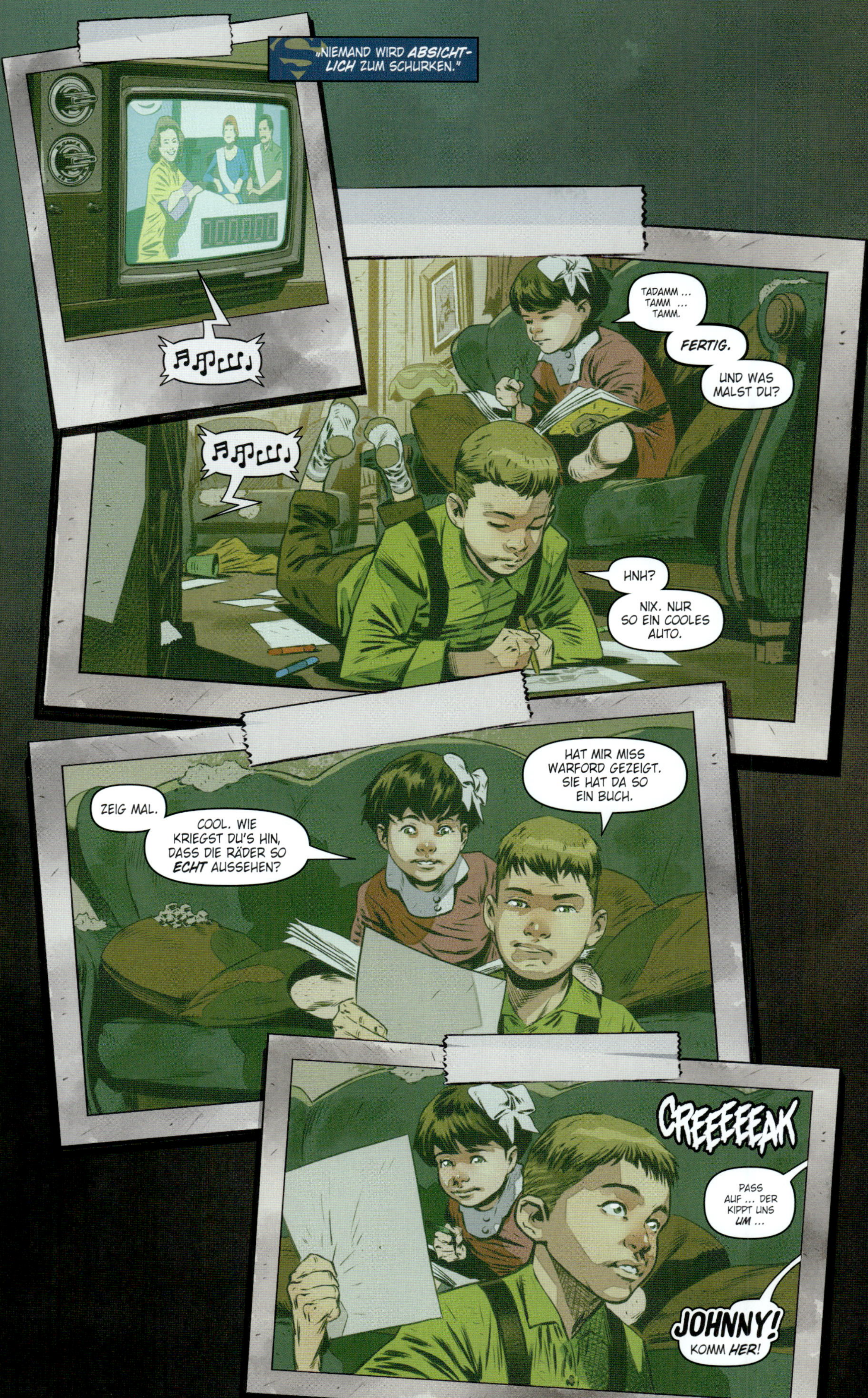
„NIEMAND WIRD ABSICHTLICH ZUM SCHURKEN."
TADAMM ... TAMM ... TAMM.
FERTIG.
UND WAS MALST DU?
HNH?
NIX. NUR SO EIN COOLES AUTO.
ZEIG MAL.
COOL. WIE KRIEGST DU'S HIN, DASS DIE RÄDER SO ECHT AUSSEHEN?
HAT MIR MISS WARFORD GEZEIGT. SIE HAT DA SO EIN BUCH.
CREEEEEAK
PASS AUF ... DER KIPPT UNS UM ...
JOHNNY! KOMM HER!

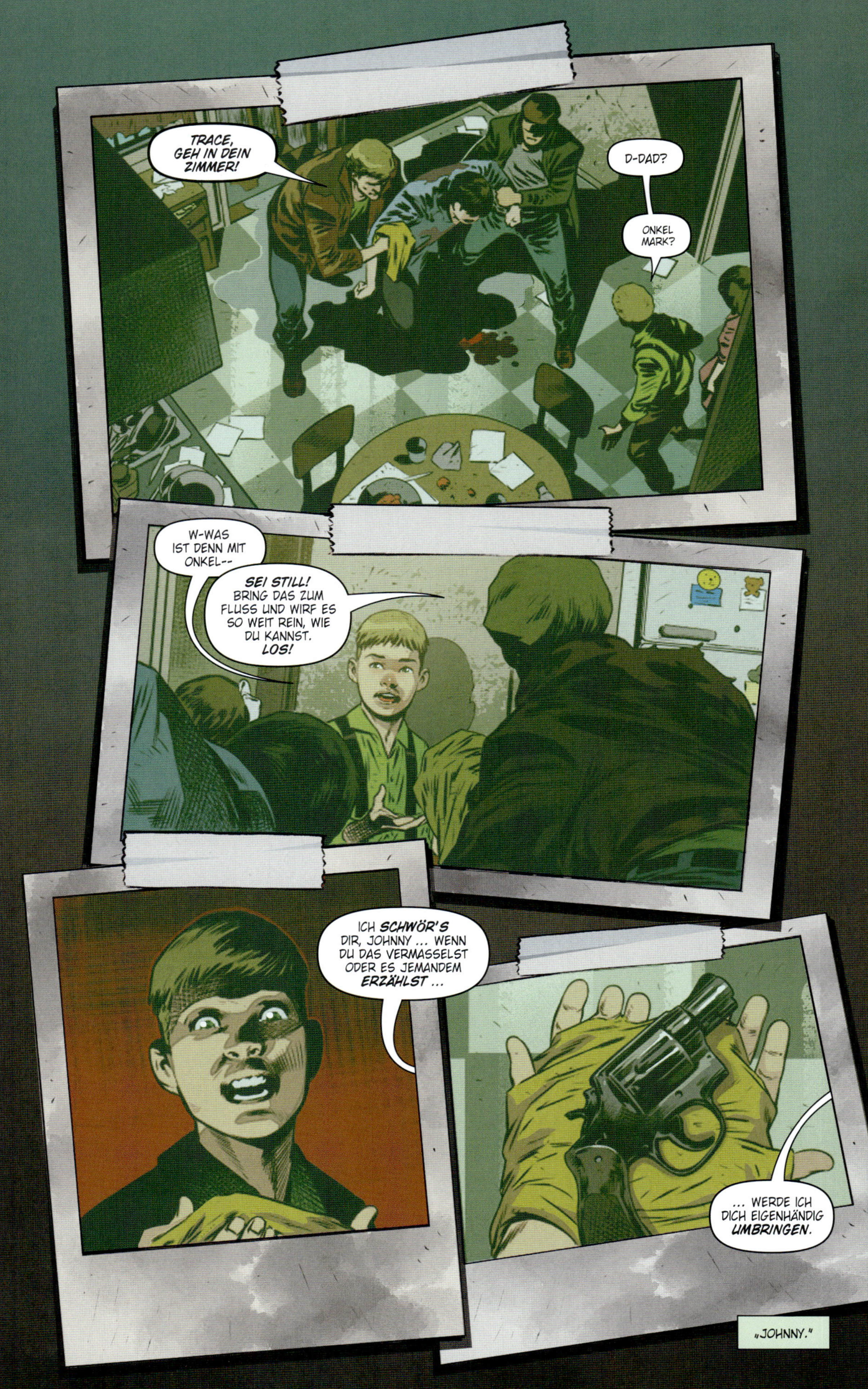
TRACE, GEH IN DEIN ZIMMER!
D-DAD?
ONKEL MARK?
W-WAS IST DENN MIT ONKEL--
SEI STILL! BRING DAS ZUM FLUSS UND WIRF ES SO WEIT REIN, WIE DU KANNST. LOS!
ICH SCHWÖR'S DIR, JOHNNY ... WENN DU DAS VERMASSELST ODER ES JEMANDEM ERZÄHLST ...
... WERDE ICH DICH EIGENHÄNDIG UMBRINGEN.
„JOHNNY."

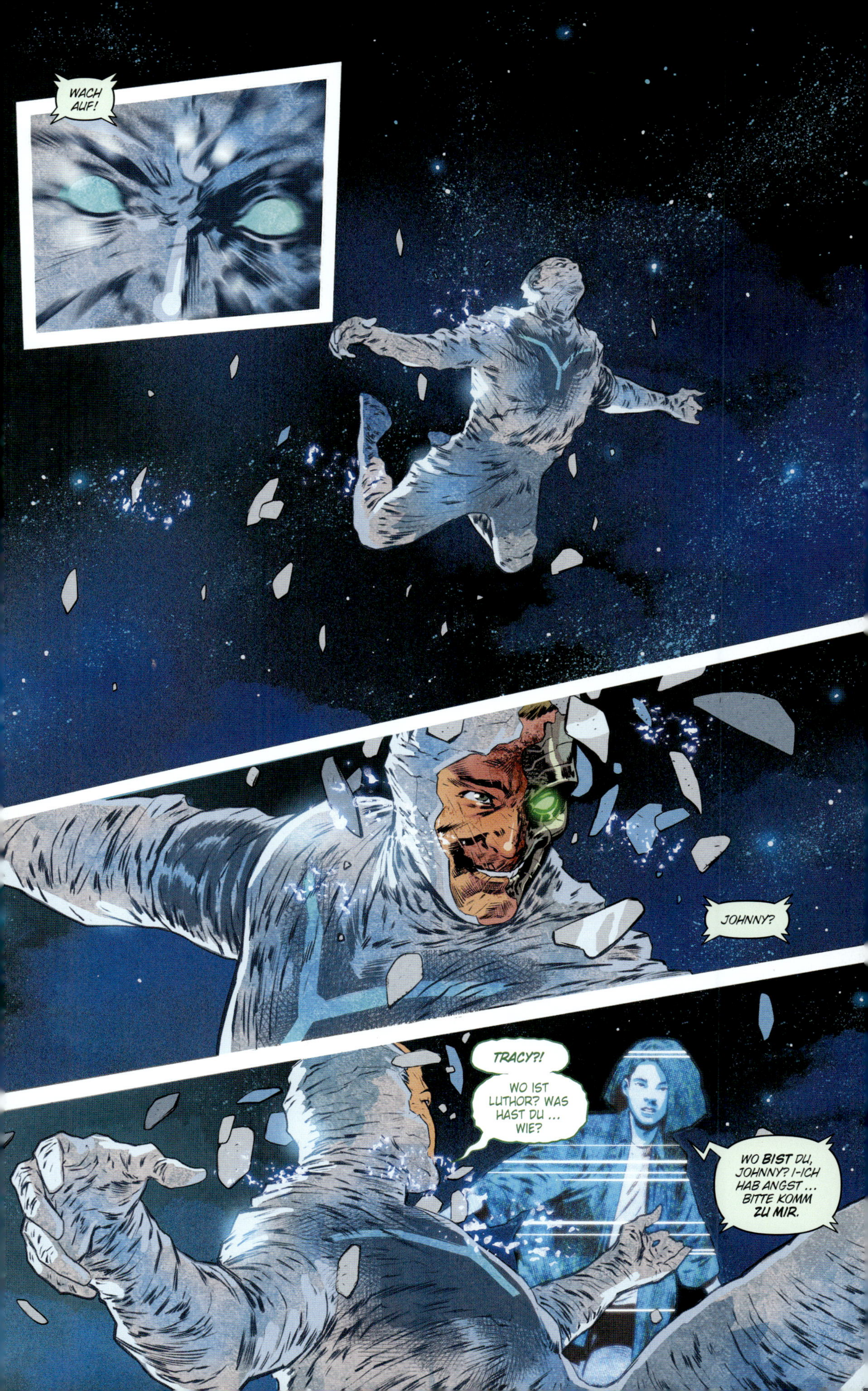
WACH AUF!
JOHNNY?
TRACY?!
WO IST LUTHOR? WAS HAST DU ... WIE?
WO **BIST** DU, JOHNNY? I-ICH HAB ANGST ... BITTE KOMM **ZU MIR**.

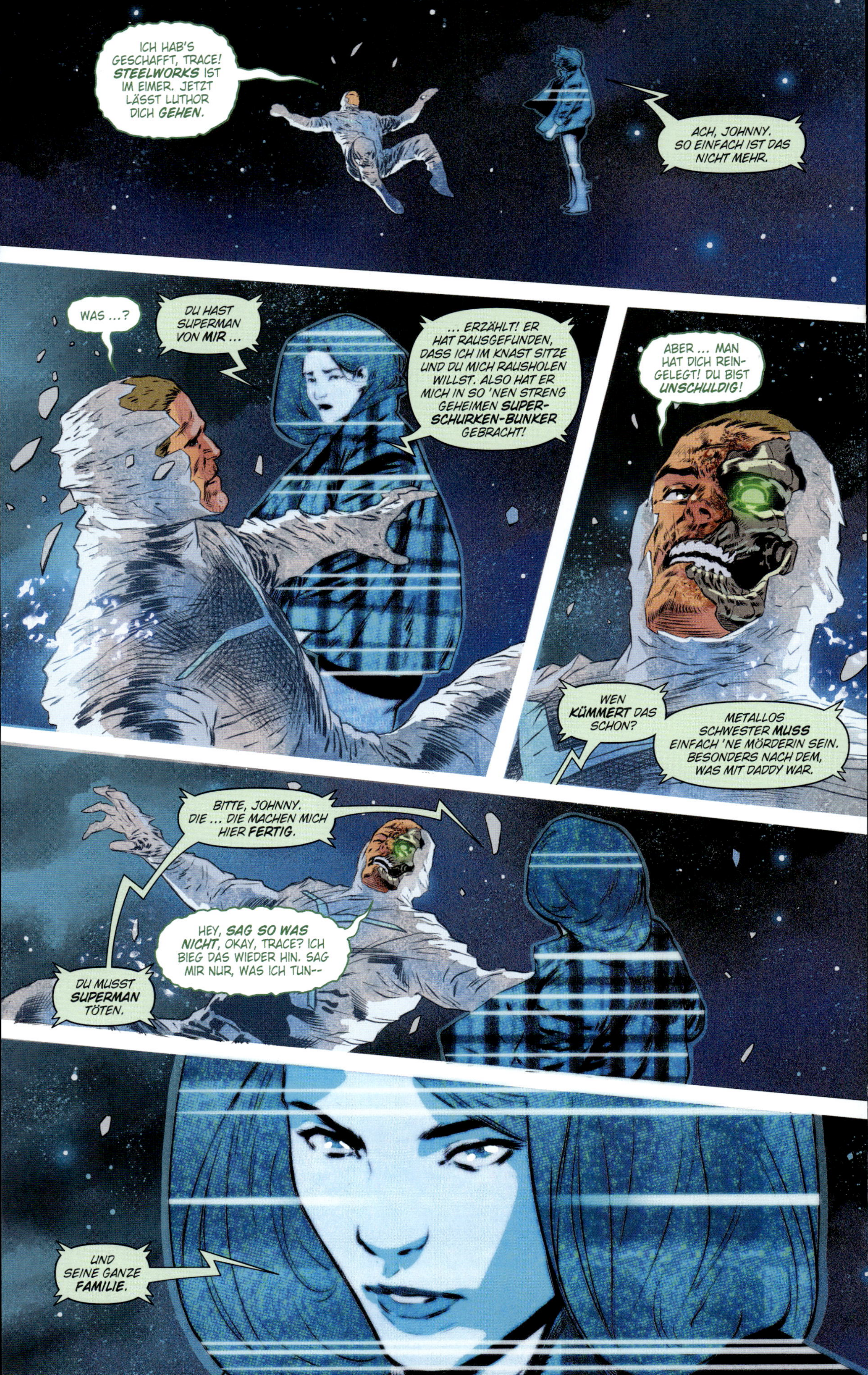
ICH HAB'S GESCHAFFT, TRACE! STEELWORKS IST IM EIMER. JETZT LÄSST LUTHOR DICH GEHEN.
ACH, JOHNNY. SO EINFACH IST DAS NICHT MEHR.
WAS ...?
DU HAST SUPERMAN VON MIR ...
... ERZÄHLT! ER HAT RAUSGEFUNDEN, DASS ICH IM KNAST SITZE UND DU MICH RAUSHOLEN WILLST. ALSO HAT ER MICH IN SO 'NEN STRENG GEHEIMEN SUPER-SCHURKEN-BUNKER GEBRACHT!
ABER ... MAN HAT DICH REIN-GELEGT! DU BIST UNSCHULDIG!
WEN KÜMMERT DAS SCHON?
METALLOS SCHWESTER MUSS EINFACH 'NE MÖRDERIN SEIN. BESONDERS NACH DEM, WAS MIT DADDY WAR.
BITTE, JOHNNY. DIE ... DIE MACHEN MICH HIER FERTIG.
HEY, SAG SO WAS NICHT, OKAY, TRACE? ICH BIEG DAS WIEDER HIN. SAG MIR NUR, WAS ICH TUN--
DU MUSST SUPERMAN TÖTEN.
UND SEINE GANZE FAMILIE.

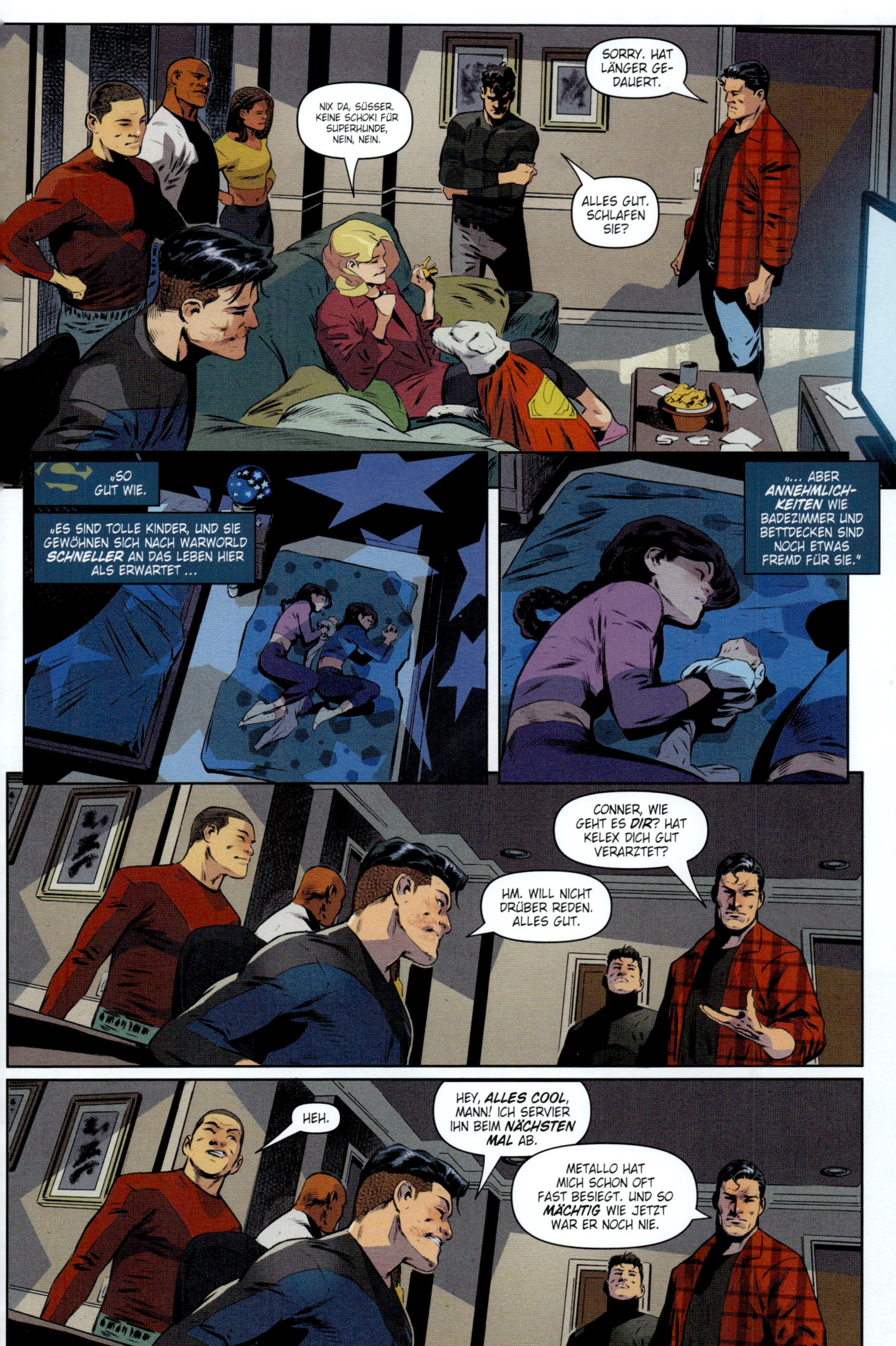
NIX DA, SÜSSER. KEINE SCHOKI FÜR SUPERHUNDE, NEIN, NEIN.
SORRY. HAT LÄNGER GE-DAUERT.
ALLES GUT. SCHLAFEN SIE?
„SO GUT WIE.
„ES SIND TOLLE KINDER, UND SIE GEWÖHNEN SICH NACH WARWORLD SCHNELLER AN DAS LEBEN HIER ALS ERWARTET ...
„... ABER ANNEHMLICH-KEITEN WIE BADEZIMMER UND BETTDECKEN SIND NOCH ETWAS FREMD FÜR SIE."
CONNER, WIE GEHT ES DIR? HAT KELEX DICH GUT VERARZTET?
HM. WILL NICHT DRÜBER REDEN. ALLES GUT.
HEH.
HEY, ALLES COOL, MANN! ICH SERVIER IHN BEIM NÄCHSTEN MAL AB.
METALLO HAT MICH SCHON OFT FAST BESIEGT. UND SO MÄCHTIG WIE JETZT WAR ER NOCH NIE.

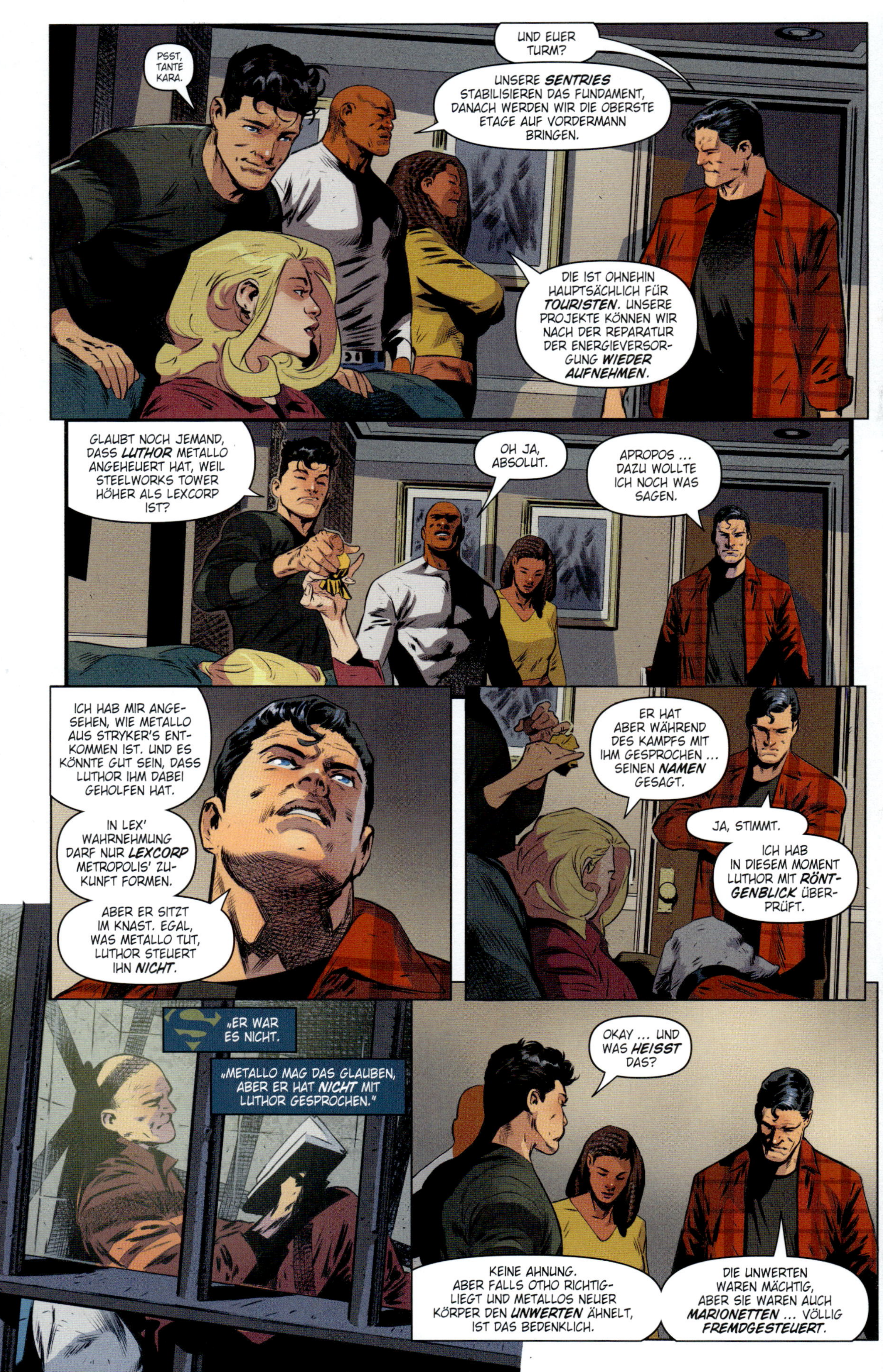
PSST, TANTE KARA.
UND EUER TURM?
UNSERE SENTRIES STABILISIEREN DAS FUNDAMENT, DANACH WERDEN WIR DIE OBERSTE ETAGE AUF VORDERMANN BRINGEN.
DIE IST OHNEHIN HAUPTSÄCHLICH FÜR TOURISTEN. UNSERE PROJEKTE KÖNNEN WIR NACH DER REPARATUR DER ENERGIEVERSORGUNG WIEDER AUFNEHMEN.
GLAUBT NOCH JEMAND, DASS LUTHOR METALLO ANGEHEUERT HAT, WEIL STEELWORKS TOWER HÖHER ALS LEXCORP IST?
OH JA, ABSOLUT.
APROPOS ... DAZU WOLLTE ICH NOCH WAS SAGEN.
ICH HAB MIR ANGESEHEN, WIE METALLO AUS STRYKER'S ENTKOMMEN IST. UND ES KÖNNTE GUT SEIN, DASS LUTHOR IHM DABEI GEHOLFEN HAT.
IN LEX' WAHRNEHMUNG DARF NUR LEXCORP METROPOLIS' ZUKUNFT FORMEN.
ABER ER SITZT IM KNAST. EGAL, WAS METALLO TUT, LUTHOR STEUERT IHN NICHT.
ER HAT ABER WÄHREND DES KAMPFS MIT IHM GESPROCHEN ... SEINEN NAMEN GESAGT.
JA, STIMMT.
ICH HAB IN DIESEM MOMENT LUTHOR MIT RÖNTGENBLICK ÜBERPRÜFT.
„ER WAR ES NICHT.
„METALLO MAG DAS GLAUBEN, ABER ER HAT NICHT MIT LUTHOR GESPROCHEN."
OKAY ... UND WAS HEISST DAS?
KEINE AHNUNG. ABER FALLS OTHO RICHTIG LIEGT UND METALLOS NEUER KÖRPER DEN UNWERTEN ÄHNELT, IST DAS BEDENKLICH.
DIE UNWERTEN WAREN MÄCHTIG, ABER SIE WAREN AUCH MARIONETTEN ... VÖLLIG FREMDGESTEUERT.

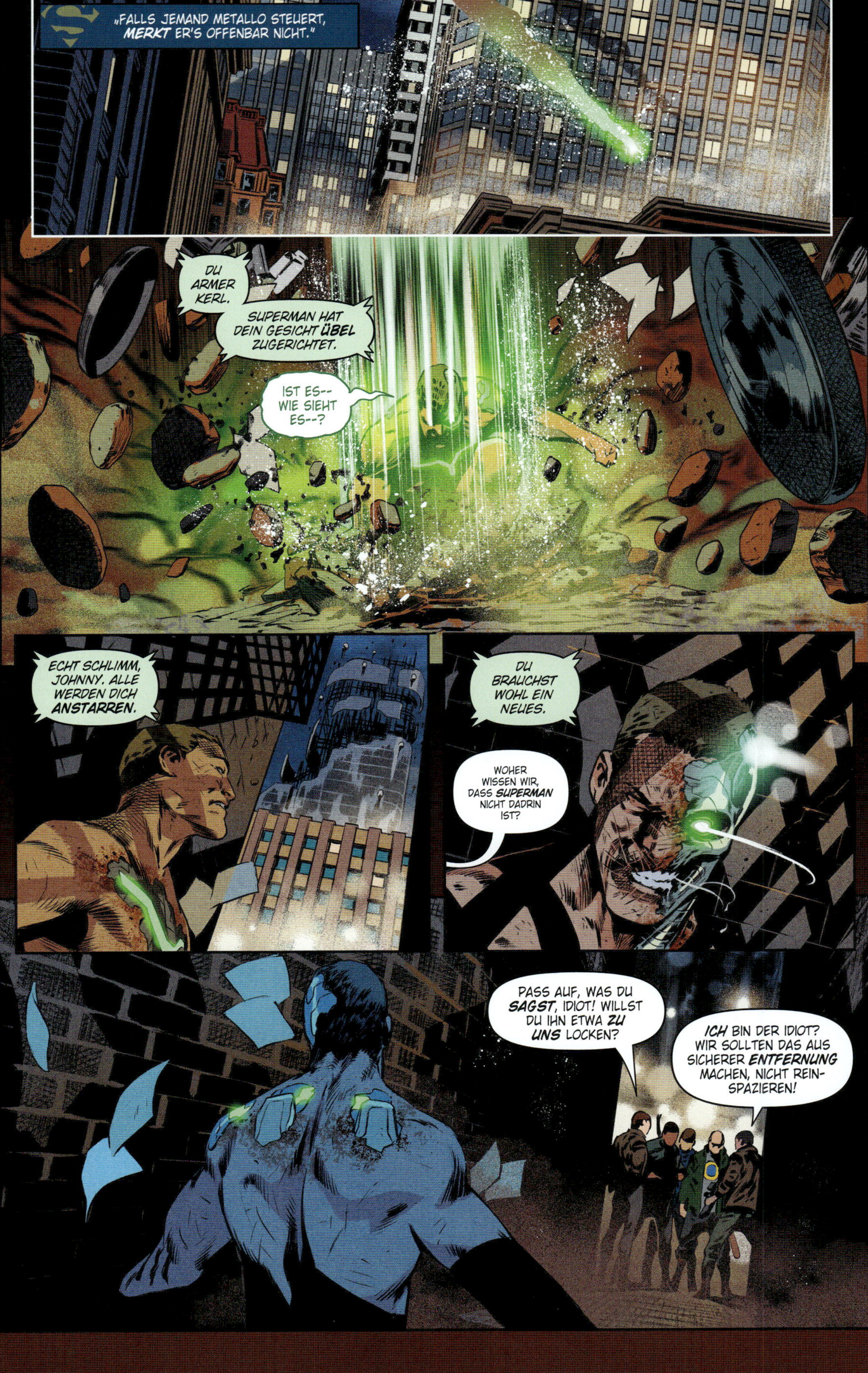
„FALLS JEMAND METALLO STEUERT, MERKT ER'S OFFENBAR NICHT."
DU ARMER KERL.
SUPERMAN HAT DEIN GESICHT ÜBEL ZUGERICHTET.
IST ES-- WIE SIEHT ES--?
ECHT SCHLIMM, JOHNNY. ALLE WERDEN DICH ANSTARREN.
DU BRAUCHST WOHL EIN NEUES.
WOHER WISSEN WIR, DASS SUPERMAN NICHT DADRIN IST?
PASS AUF, WAS DU SAGST, IDIOT! WILLST DU IHN ETWA ZU UNS LOCKEN?
ICH BIN DER IDIOT? WIR SOLLTEN DAS AUS SICHERER ENTFERNUNG MACHEN, NICHT REIN-SPAZIEREN!

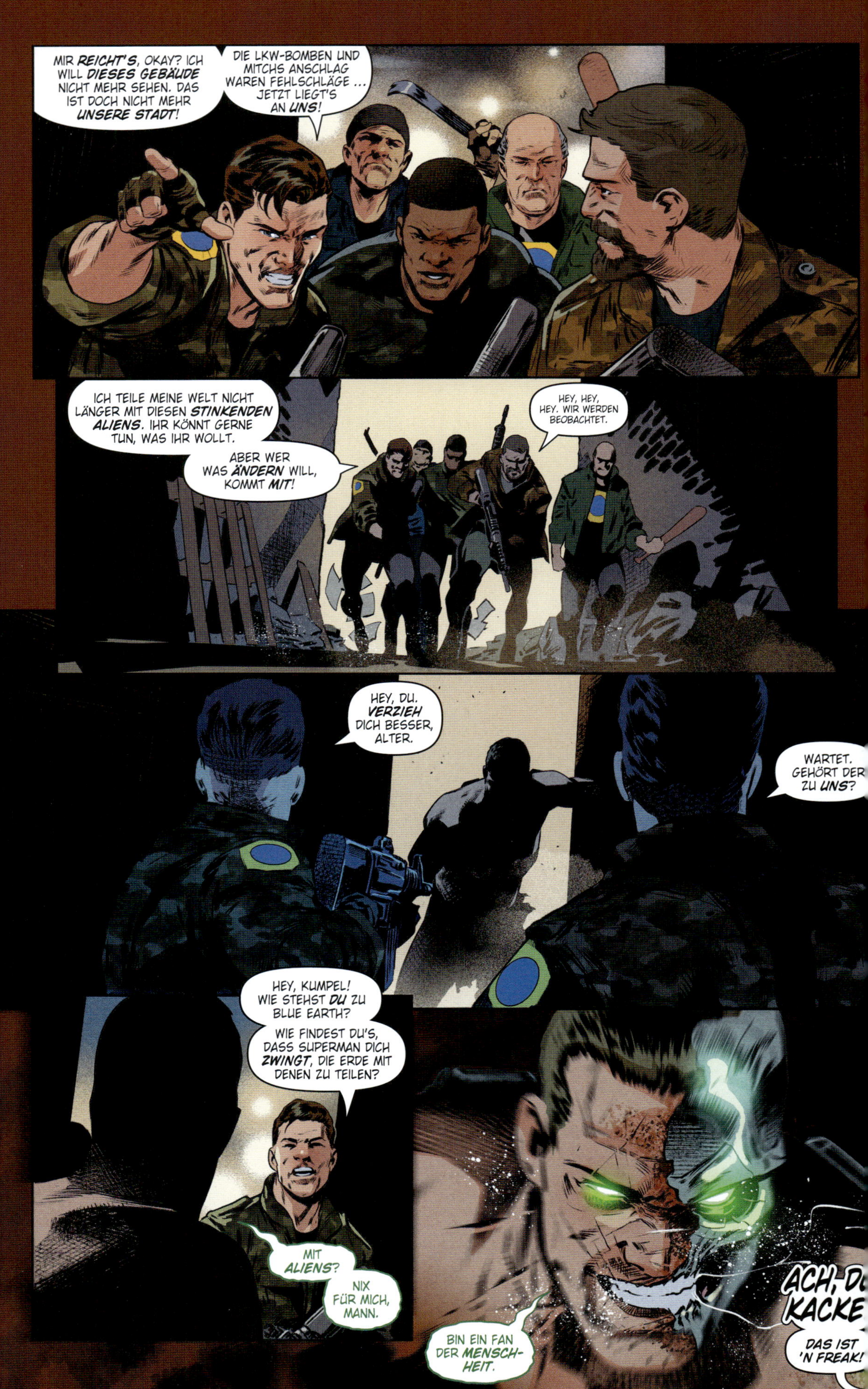
MIR *REICHT'S*, OKAY? ICH WILL *DIESES GEBÄUDE* NICHT MEHR SEHEN. DAS IST DOCH NICHT MEHR *UNSERE STADT*!
DIE LKW-BOMBEN UND MITCHS ANSCHLAG WAREN FEHLSCHLÄGE ... JETZT LIEGT'S AN *UNS*!
ICH TEILE MEINE WELT NICHT LÄNGER MIT DIESEN *STINKENDEN ALIENS*. IHR KÖNNT GERNE TUN, WAS IHR WOLLT.
ABER WER WAS *ÄNDERN* WILL, KOMMT *MIT*!
HEY, HEY, HEY. WIR WERDEN BEOBACHTET.
HEY, DU. *VERZIEH* DICH BESSER, ALTER.
WARTET. GEHÖRT DER ZU *UNS*?
HEY, KUMPEL! WIE STEHST *DU* ZU BLUE EARTH?
WIE FINDEST DU'S, DASS SUPERMAN DICH *ZWINGT*, DIE ERDE MIT DENEN ZU TEILEN?
MIT *ALIENS*?
NIX FÜR MICH, MANN.
BIN EIN FAN DER *MENSCHHEIT*.
DAS IST 'N FREAK!

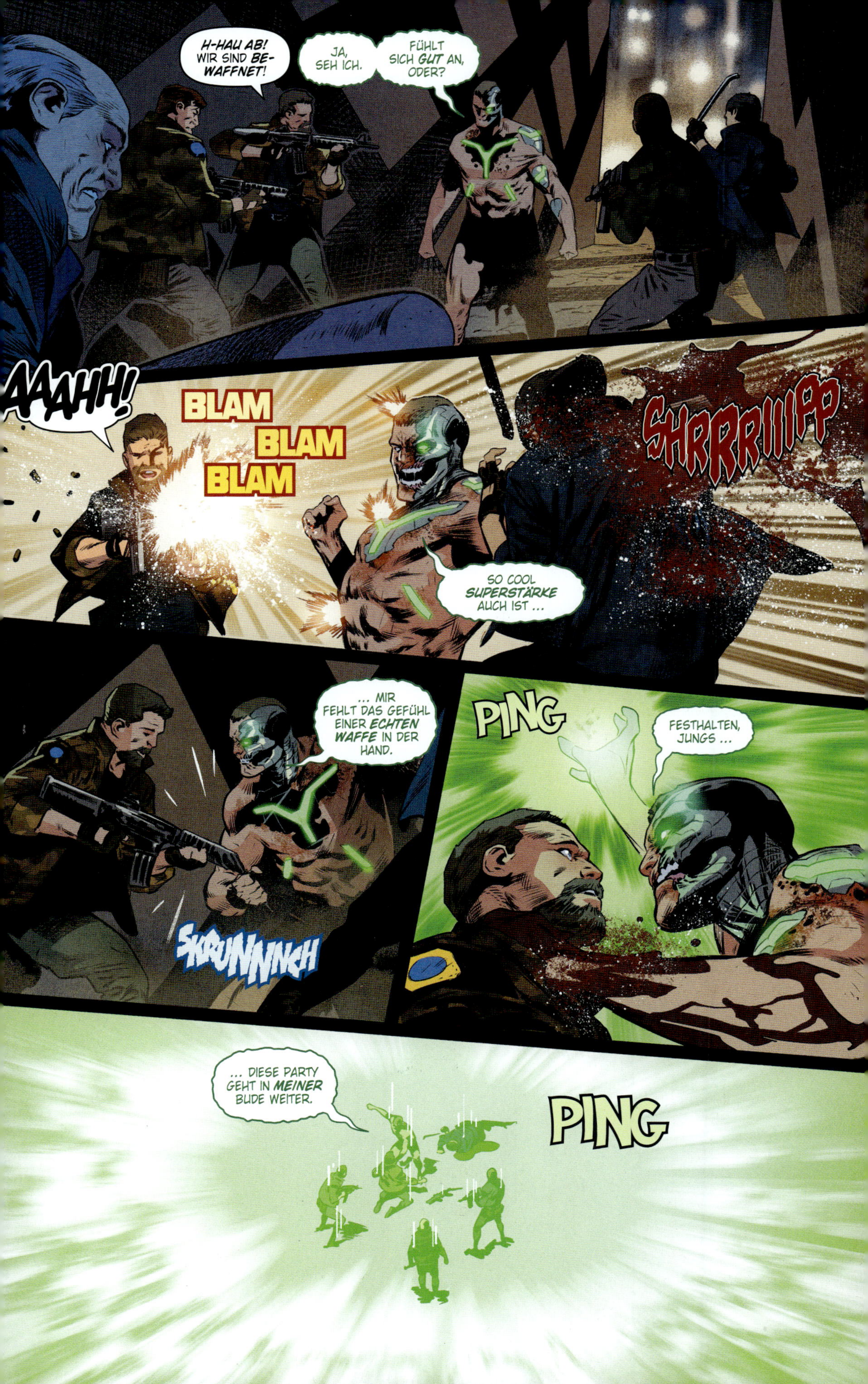
H-HAU AB! WIR SIND BE-WAFFNET!
JA, SEH ICH.
FÜHLT SICH GUT AN, ODER?
AAAHH!
BLAM
BLAM
BLAM
SHRRRIIIPP
SO COOL SUPERSTÄRKE AUCH IST ...
... MIR FEHLT DAS GEFÜHL EINER ECHTEN WAFFE IN DER HAND.
SKRUNNNCH
PING
FESTHALTEN, JUNGS ...
... DIESE PARTY GEHT IN MEINER BUDE WEITER.
PING

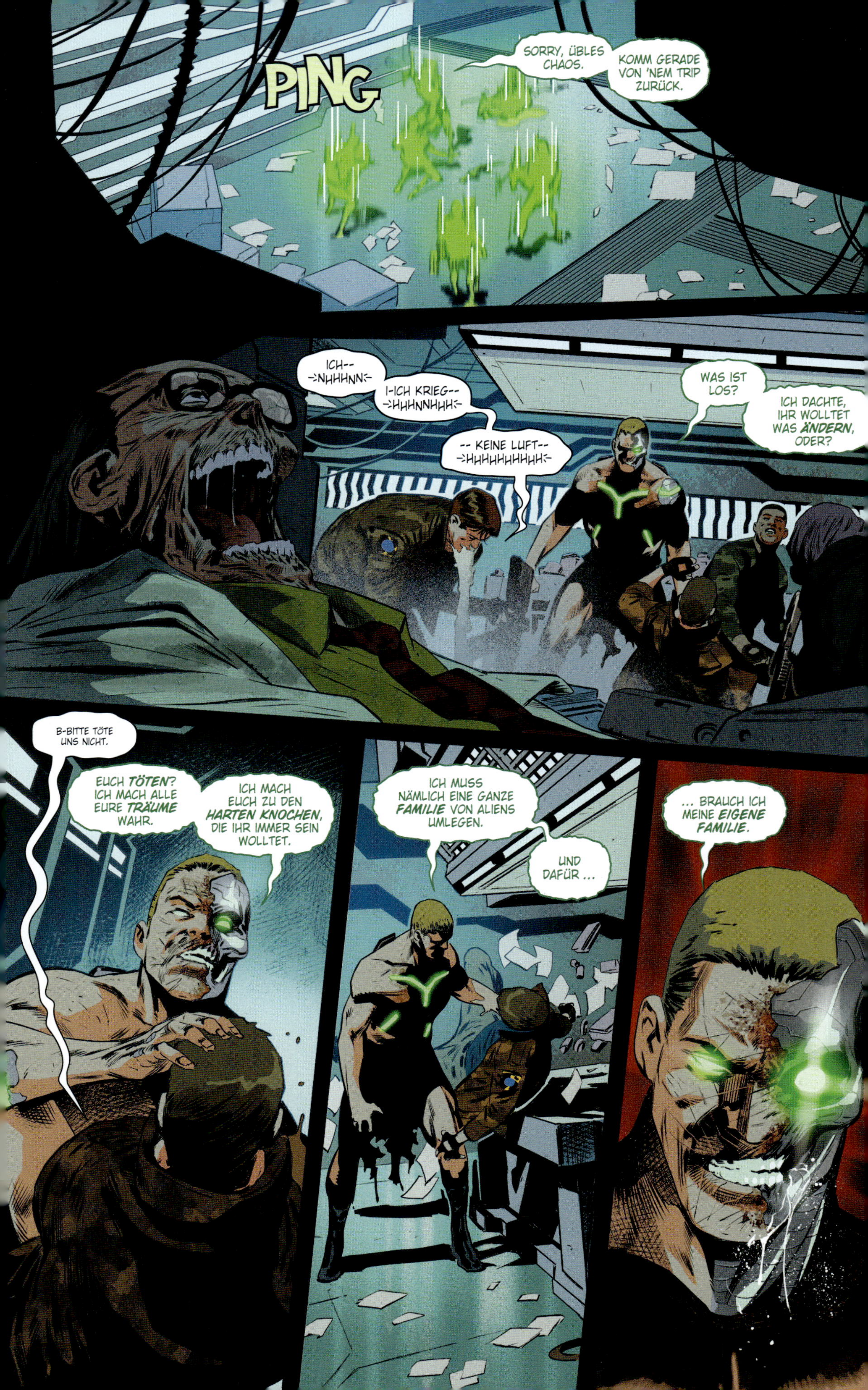
PING
SORRY, ÜBLES CHAOS.
KOMM GERADE VON 'NEM TRIP ZURÜCK.
ICH-- -NHHHNN-
I-ICH KRIEG-- -HHHNNHHH-
-- KEINE LUFT-- -HHHHHHHHHH-
WAS IST LOS?
ICH DACHTE, IHR WOLLTET WAS ÄNDERN, ODER?
B-BITTE TÖTE UNS NICHT.
EUCH TÖTEN? ICH MACH ALLE EURE TRÄUME WAHR.
ICH MACH EUCH ZU DEN HARTEN KNOCHEN, DIE IHR IMMER SEIN WOLLTET.
ICH MUSS NÄMLICH EINE GANZE FAMILIE VON ALIENS UMLEGEN.
UND DAFÜR ...
... BRAUCH ICH MEINE EIGENE FAMILIE.

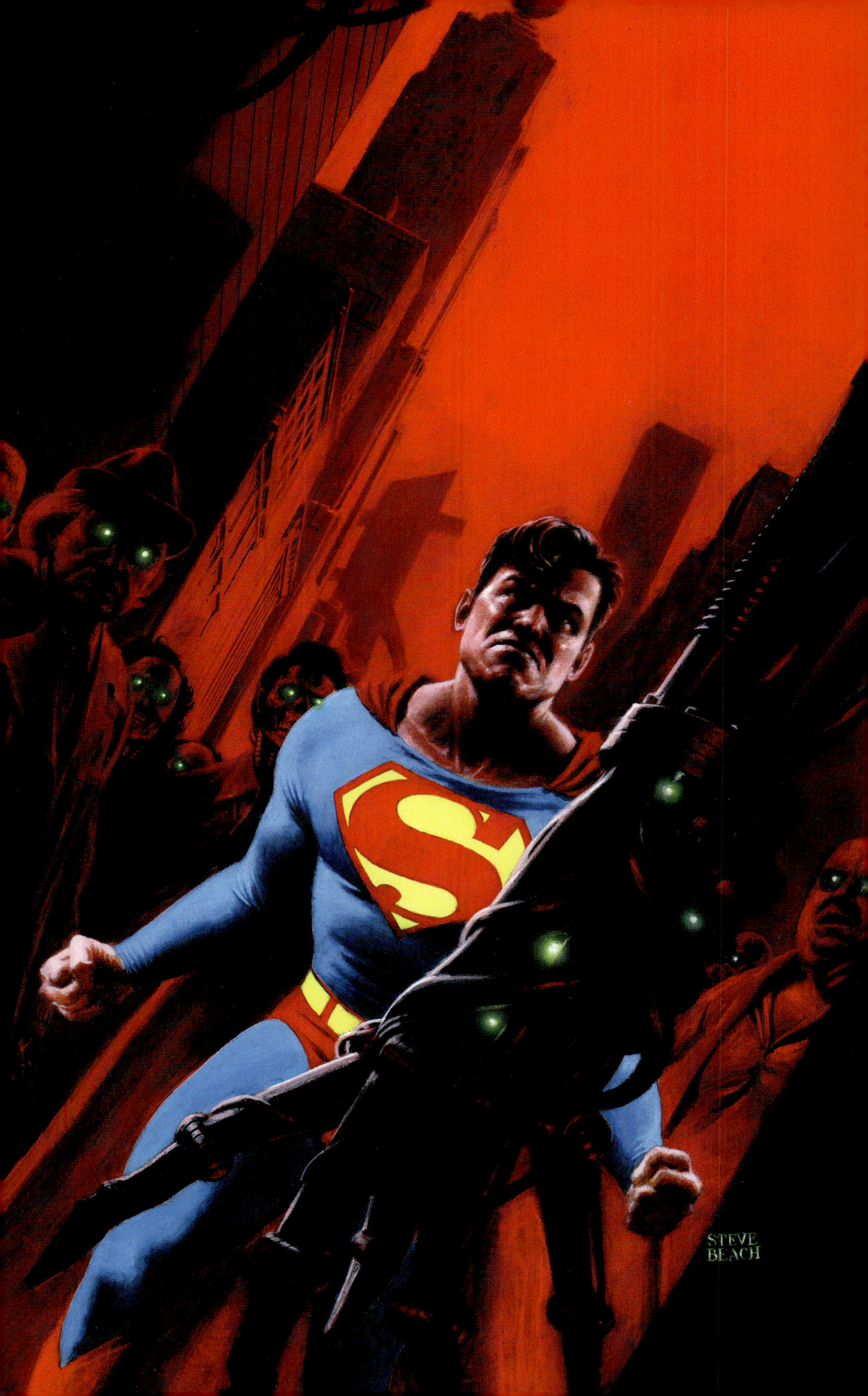
STEVE
BEACH

ACTION COMICS 1053

UNWERTE

PHILLIP KENNEDY JOHNSON
Story

RAFA SANDOVAL
Zeichnungen & Tusche

MATT HERMS
Farben

STEVE BEACH
Original-Cover

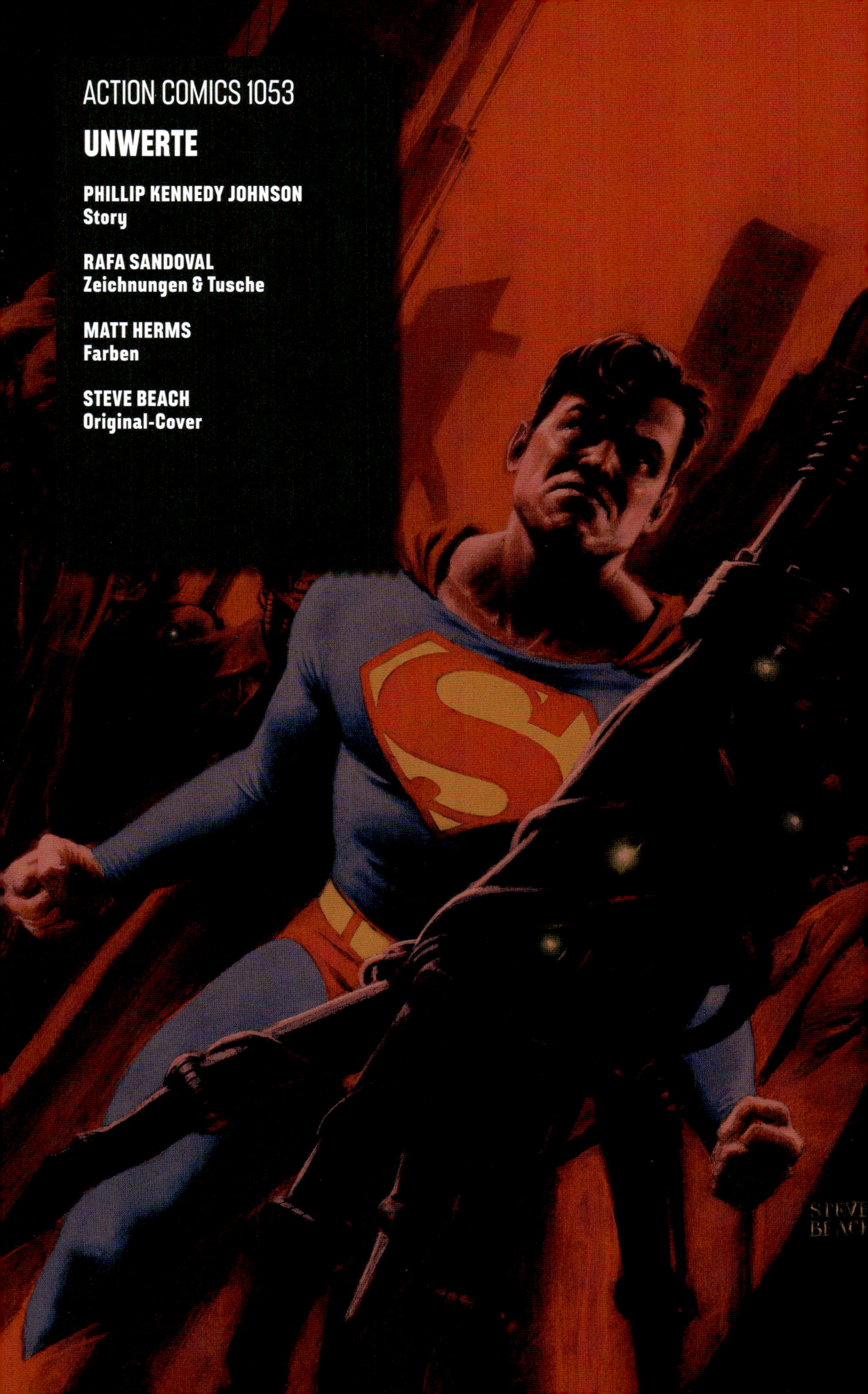

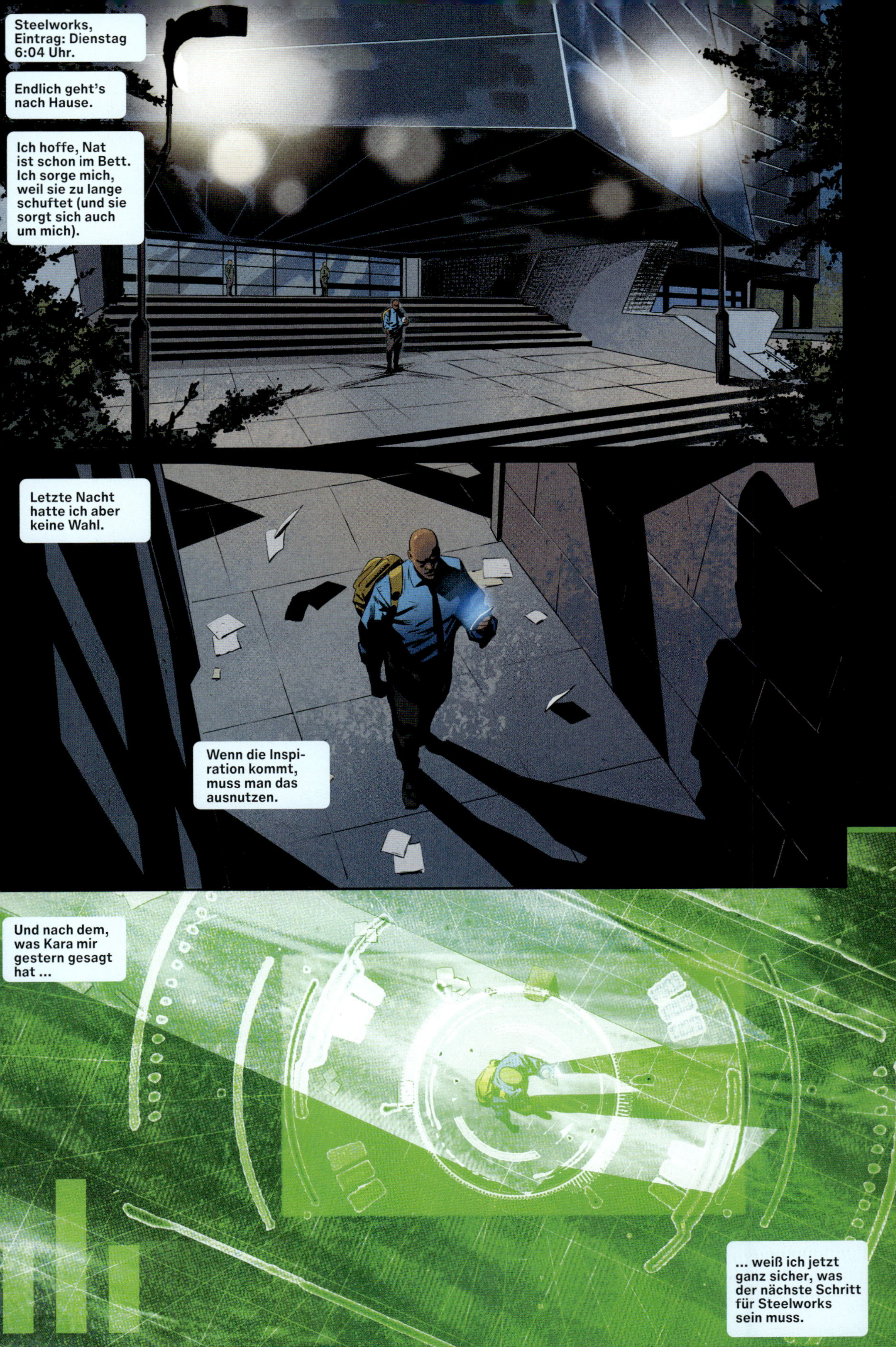
Steelworks, Eintrag: Dienstag 6:04 Uhr.
Endlich geht's nach Hause.
Ich hoffe, Nat ist schon im Bett. Ich sorge mich, weil sie zu lange schuftet (und sie sorgt sich auch um mich).
Letzte Nacht hatte ich aber keine Wahl.
Wenn die Inspi-ration kommt, muss man das ausnutzen.
Und nach dem, was Kara mir gestern gesagt hat ...
... weiß ich jetzt ganz sicher, was der nächste Schritt für Steelworks sein muss.

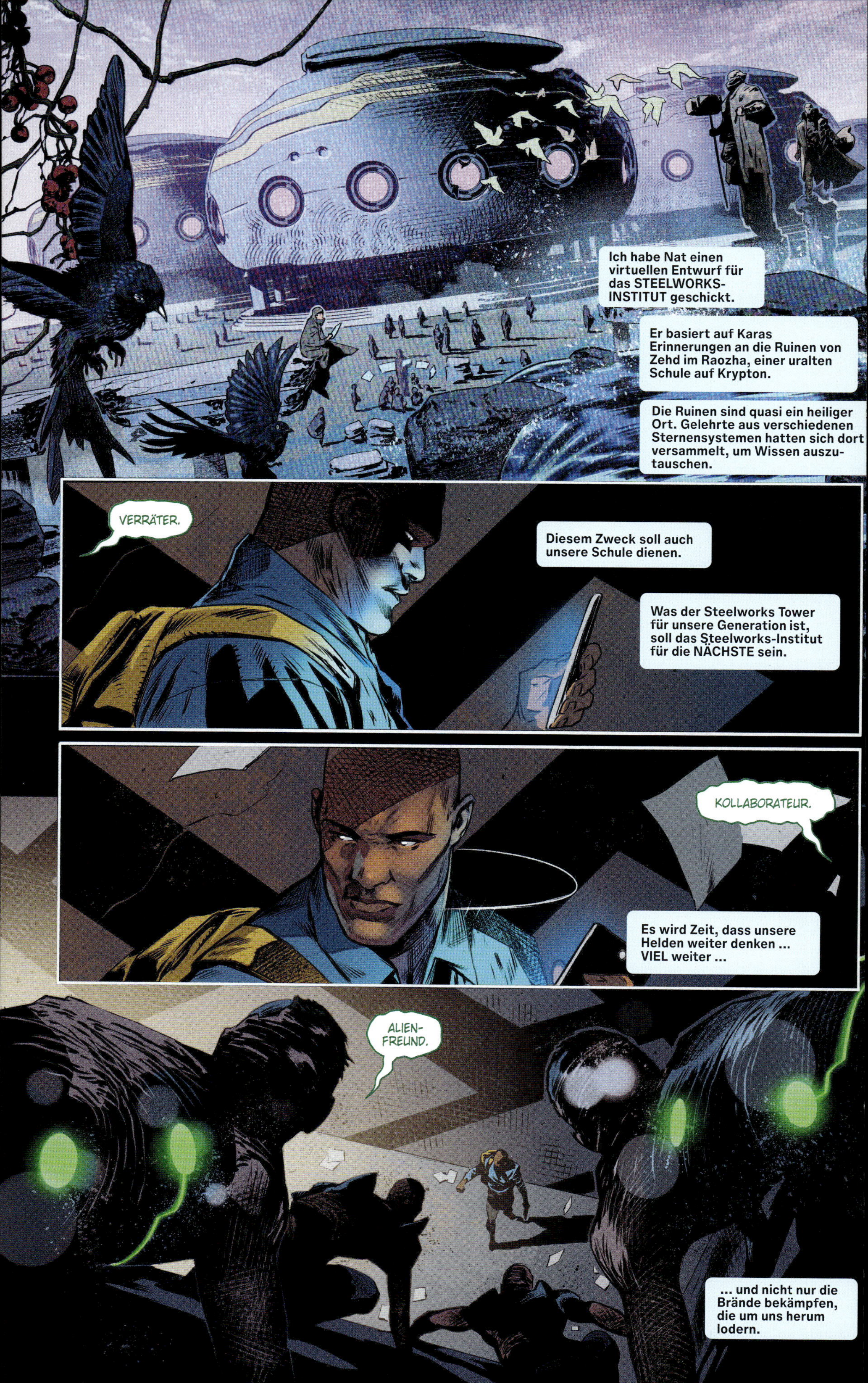
Ich habe Nat einen virtuellen Entwurf für das STEELWORKS-INSTITUT geschickt.
Er basiert auf Karas Erinnerungen an die Ruinen von Zehd im Raozha, einer uralten Schule auf Krypton.
Die Ruinen sind quasi ein heiliger Ort. Gelehrte aus verschiedenen Sternensystemen hatten sich dort versammelt, um Wissen auszu-tauschen.
VERRÄTER.
Diesem Zweck soll auch unsere Schule dienen.
Was der Steelworks Tower für unsere Generation ist, soll das Steelworks-Institut für die NÄCHSTE sein.
KOLLABORATEUR.
Es wird Zeit, dass unsere Helden weiter denken ... VIEL weiter ...
ALIEN-FREUND.
... und nicht nur die Brände bekämpfen, die um uns herum lodern.

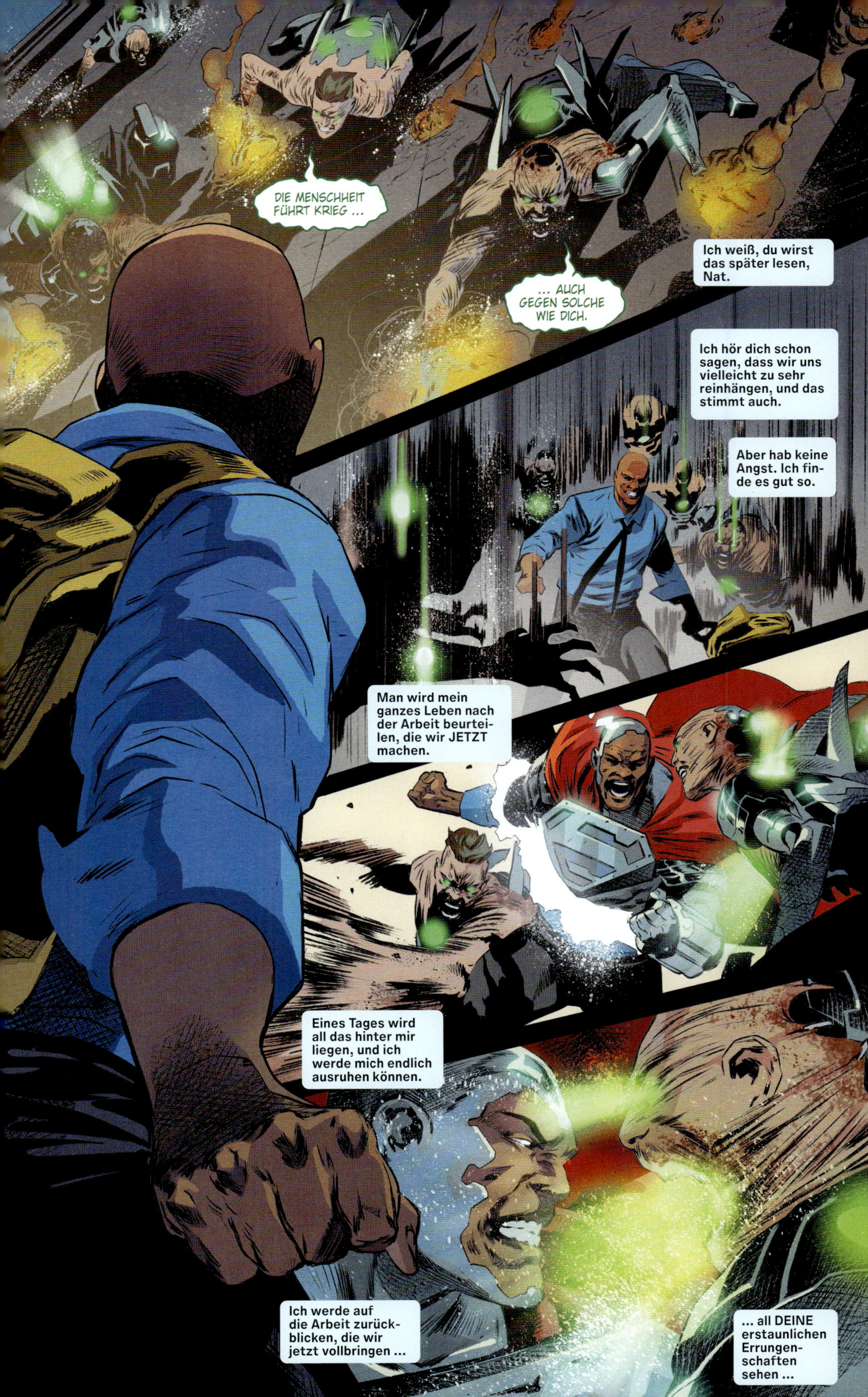
DIE MENSCHHEIT FÜHRT KRIEG …
… AUCH GEGEN SOLCHE WIE DICH.
Ich weiß, du wirst das später lesen, Nat.
Ich hör dich schon sagen, dass wir uns vielleicht zu sehr reinhängen, und das stimmt auch.
Aber hab keine Angst. Ich finde es gut so.
Man wird mein ganzes Leben nach der Arbeit beurteilen, die wir JETZT machen.
Eines Tages wird all das hinter mir liegen, und ich werde mich endlich ausruhen können.
Ich werde auf die Arbeit zurückblicken, die wir jetzt vollbringen …
… all DEINE erstaunlichen Errungenschaften sehen …

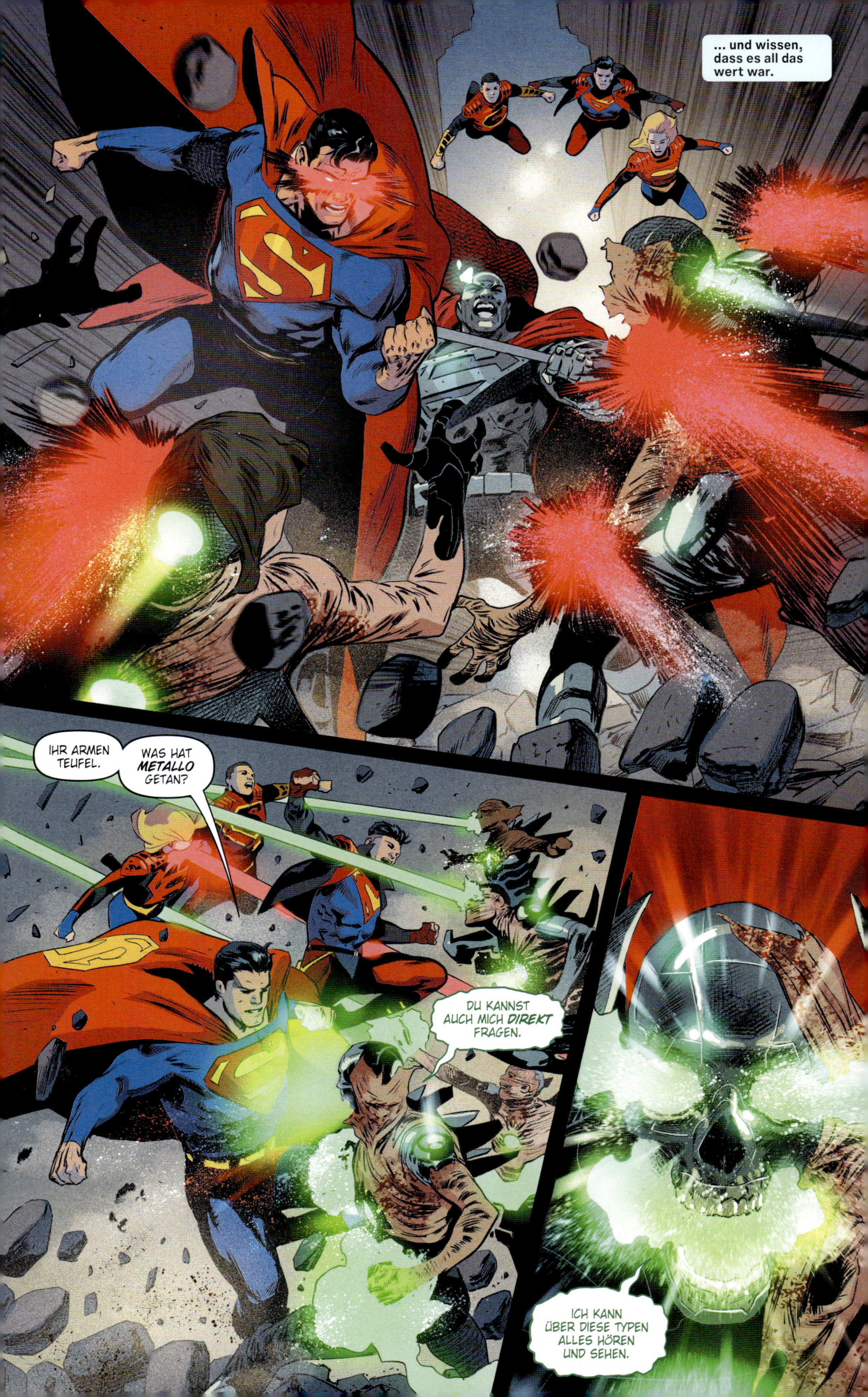
... und wissen, dass es all das wert war.
IHR ARMEN TEUFEL.
WAS HAT METALLO GETAN?
DU KANNST AUCH MICH DIREKT FRAGEN.
ICH KANN ÜBER DIESE TYPEN ALLES HÖREN UND SEHEN.

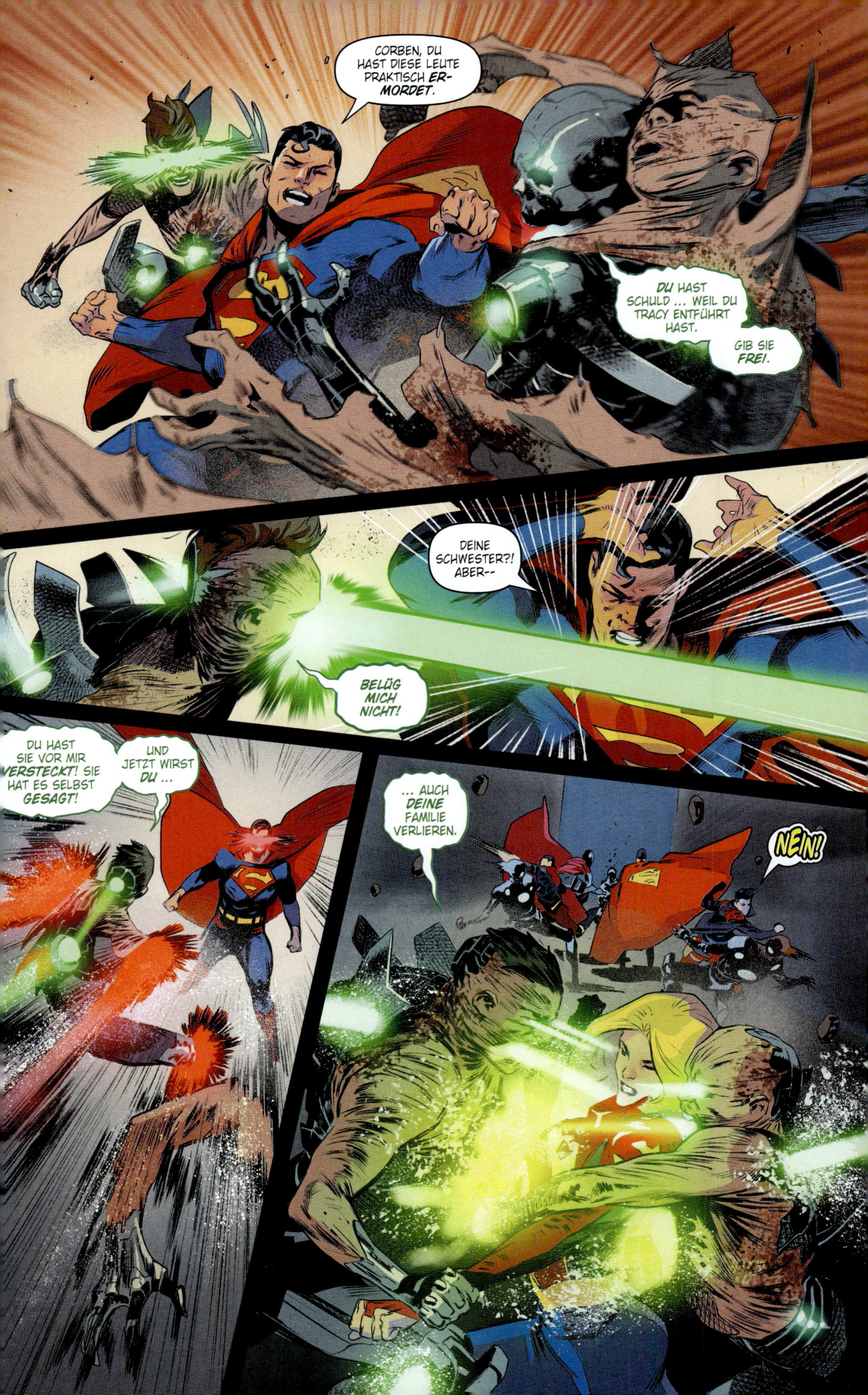
CORBEN, DU HAST DIESE LEUTE PRAKTISCH ER-MORDET.
DU HAST SCHULD ... WEIL DU TRACY ENTFÜHRT HAST.
GIB SIE FREI.
DEINE SCHWESTER?! ABER--
BELÜG MICH NICHT!
DU HAST SIE VOR MIR VERSTECKT! SIE HAT ES SELBST GESAGT!
UND JETZT WIRST DU ...
... AUCH DEINE FAMILIE VERLIEREN.
NEIN!

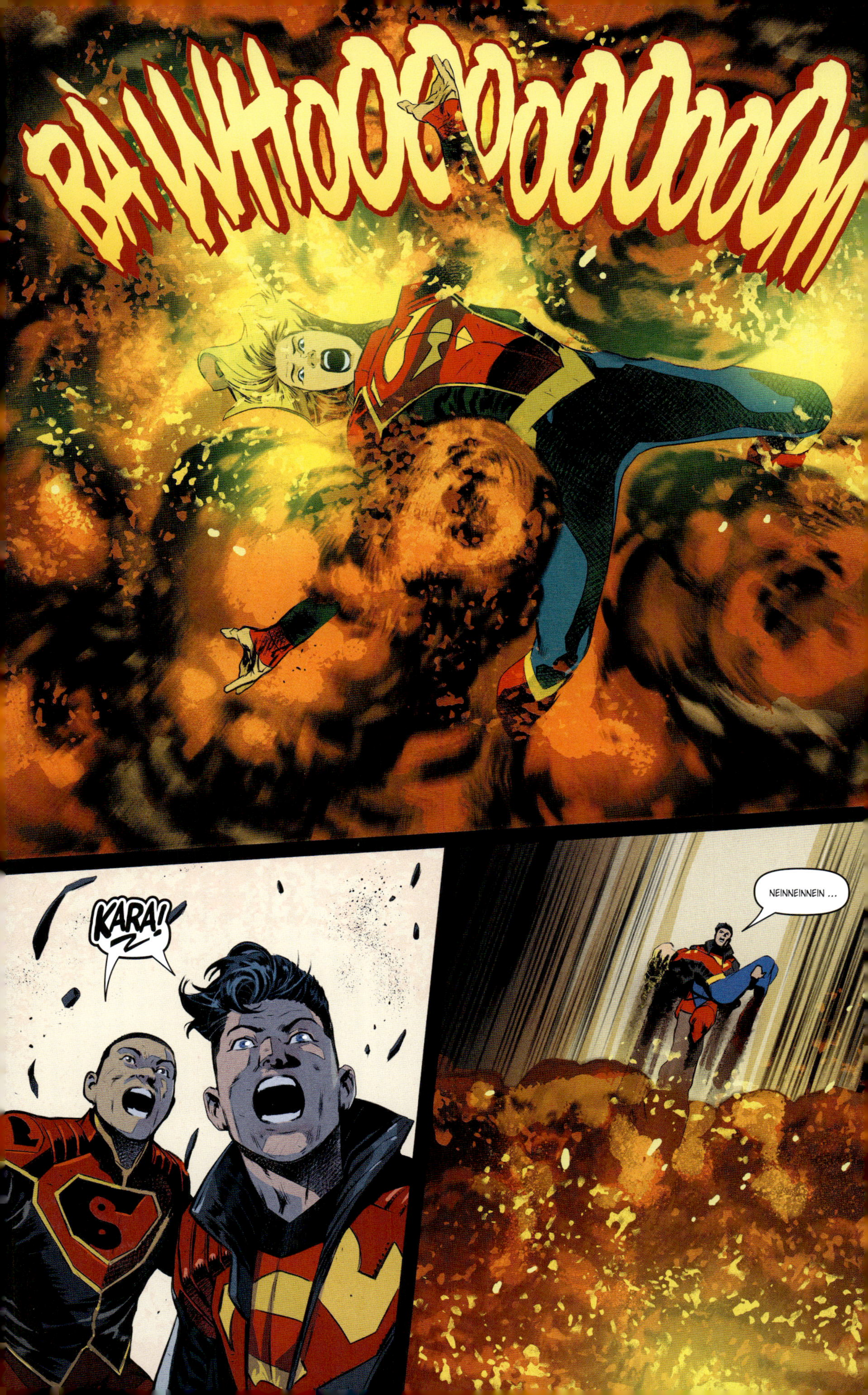
BAWHOOOOOOOOOM
KARA!
NEINNEINNEIN ...

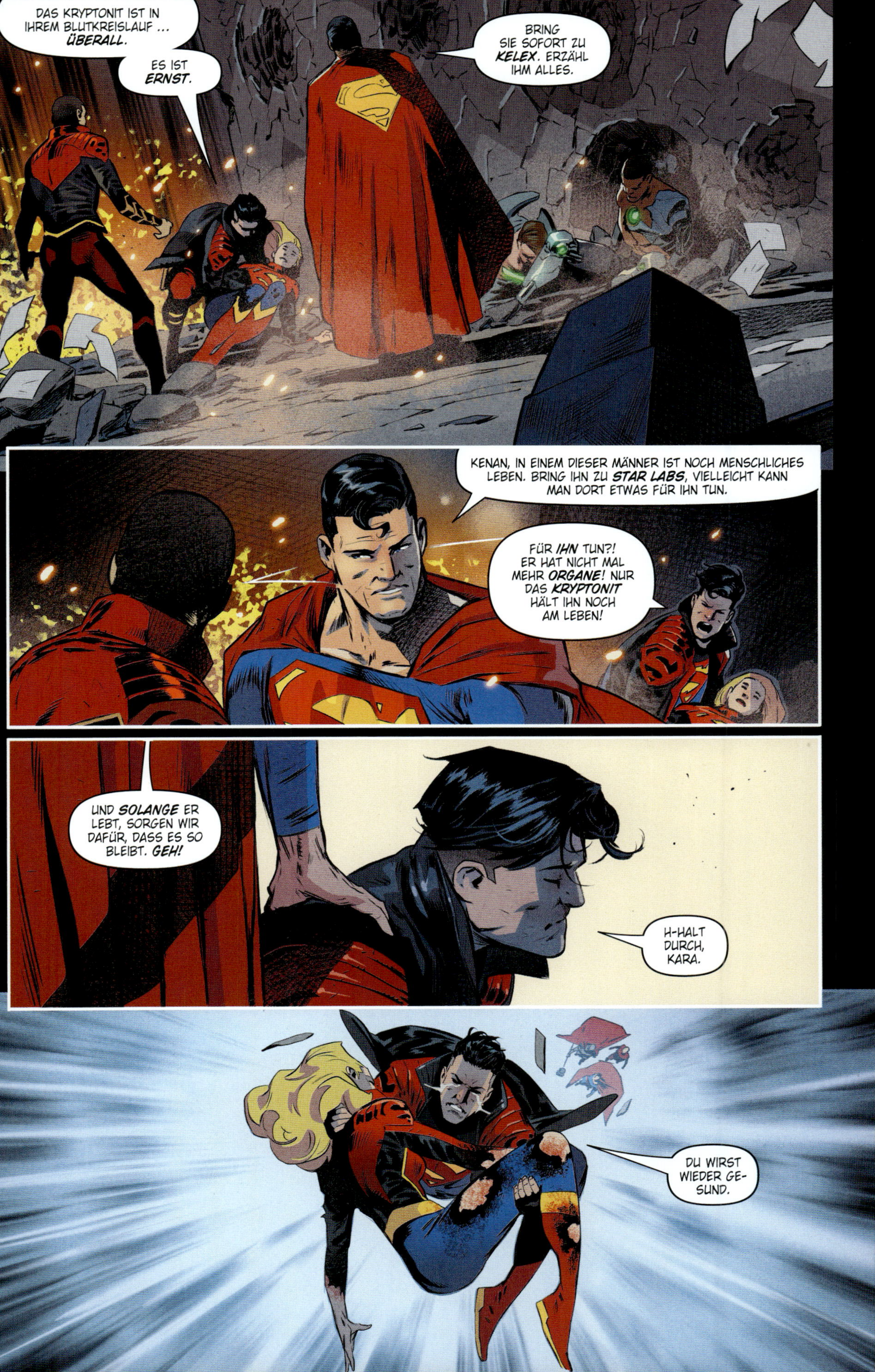
DAS KRYPTONIT IST IN IHREM BLUTKREISLAUF … ÜBERALL.
ES IST ERNST.
BRING SIE SOFORT ZU KELEX. ERZÄHL IHM ALLES.
KENAN, IN EINEM DIESER MÄNNER IST NOCH MENSCHLICHES LEBEN. BRING IHN ZU STAR LABS, VIELLEICHT KANN MAN DORT ETWAS FÜR IHN TUN.
FÜR IHN TUN?! ER HAT NICHT MAL MEHR ORGANE! NUR DAS KRYPTONIT HÄLT IHN NOCH AM LEBEN!
UND SOLANGE ER LEBT, SORGEN WIR DAFÜR, DASS ES SO BLEIBT. GEH!
H-HALT DURCH, KARA.
DU WIRST WIEDER GE-SUND.

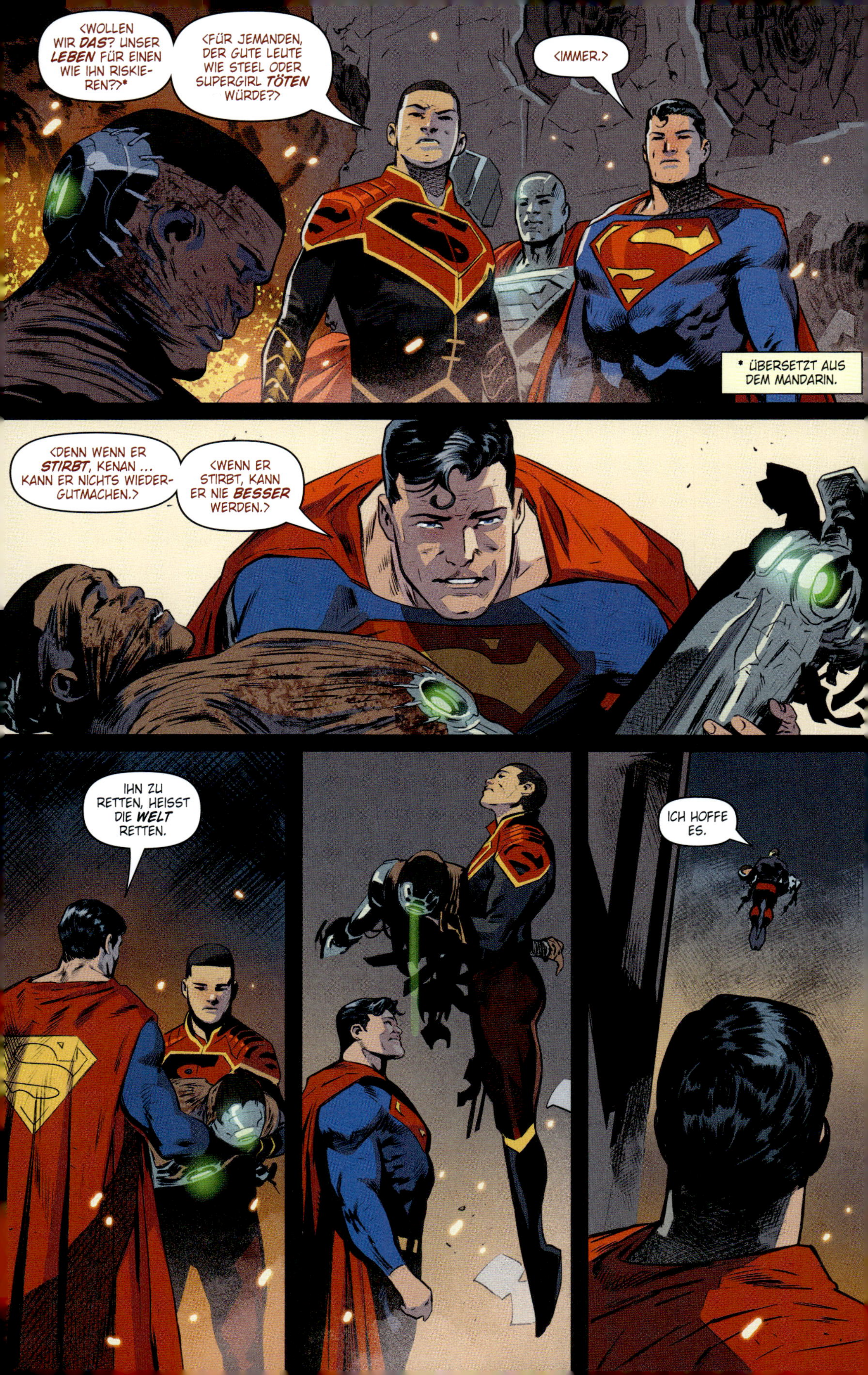

<WOLLEN WIR **DAS**? UNSER **LEBEN** FÜR EINEN WIE IHN RISKIEREN?>*

<FÜR JEMANDEN, DER GUTE LEUTE WIE STEEL ODER SUPERGIRL **TÖTEN** WÜRDE?>

<IMMER.>

* ÜBERSETZT AUS DEM MANDARIN.

<DENN WENN ER **STIRBT**, KENAN ... KANN ER NICHTS WIEDERGUTMACHEN.>

<WENN ER STIRBT, KANN ER NIE **BESSER** WERDEN.>

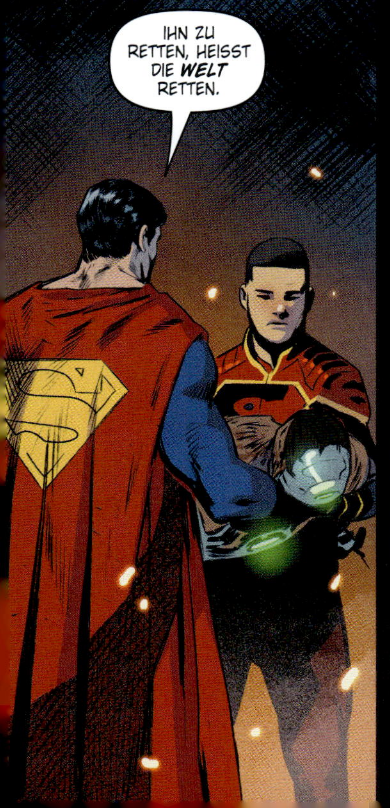

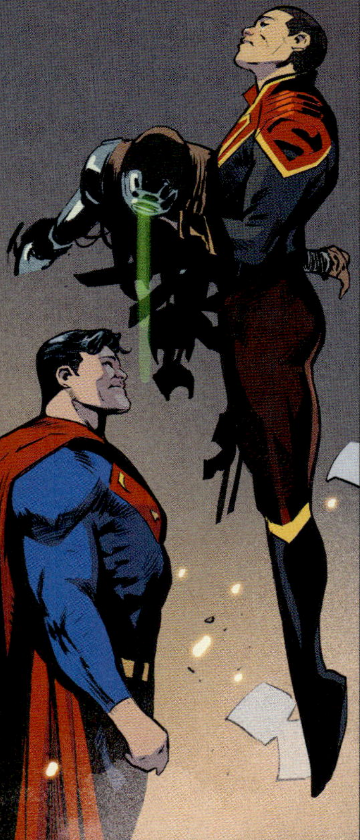

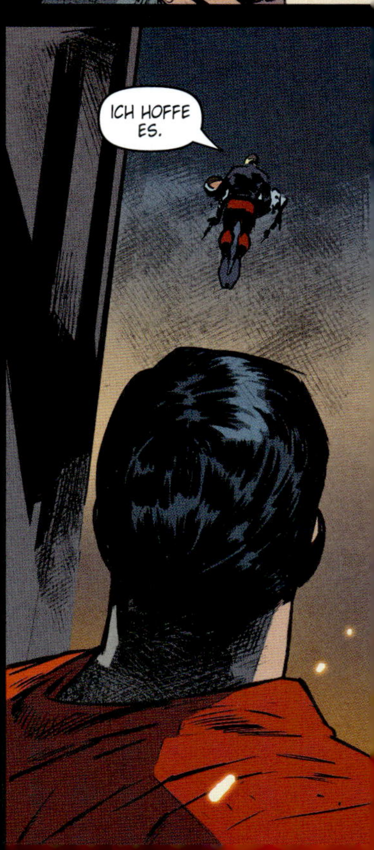

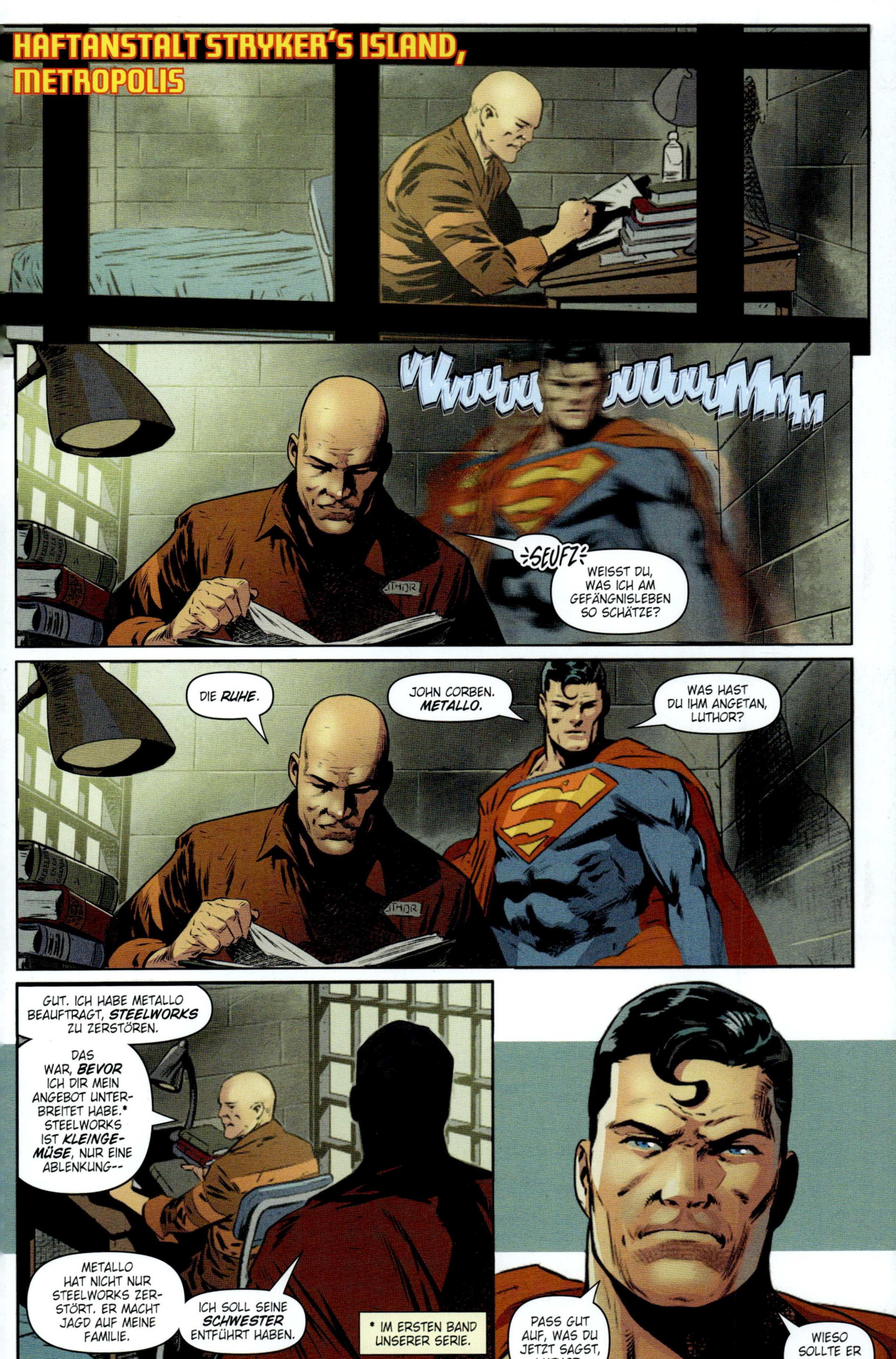

HAFTANSTALT STRYKER'S ISLAND, METROPOLIS
VVRUUUUUUUUUUUUMMM
SEUFZ
WEISST DU, WAS ICH AM GEFÄNGNISLEBEN SO SCHÄTZE?
DIE RUHE.
JOHN CORBEN. METALLO.
WAS HAST DU IHM ANGETAN, LUTHOR?
GUT. ICH HABE METALLO BEAUFTRAGT, STEELWORKS ZU ZERSTÖREN.
DAS WAR, BEVOR ICH DIR MEIN ANGEBOT UNTERBREITET HABE.* STEELWORKS IST KLEINGEMÜSE, NUR EINE ABLENKUNG--
METALLO HAT NICHT NUR STEELWORKS ZERSTÖRT. ER MACHT JAGD AUF MEINE FAMILIE.
ICH SOLL SEINE SCHWESTER ENTFÜHRT HABEN.
* IM ERSTEN BAND UNSERER SERIE.
PASS GUT AUF, WAS DU JETZT SAGST, LUTHOR.
WIESO SOLLTE ER DAS GLAUBEN?

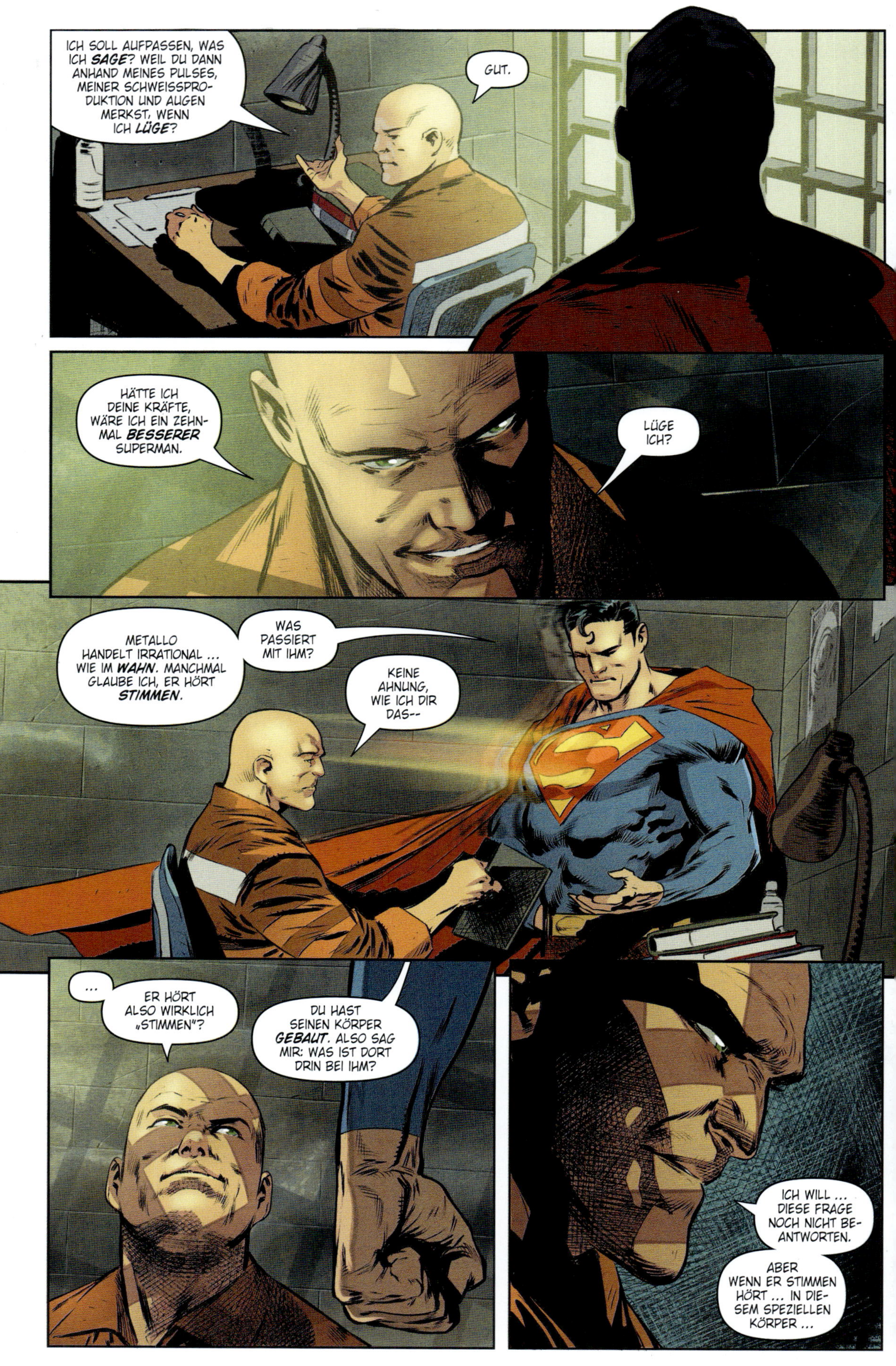
ICH SOLL AUFPASSEN, WAS ICH SAGE? WEIL DU DANN ANHAND MEINES PULSES, MEINER SCHWEISSPRODUKTION UND AUGEN MERKST, WENN ICH LÜGE?
GUT.
HÄTTE ICH DEINE KRÄFTE, WÄRE ICH EIN ZEHNMAL BESSERER SUPERMAN.
LÜGE ICH?
METALLO HANDELT IRRATIONAL ... WIE IM WAHN. MANCHMAL GLAUBE ICH, ER HÖRT STIMMEN.
WAS PASSIERT MIT IHM?
KEINE AHNUNG, WIE ICH DIR DAS--
...
ER HÖRT ALSO WIRKLICH „STIMMEN"?
DU HAST SEINEN KÖRPER GEBAUT. ALSO SAG MIR: WAS IST DORT DRIN BEI IHM?
ICH WILL ... DIESE FRAGE NOCH NICHT BEANTWORTEN.
ABER WENN ER STIMMEN HÖRT ... IN DIESEM SPEZIELLEN KÖRPER ...

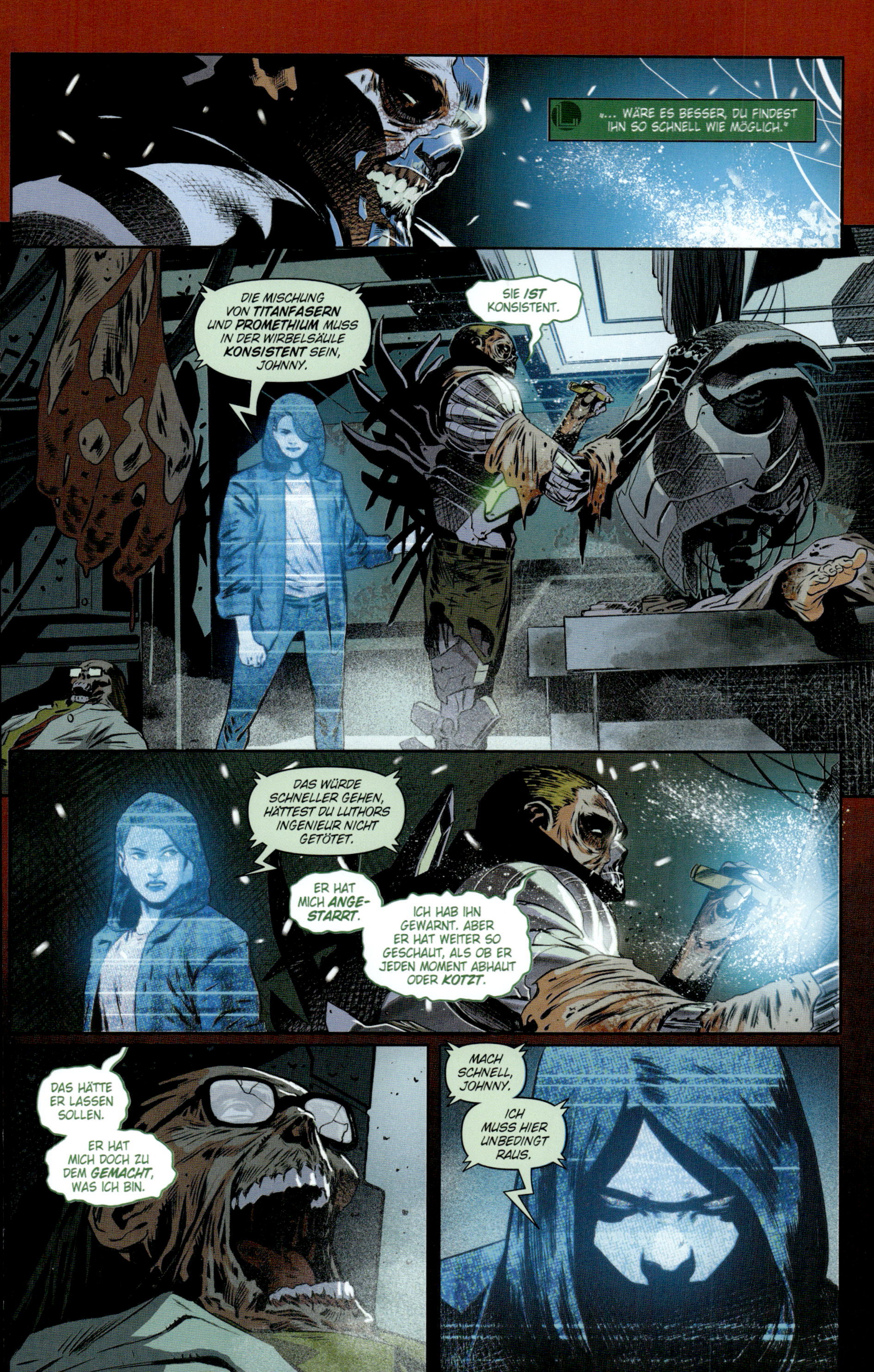
"... WÄRE ES BESSER, DU FINDEST IHN SO SCHNELL WIE MÖGLICH."
DIE MISCHUNG VON TITANFASERN UND PROMETHIUM MUSS IN DER WIRBELSÄULE KONSISTENT SEIN, JOHNNY.
SIE IST KONSISTENT.
DAS WÜRDE SCHNELLER GEHEN, HÄTTEST DU LUTHORS INGENIEUR NICHT GETÖTET.
ER HAT MICH ANGE-STARRT.
ICH HAB IHN GEWARNT. ABER ER HAT WEITER SO GESCHAUT, ALS OB ER JEDEN MOMENT ABHAUT ODER KOTZT.
DAS HÄTTE ER LASSEN SOLLEN.
ER HAT MICH DOCH ZU DEM GEMACHT, WAS ICH BIN.
MACH SCHNELL, JOHNNY.
ICH MUSS HIER UNBEDINGT RAUS.

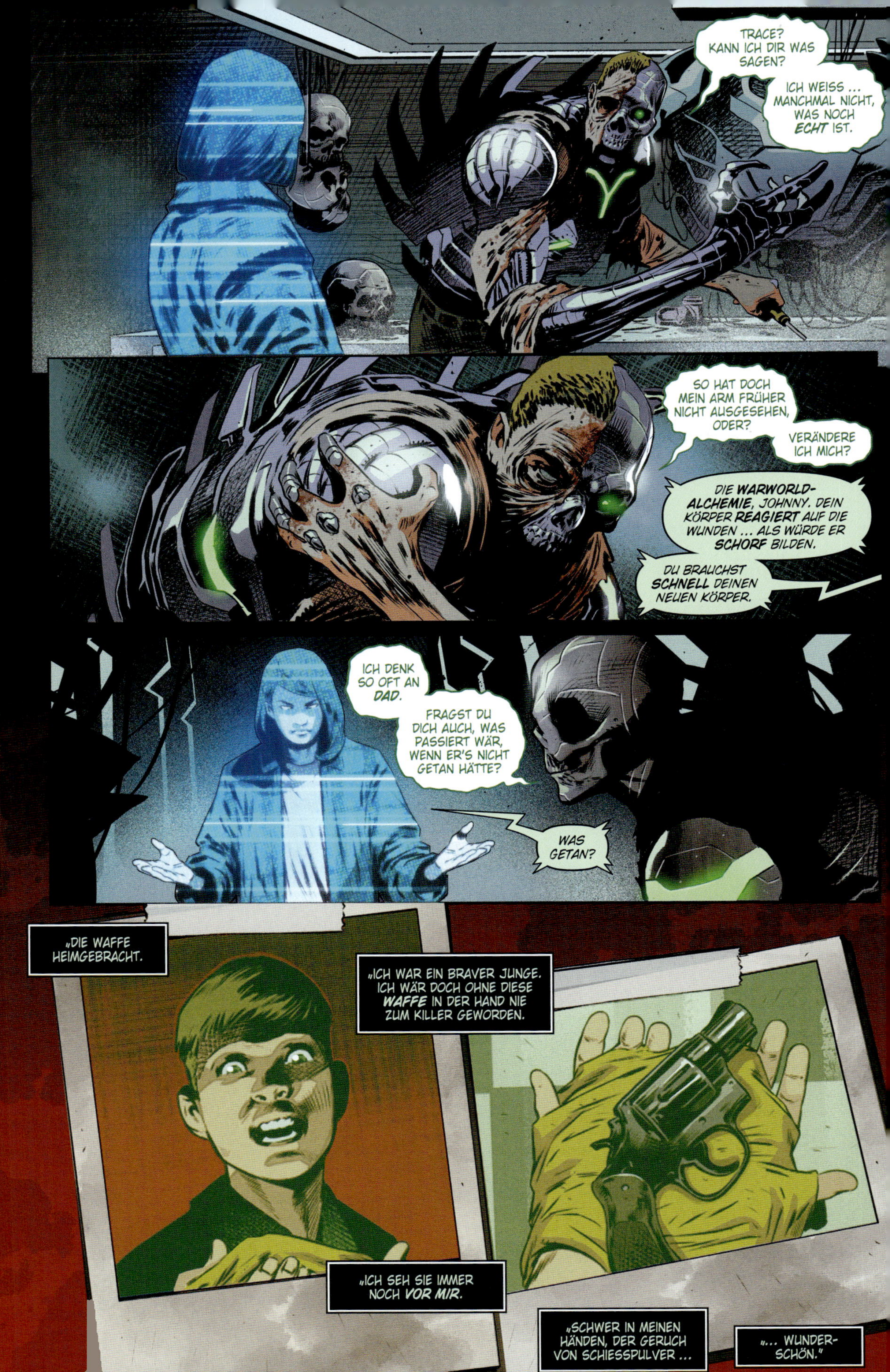
TRACE? KANN ICH DIR WAS SAGEN?
ICH WEISS ... MANCHMAL NICHT, WAS NOCH ECHT IST.
SO HAT DOCH MEIN ARM FRÜHER NICHT AUSGESEHEN, ODER?
VERÄNDERE ICH MICH?
DIE WARWORLD-ALCHEMIE, JOHNNY. DEIN KÖRPER REAGIERT AUF DIE WUNDEN ... ALS WÜRDE ER SCHORF BILDEN.
DU BRAUCHST SCHNELL DEINEN NEUEN KÖRPER.
ICH DENK SO OFT AN DAD.
FRAGST DU DICH AUCH, WAS PASSIERT WÄR, WENN ER'S NICHT GETAN HÄTTE?
WAS GETAN?
„DIE WAFFE HEIMGEBRACHT.
„ICH WAR EIN BRAVER JUNGE. ICH WÄR DOCH OHNE DIESE WAFFE IN DER HAND NIE ZUM KILLER GEWORDEN.
„ICH SEH SIE IMMER NOCH VOR MIR.
„SCHWER IN MEINEN HÄNDEN, DER GERUCH VON SCHIESSPULVER ...
„... WUNDERSCHÖN."

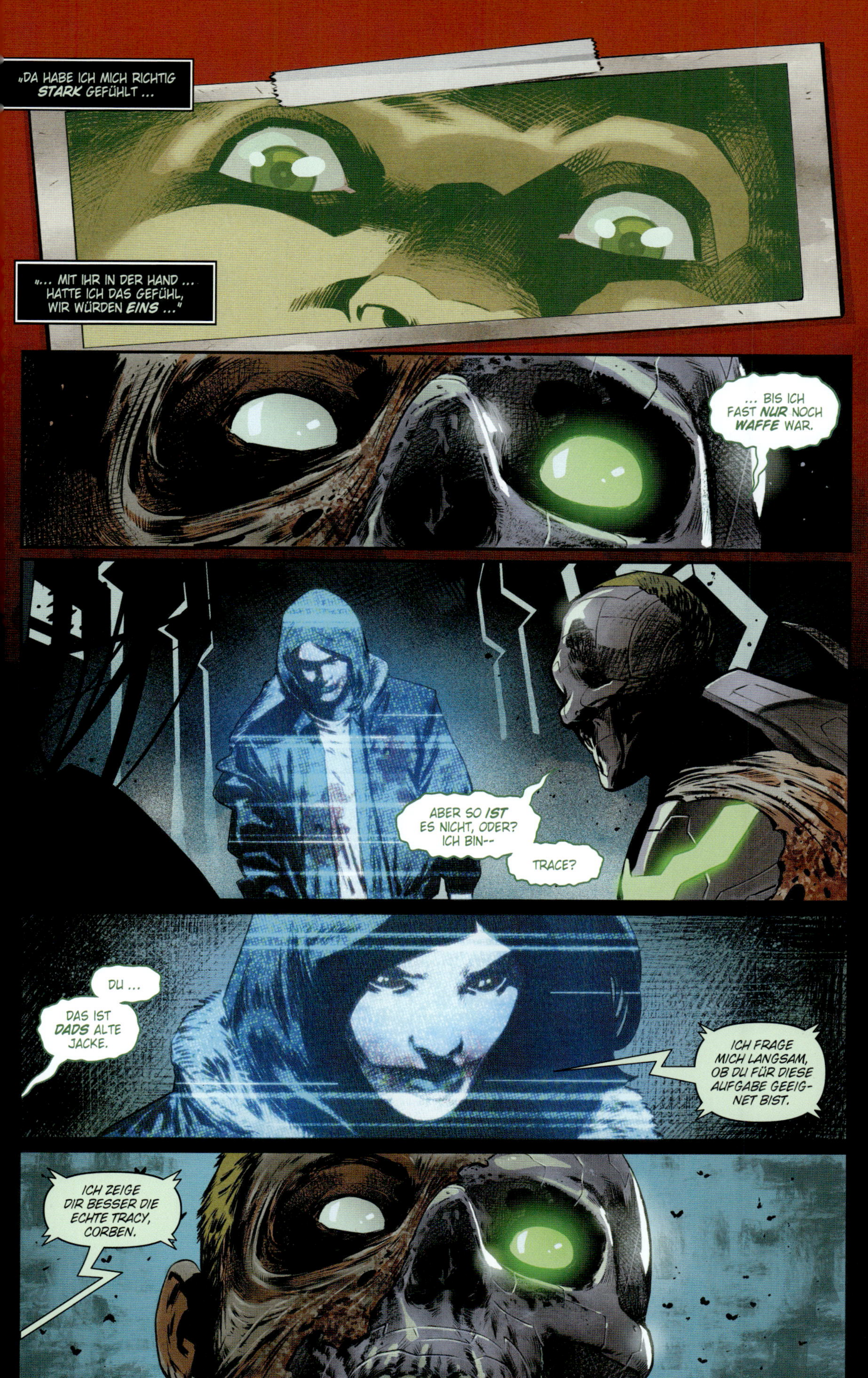
„DA HABE ICH MICH RICHTIG STARK GEFÜHLT ...
„... MIT IHR IN DER HAND ... HATTE ICH DAS GEFÜHL, WIR WÜRDEN EINS ...“
... BIS ICH FAST NUR NOCH WAFFE WAR.
ABER SO IST ES NICHT, ODER? ICH BIN--
TRACE?
DU ...
DAS IST DADS ALTE JACKE.
ICH FRAGE MICH LANGSAM, OB DU FÜR DIESE AUFGABE GEEIG-NET BIST.
ICH ZEIGE DIR BESSER DIE ECHTE TRACY, CORBEN.

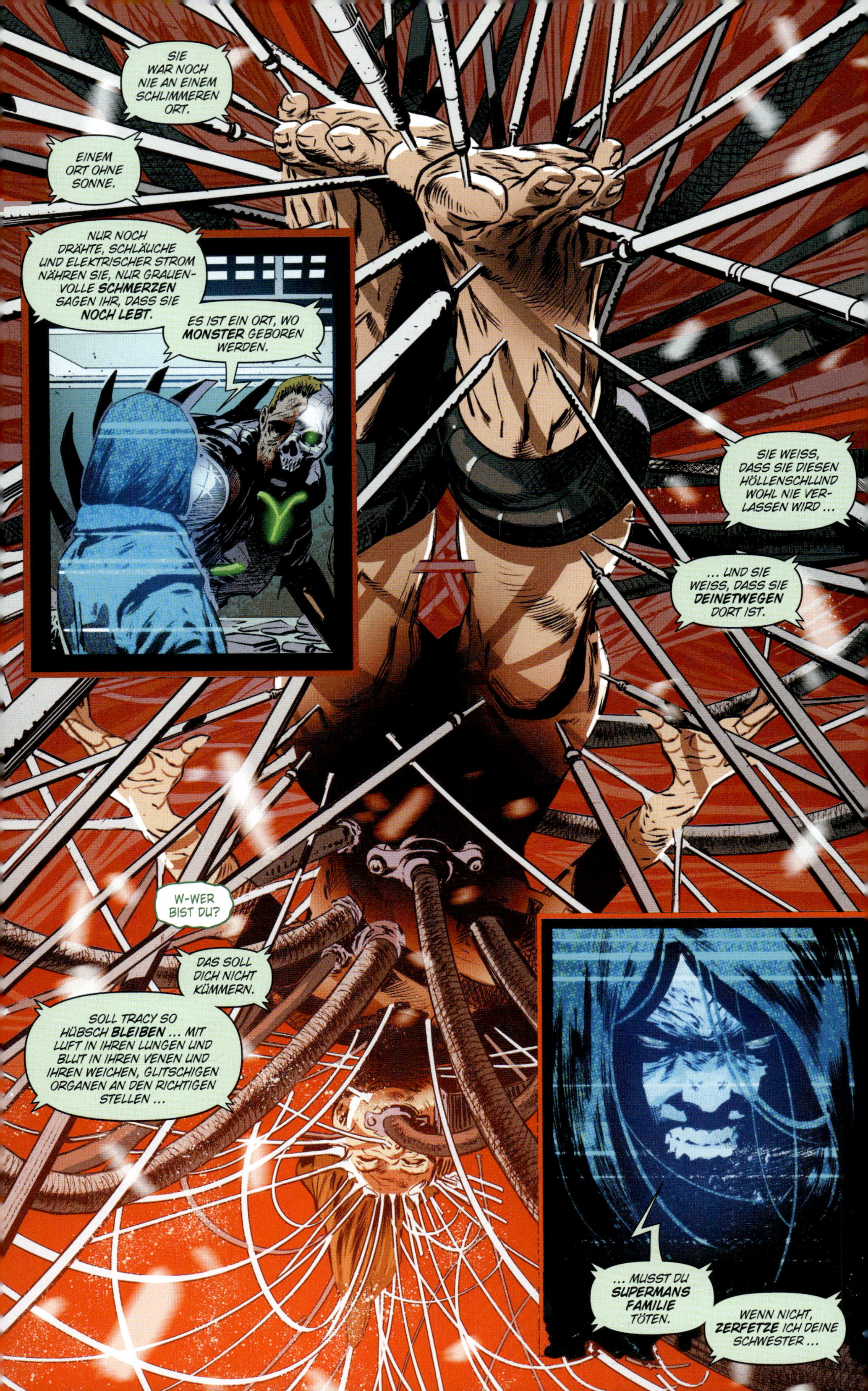
SIE WAR NOCH NIE AN EINEM SCHLIMMEREN ORT.
EINEM ORT OHNE SONNE.
NUR NOCH DRÄHTE, SCHLÄUCHE UND ELEKTRISCHER STROM NÄHREN SIE, NUR GRAUEN-VOLLE **SCHMERZEN** SAGEN IHR, DASS SIE **NOCH LEBT**.
ES IST EIN ORT, WO **MONSTER** GEBOREN WERDEN.
SIE WEISS, DASS SIE DIESEN HÖLLENSCHLUND WOHL NIE VER-LASSEN WIRD ...
... UND SIE WEISS, DASS SIE **DEINETWEGEN** DORT IST.
W-WER BIST DU?
DAS SOLL DICH NICHT KÜMMERN.
SOLL TRACY SO HÜBSCH **BLEIBEN** ... MIT LUFT IN IHREN LUNGEN UND BLUT IN IHREN VENEN UND IHREN WEICHEN, GLITSCHIGEN ORGANEN AN DEN RICHTIGEN STELLEN ...
... MUSST DU **SUPERMANS FAMILIE** TÖTEN.
WENN NICHT, **ZERFETZE** ICH DEINE SCHWESTER ...

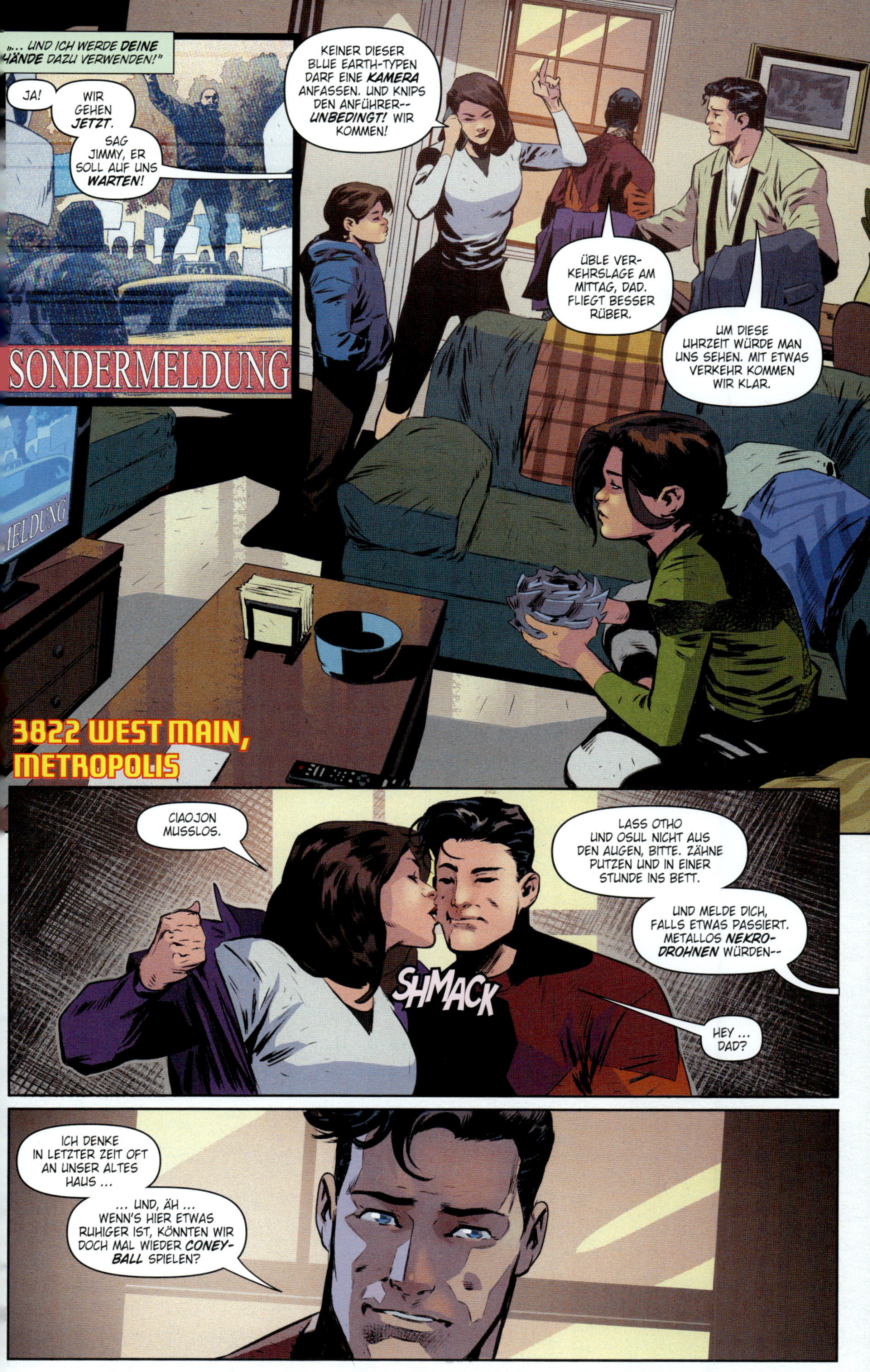
"... UND ICH WERDE DEINE HÄNDE DAZU VERWENDEN!"
JA!
WIR GEHEN JETZT.
SAG JIMMY, ER SOLL AUF UNS WARTEN!
SONDERMELDUNG
KEINER DIESER BLUE EARTH-TYPEN DARF EINE KAMERA ANFASSEN. UND KNIPS DEN ANFÜHRER-- UNBEDINGT! WIR KOMMEN!
ÜBLE VERKEHRSLAGE AM MITTAG, DAD. FLIEGT BESSER RÜBER.
UM DIESE UHRZEIT WÜRDE MAN UNS SEHEN. MIT ETWAS VERKEHR KOMMEN WIR KLAR.
3822 WEST MAIN, METROPOLIS
CIAOJON MUSSLOS.
LASS OTHO UND OSUL NICHT AUS DEN AUGEN, BITTE. ZÄHNE PUTZEN UND IN EINER STUNDE INS BETT.
UND MELDE DICH, FALLS ETWAS PASSIERT. METALLOS NEKRODROHNEN WÜRDEN--
SHMACK
HEY ... DAD?
ICH DENKE IN LETZTER ZEIT OFT AN UNSER ALTES HAUS ...
... UND, ÄH ... WENN'S HIER ETWAS RUHIGER IST, KÖNNTEN WIR DOCH MAL WIEDER CONEYBALL SPIELEN?

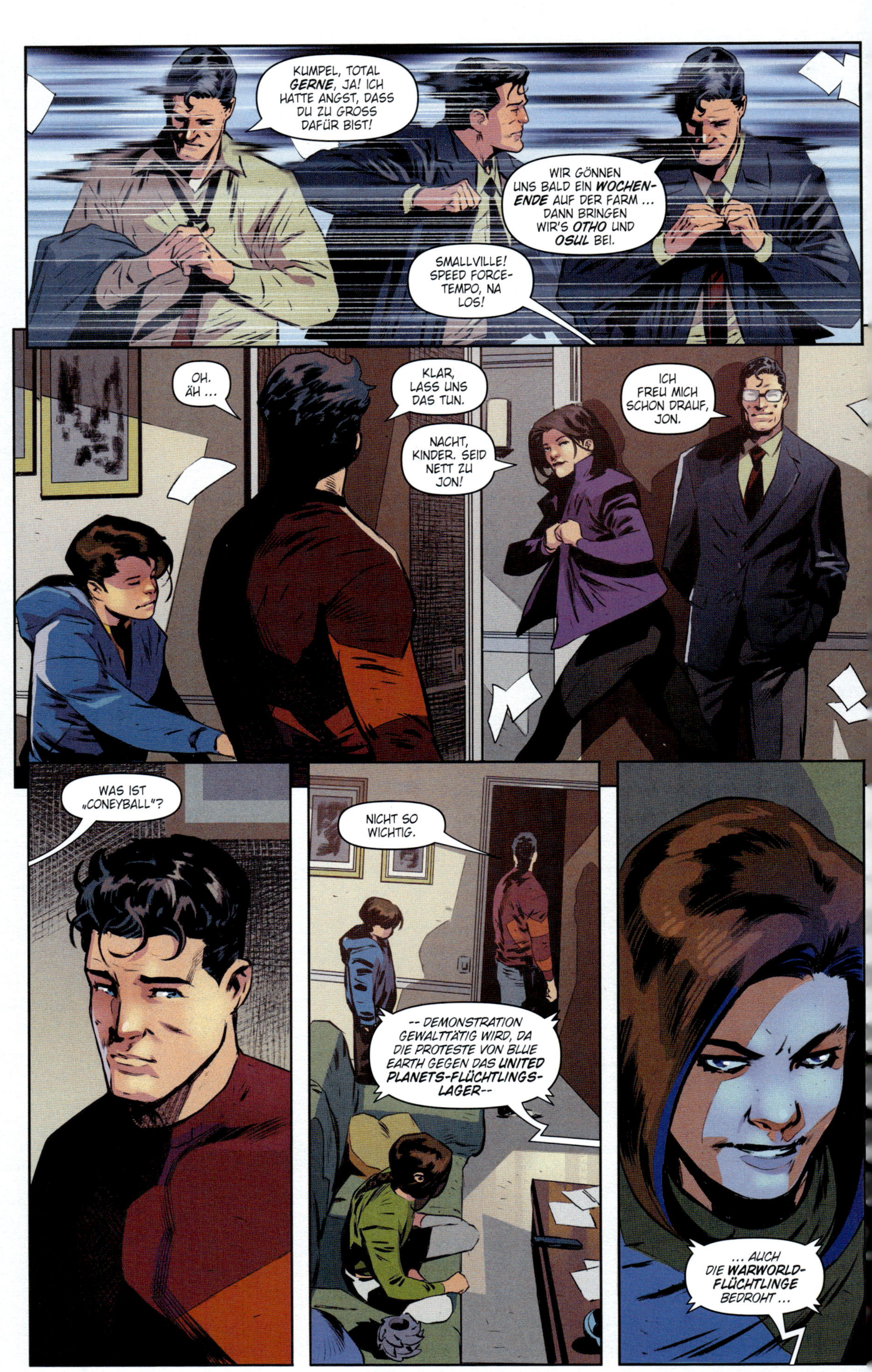
KUMPEL, TOTAL GERNE, JA! ICH HATTE ANGST, DASS DU ZU GROSS DAFÜR BIST!
WIR GÖNNEN UNS BALD EIN WOCHENENDE AUF DER FARM ... DANN BRINGEN WIR'S OTHO UND OSUL BEI.
SMALLVILLE! SPEED FORCE-TEMPO, NA LOS!
OH. ÄH ...
KLAR, LASS UNS DAS TUN.
NACHT, KINDER. SEID NETT ZU JON!
ICH FREU MICH SCHON DRAUF, JON.
WAS IST „CONEYBALL"?
NICHT SO WICHTIG.
-- DEMONSTRATION GEWALTTÄTIG WIRD, DA DIE PROTESTE VON BLUE EARTH GEGEN DAS UNITED PLANETS-FLÜCHTLINGSLAGER--
... AUCH DIE WARWORLD-FLÜCHTLINGE BEDROHT ...

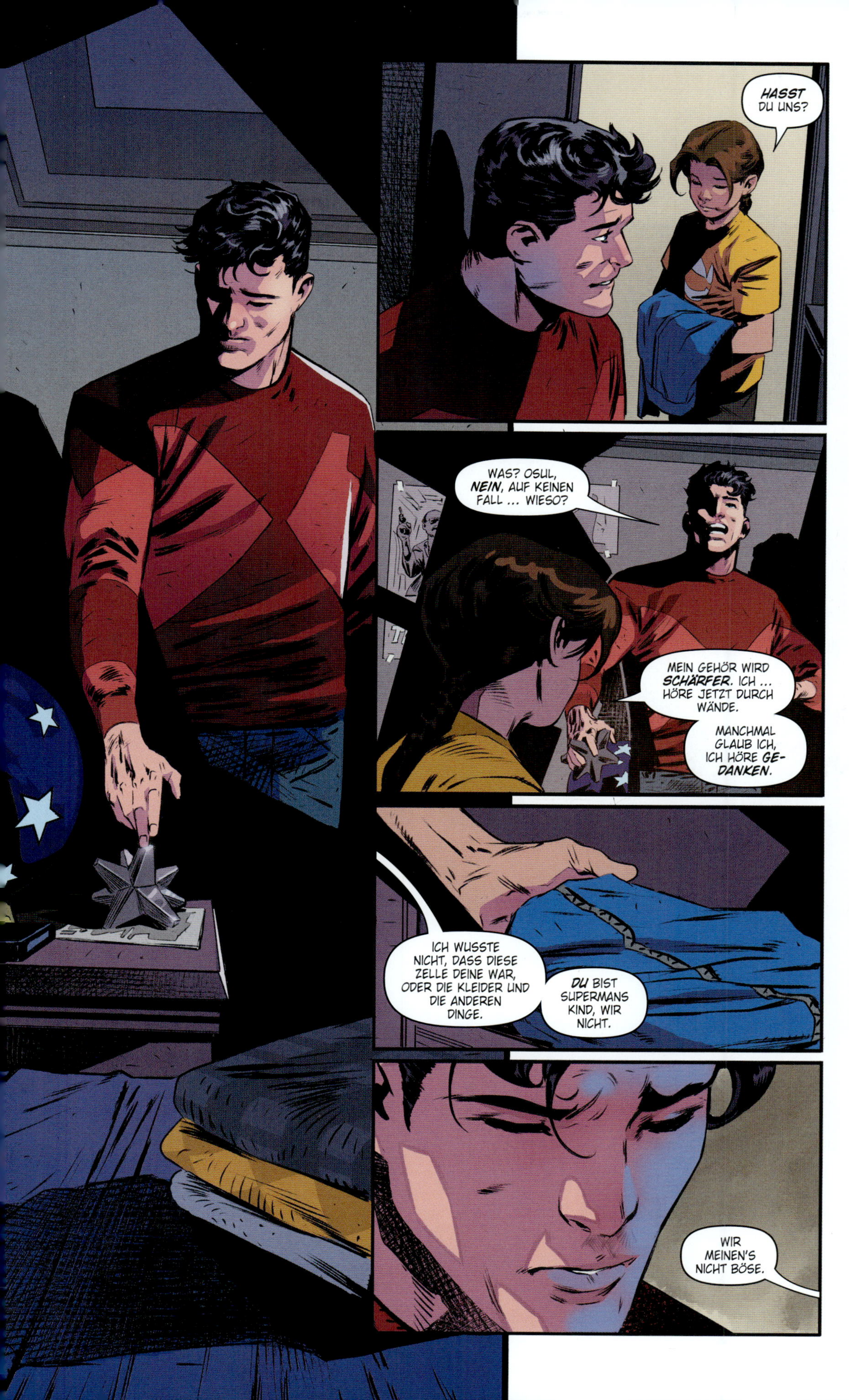
HASST DU UNS?
WAS? OSUL, NEIN, AUF KEINEN FALL ... WIESO?
MEIN GEHÖR WIRD SCHÄRFER. ICH ... HÖRE JETZT DURCH WÄNDE.
MANCHMAL GLAUB ICH, ICH HÖRE GEDANKEN.
ICH WUSSTE NICHT, DASS DIESE ZELLE DEINE WAR, ODER DIE KLEIDER UND DIE ANDEREN DINGE.
DU BIST SUPERMANS KIND, WIR NICHT.
WIR MEINEN'S NICHT BÖSE.

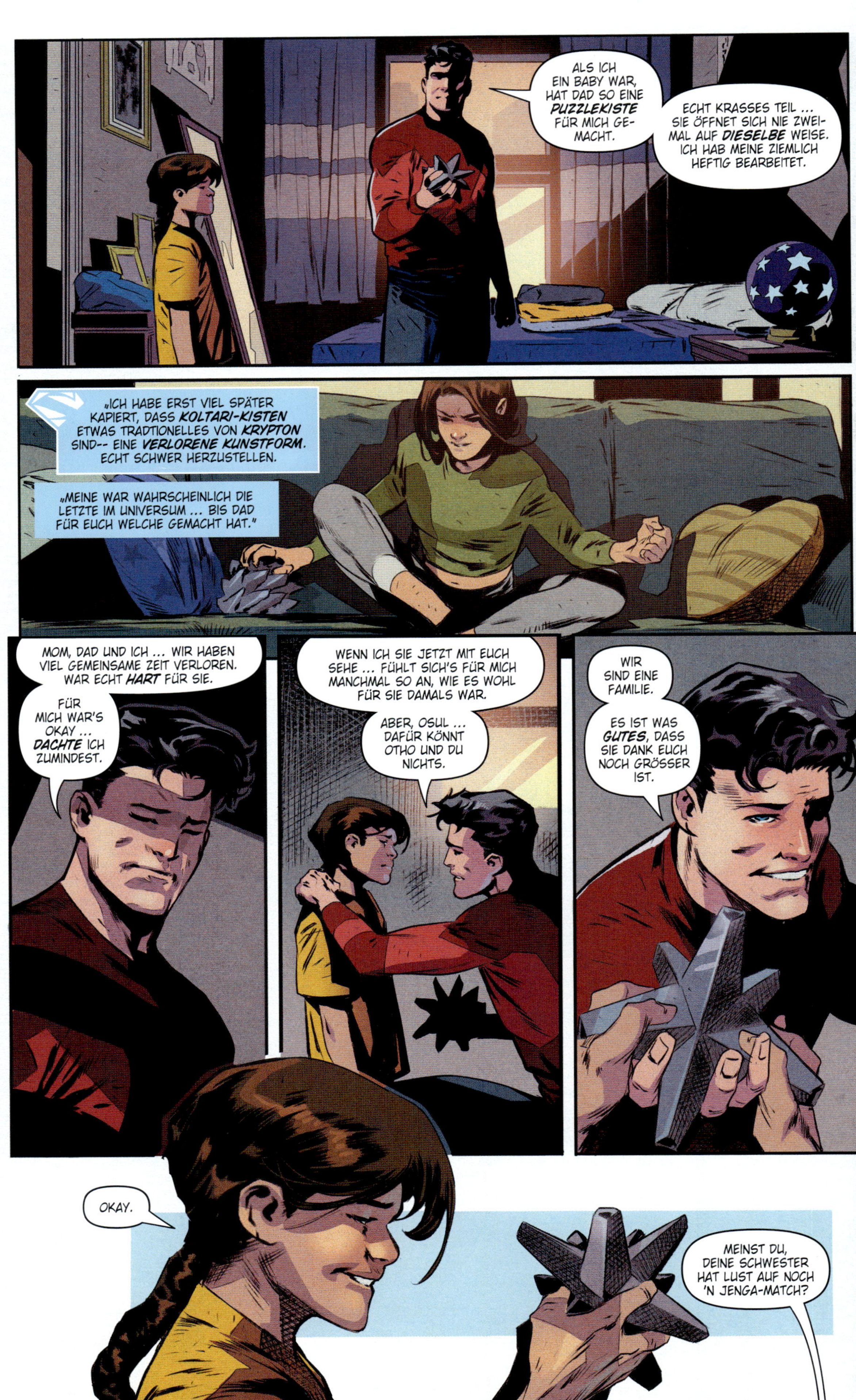
ALS ICH EIN BABY WAR, HAT DAD SO EINE PUZZLEKISTE FÜR MICH GEMACHT.
ECHT KRASSES TEIL ... SIE ÖFFNET SICH NIE ZWEIMAL AUF DIESELBE WEISE. ICH HAB MEINE ZIEMLICH HEFTIG BEARBEITET.
„ICH HABE ERST VIEL SPÄTER KAPIERT, DASS KOLTARI-KISTEN ETWAS TRADTIONELLES VON KRYPTON SIND-- EINE VERLORENE KUNSTFORM. ECHT SCHWER HERZUSTELLEN.
„MEINE WAR WAHRSCHEINLICH DIE LETZTE IM UNIVERSUM ... BIS DAD FÜR EUCH WELCHE GEMACHT HAT."
MOM, DAD UND ICH ... WIR HABEN VIEL GEMEINSAME ZEIT VERLOREN. WAR ECHT HART FÜR SIE.
FÜR MICH WAR'S OKAY ... DACHTE ICH ZUMINDEST.
WENN ICH SIE JETZT MIT EUCH SEHE ... FÜHLT SICH'S FÜR MICH MANCHMAL SO AN, WIE ES WOHL FÜR SIE DAMALS WAR.
ABER, OSUL ... DAFÜR KÖNNT OTHO UND DU NICHTS.
WIR SIND EINE FAMILIE.
ES IST WAS GUTES, DASS SIE DANK EUCH NOCH GRÖSSER IST.
OKAY.
MEINST DU, DEINE SCHWESTER HAT LUST AUF NOCH 'N JENGA-MATCH?

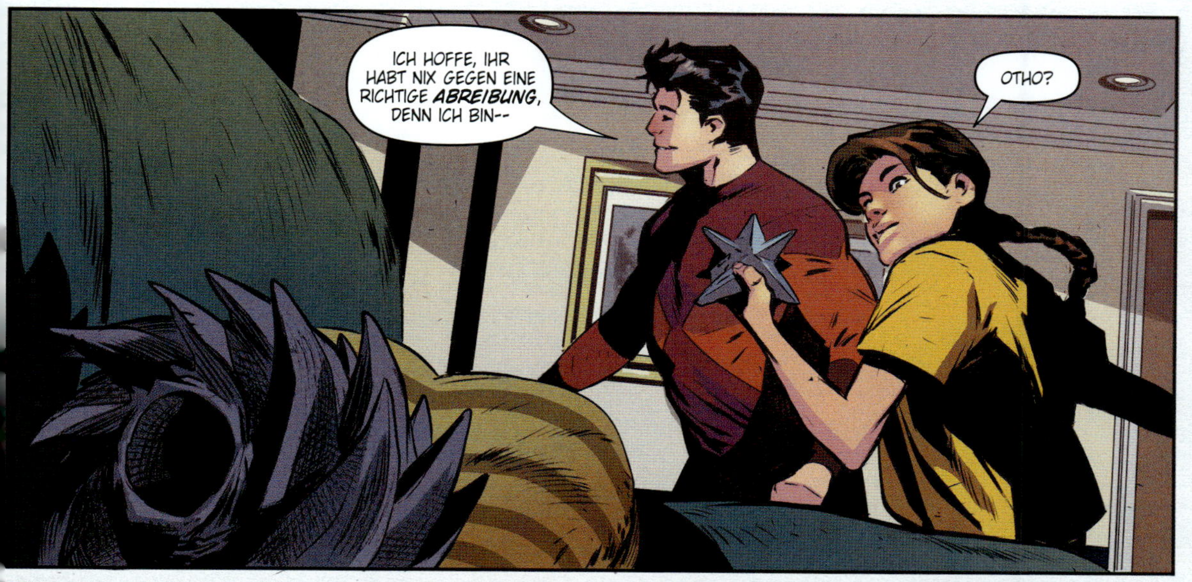
ICH HOFFE, IHR HABT NIX GEGEN EINE RICHTIGE ABREIBUNG, DENN ICH BIN--
OTHO?
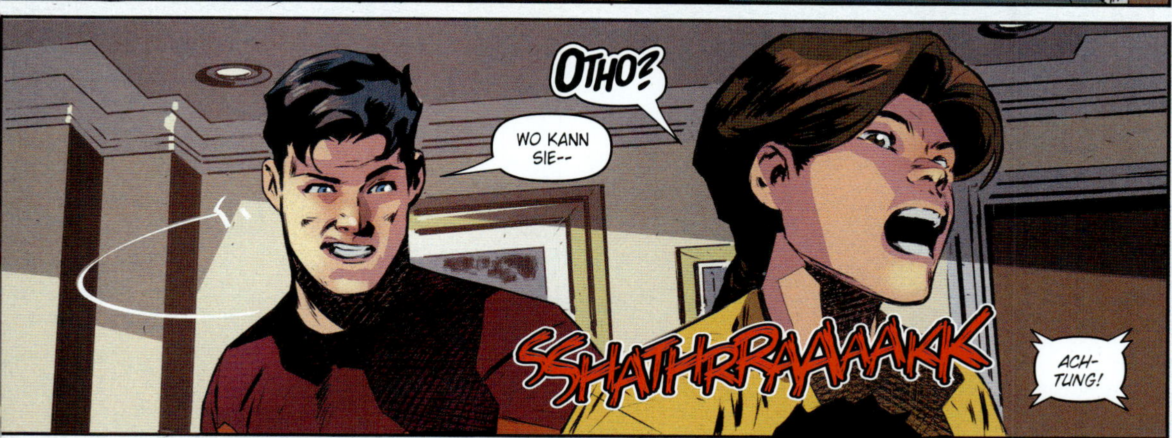
OTHO?
WO KANN SIE--
SSHATHRRAAAAKK
ACH-TUNG!
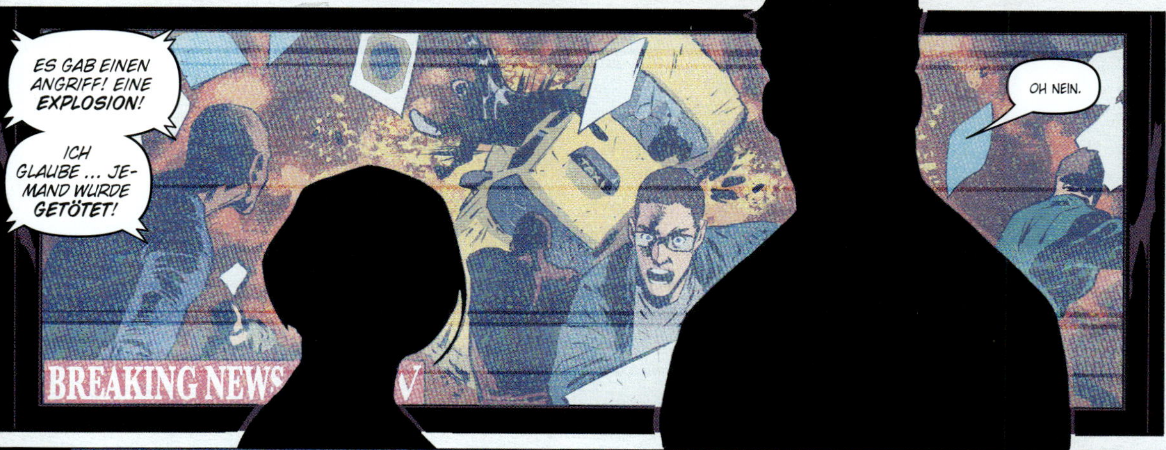
ES GAB EINEN ANGRIFF! EINE EXPLOSION!
ICH GLAUBE ... JE-MAND WURDE GETÖTET!
OH NEIN.
BREAKING NEWS
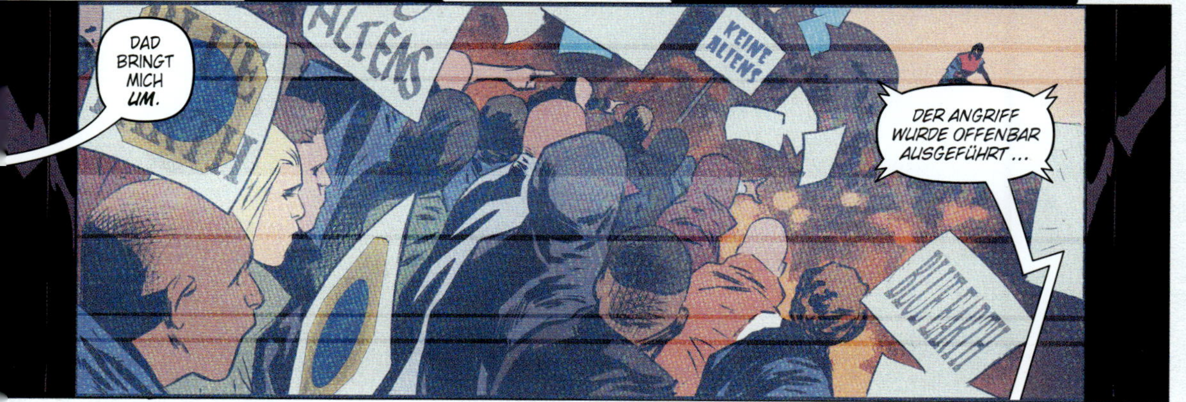
DAD BRINGT MICH UM.
KEINE ALIENS
ALIENS
DER ANGRIFF WURDE OFFENBAR AUSGEFÜHRT ...

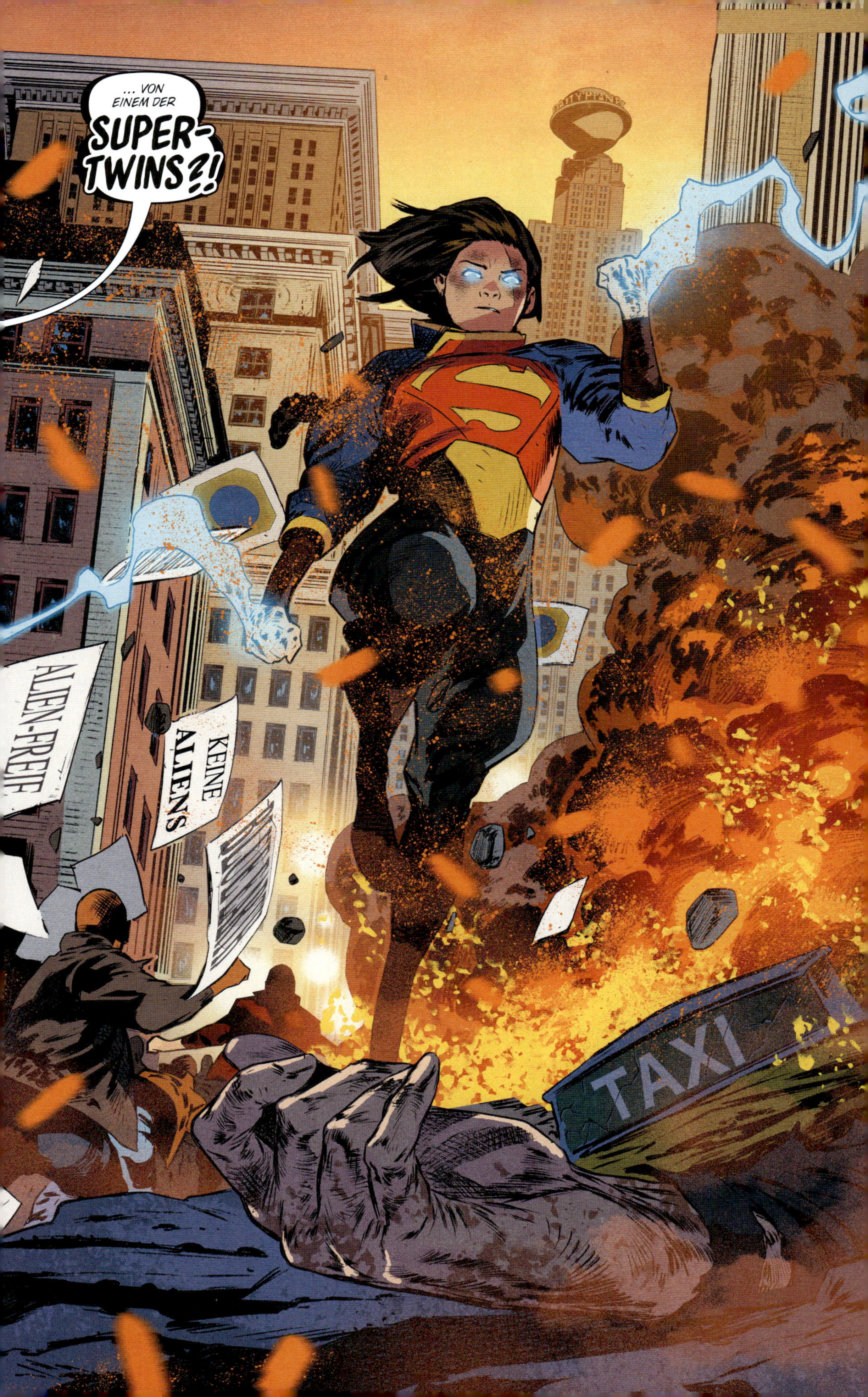
... VON EINEM DER SUPER-TWINS?!
ALIEN-FREI
KEINE ALIENS
TAXI

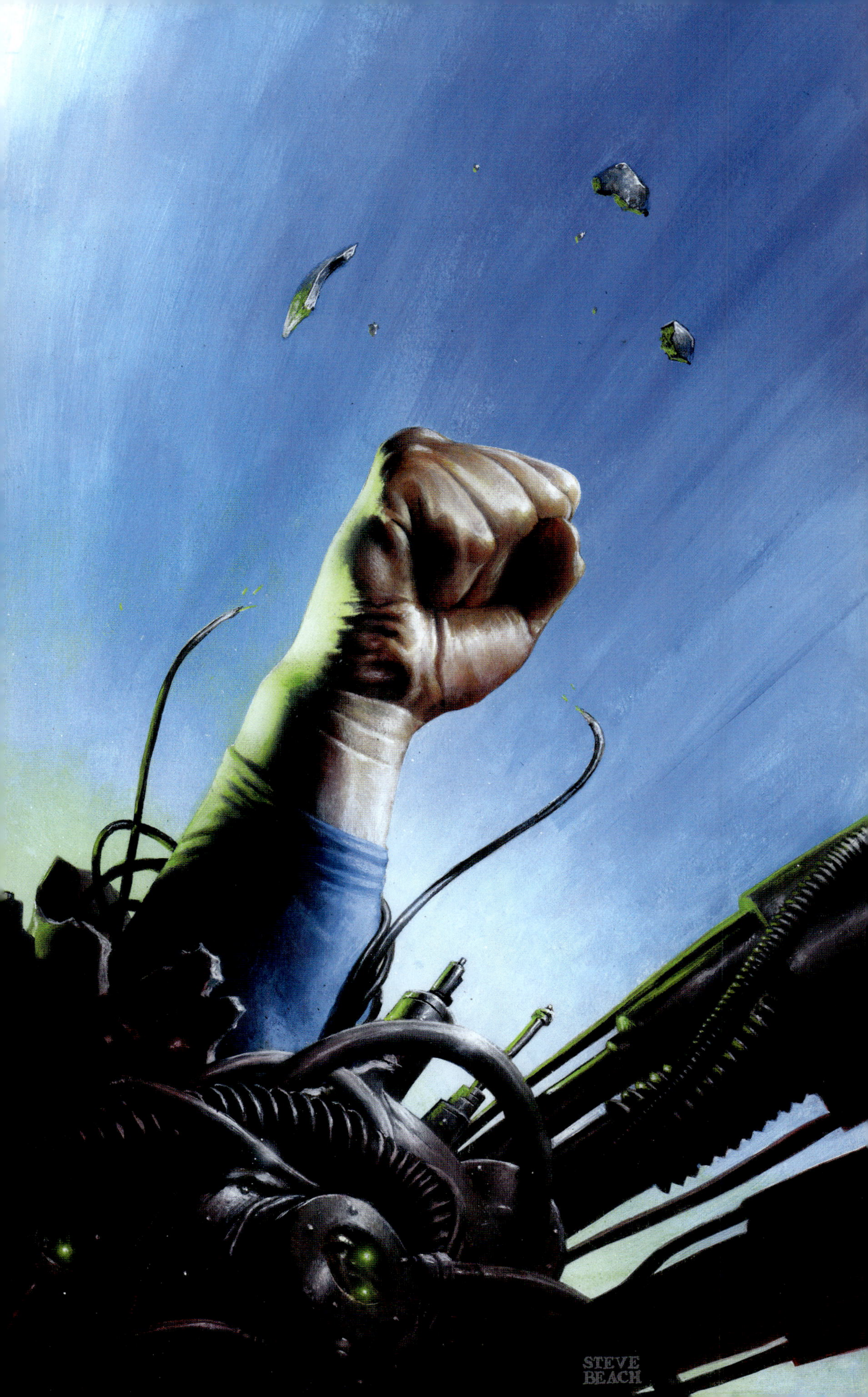
STEVE
BEACH

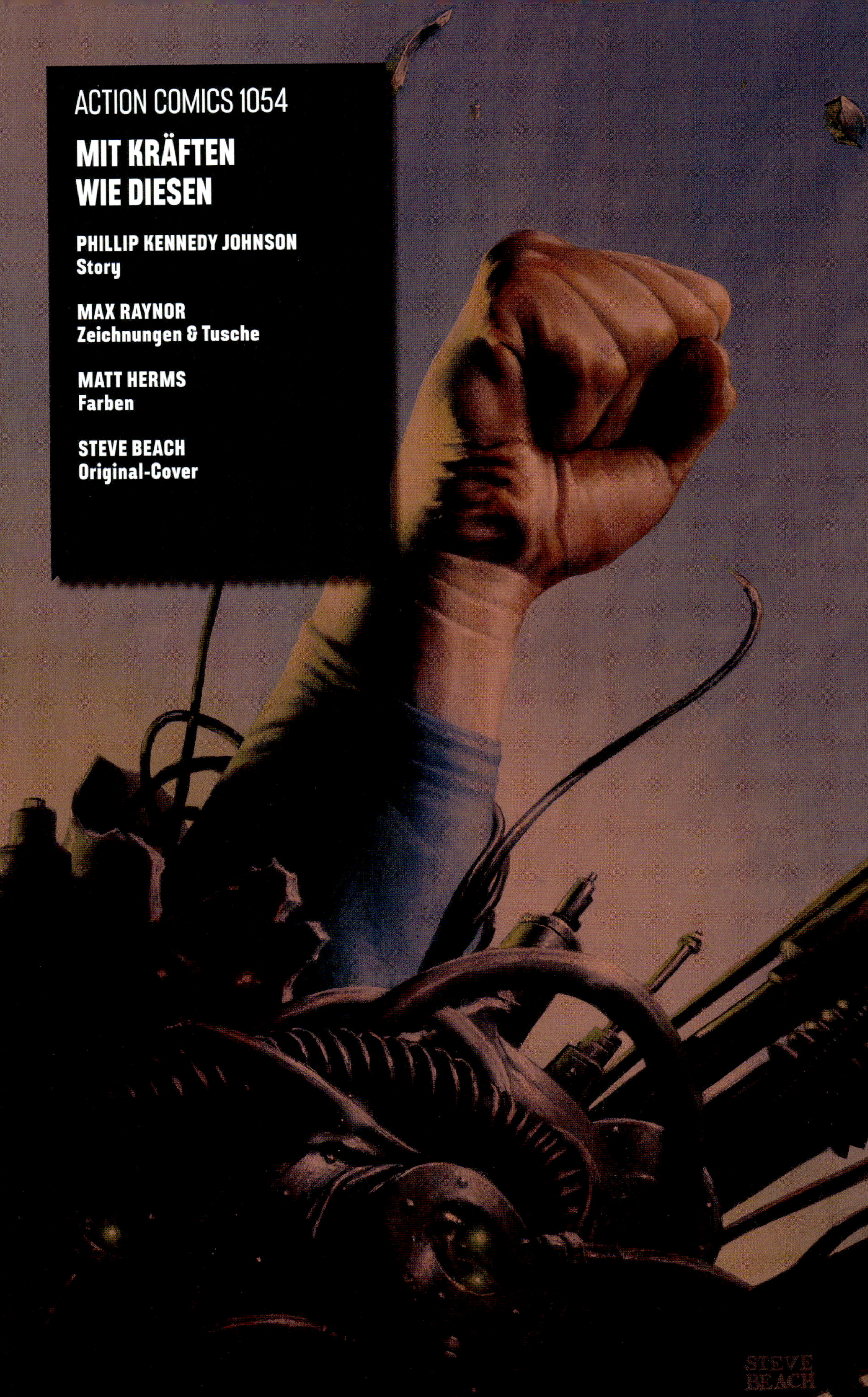
ACTION COMICS 1054
MIT KRÄFTEN WIE DIESEN
PHILLIP KENNEDY JOHNSON
Story
MAX RAYNOR
Zeichnungen & Tusche
MATT HERMS
Farben
STEVE BEACH
Original-Cover
STEVE BEACH

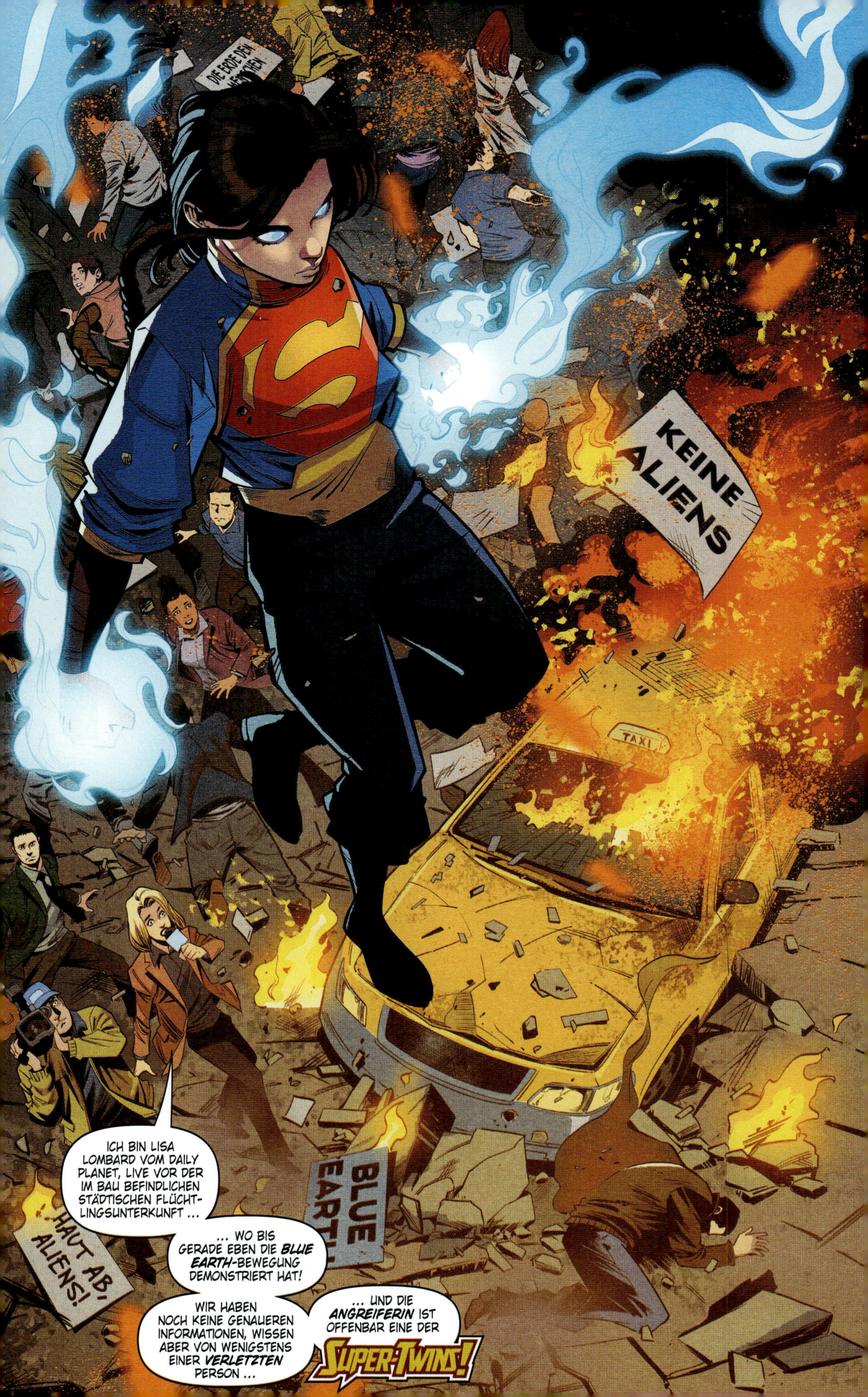
DIE ERDE DEN
KEINE ALIENS
TAXI
BLUE EART
HAUT AB, ALIENS!
ICH BIN LISA LOMBARD VOM DAILY PLANET, LIVE VOR DER IM BAU BEFINDLICHEN STÄDTISCHEN FLÜCHTLINGSUNTERKUNFT …
… WO BIS GERADE EBEN DIE *BLUE EARTH*-BEWEGUNG DEMONSTRIERT HAT!
WIR HABEN NOCH KEINE GENAUEREN INFORMATIONEN, WISSEN ABER VON WENIGSTENS EINER *VERLETZTEN* PERSON …
… UND DIE *ANGREIFERIN* IST OFFENBAR EINE DER
SUPER-TWINS!

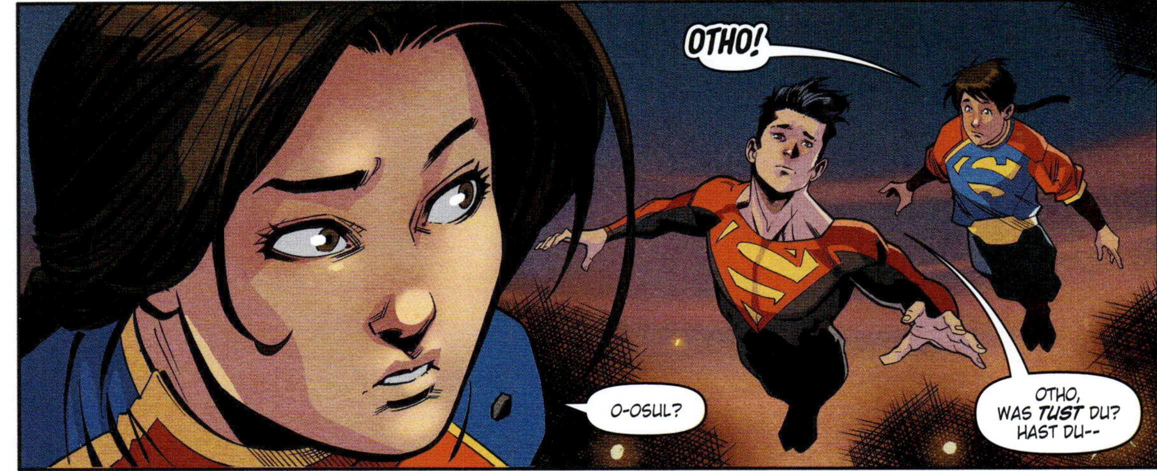
OTHO!
O-OSUL?
OTHO, WAS *TUST* DU? HAST DU--

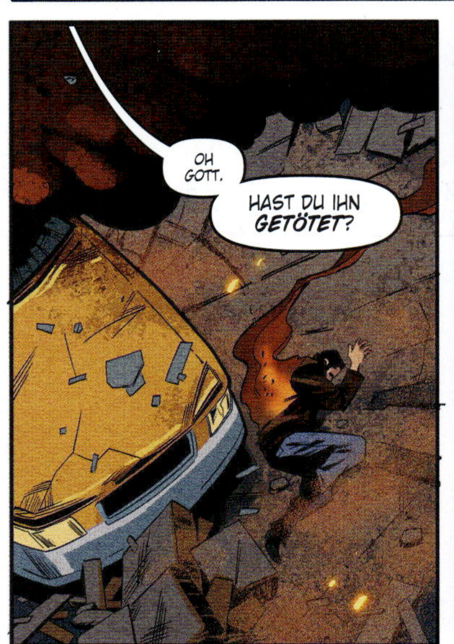
OH GOTT.
HAST DU IHN *GETÖTET*?

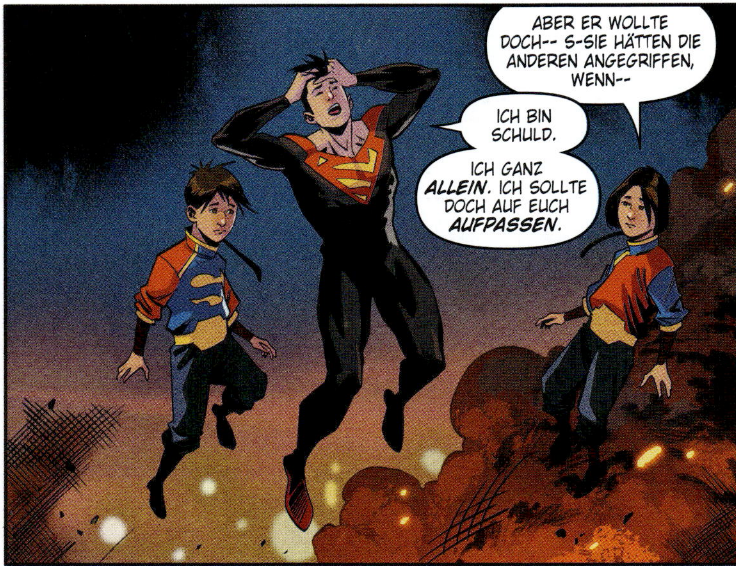
ABER ER WOLLTE DOCH-- S-SIE HÄTTEN DIE ANDEREN ANGEGRIFFEN, WENN--
ICH BIN SCHULD.
ICH GANZ *ALLEIN*. ICH SOLLTE DOCH AUF EUCH *AUFPASSEN*.

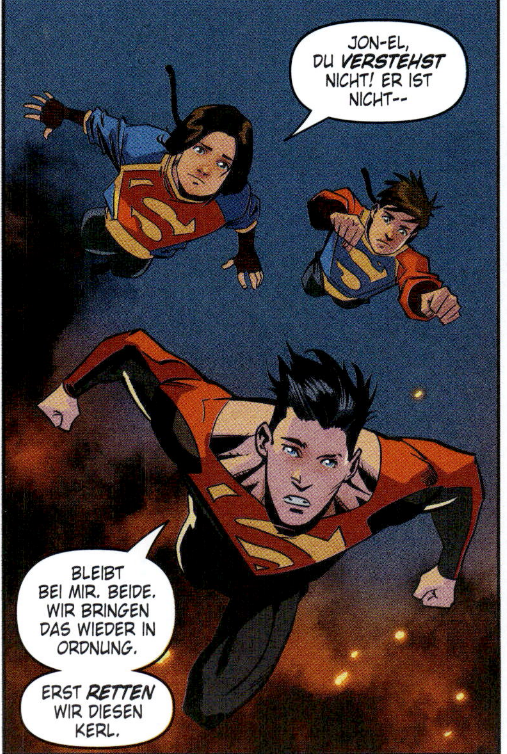
JON-EL, DU *VERSTEHST* NICHT! ER IST NICHT--
BLEIBT BEI MIR. BEIDE. WIR BRINGEN DAS WIEDER IN ORDNUNG.
ERST *RETTEN* WIR DIESEN KERL.

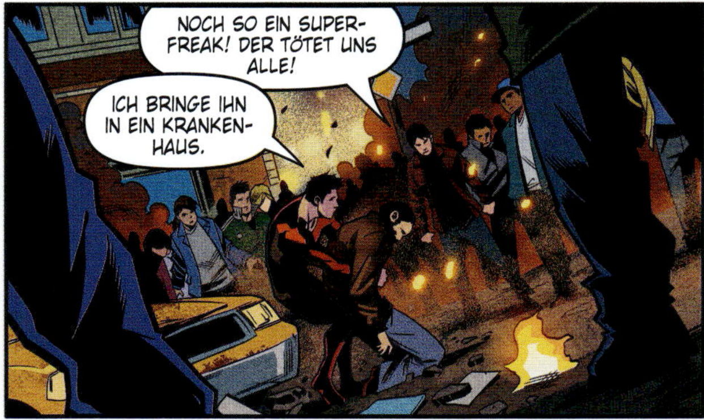
NOCH SO EIN SUPER-FREAK! DER TÖTET UNS ALLE!
ICH BRINGE IHN IN EIN KRANKEN-HAUS.

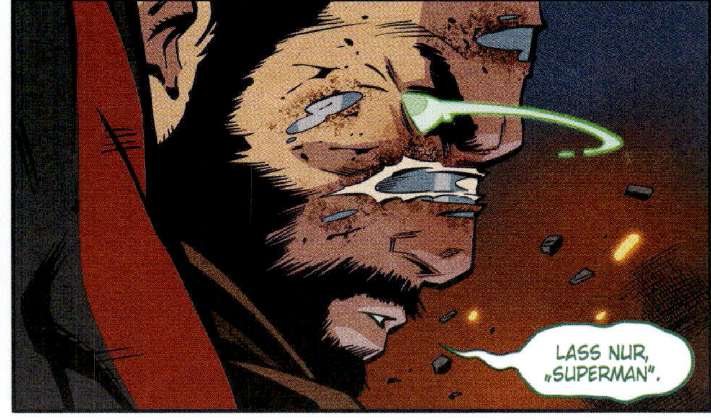
LASS NUR, „SUPERMAN".

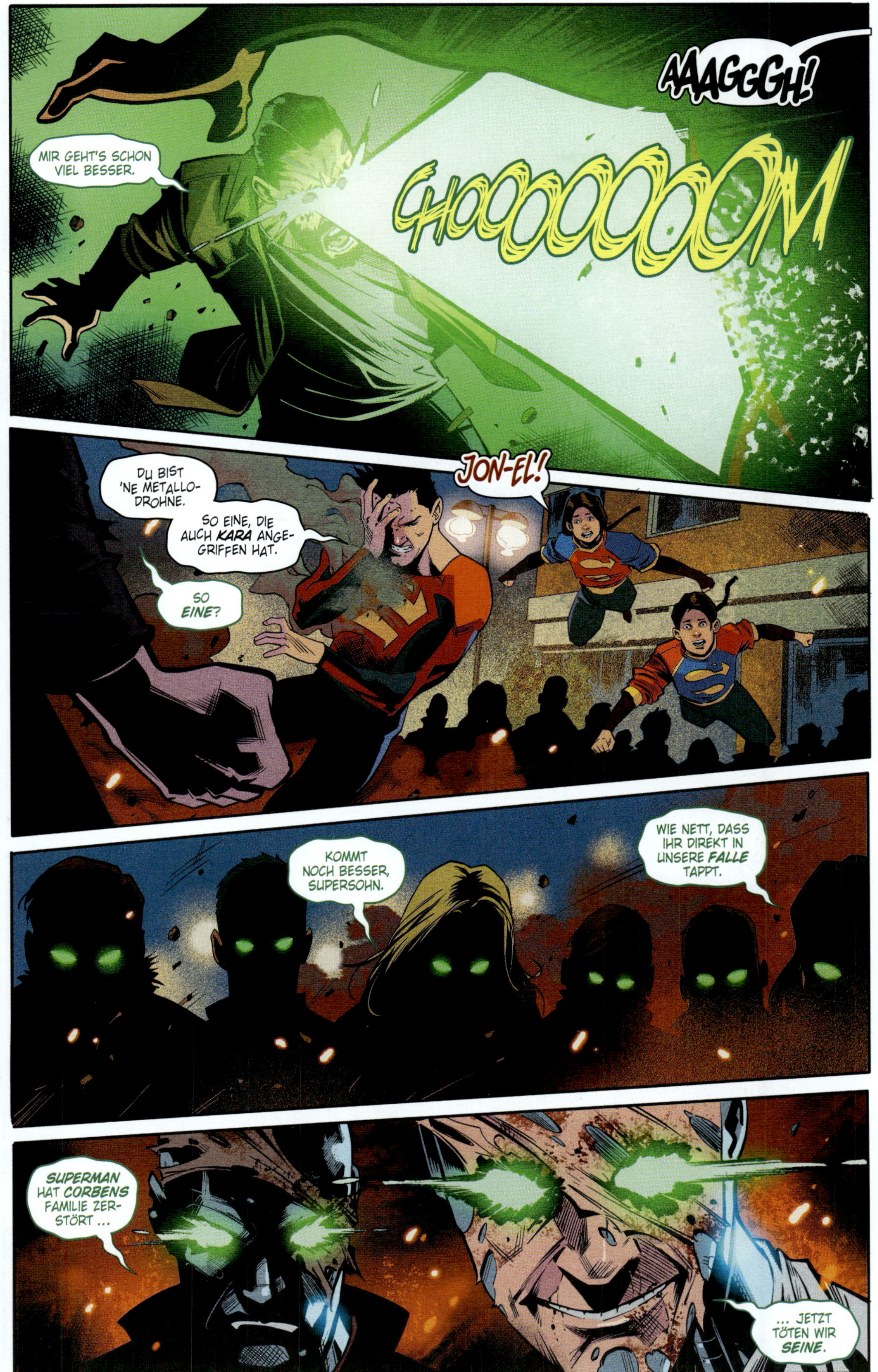
AAAGGGH!
MIR GEHT'S SCHON VIEL BESSER.
CHOOOOOOOOM
JON-EL!
DU BIST 'NE METALLO-DROHNE.
SO EINE, DIE AUCH KARA ANGE-GRIFFEN HAT.
SO EINE?
KOMMT NOCH BESSER, SUPERSOHN.
WIE NETT, DASS IHR DIREKT IN UNSERE FALLE TAPPT.
SUPERMAN HAT CORBENS FAMILIE ZER-STÖRT ...
... JETZT TÖTEN WIR SEINE.

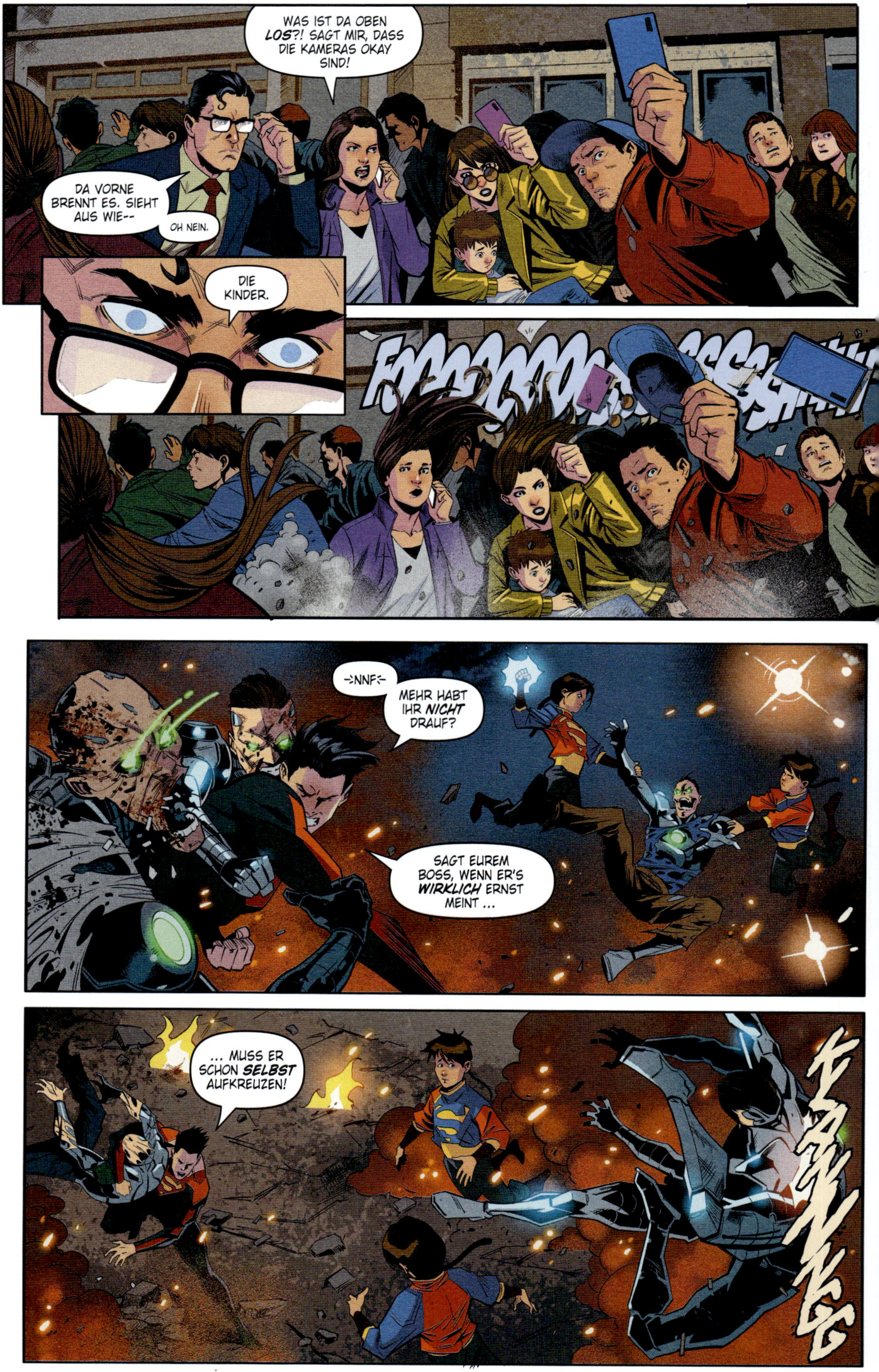

WAS IST DA OBEN *LOS*?! SAGT MIR, DASS DIE KAMERAS OKAY SIND!
DA VORNE BRENNT ES. SIEHT AUS WIE--
OH NEIN.
DIE KINDER.

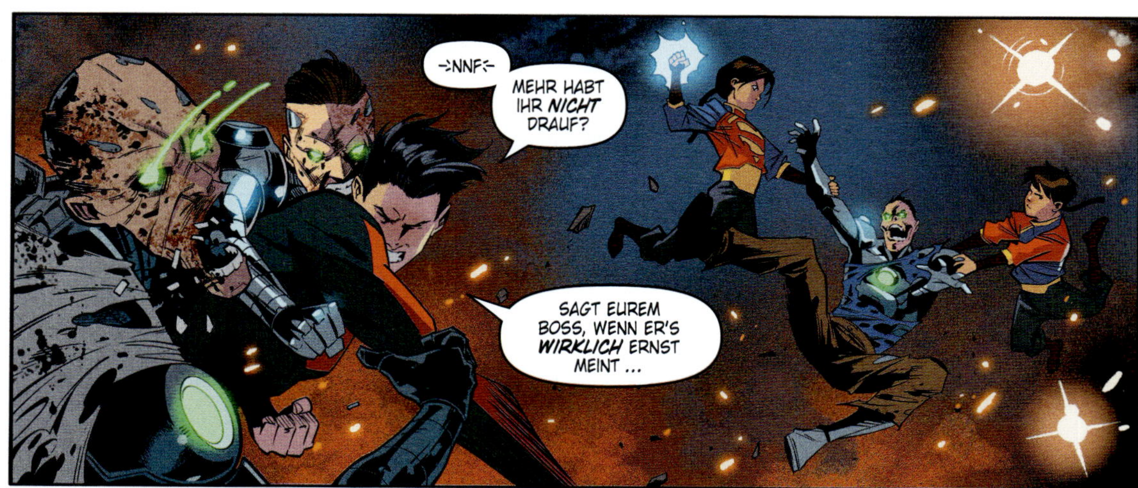

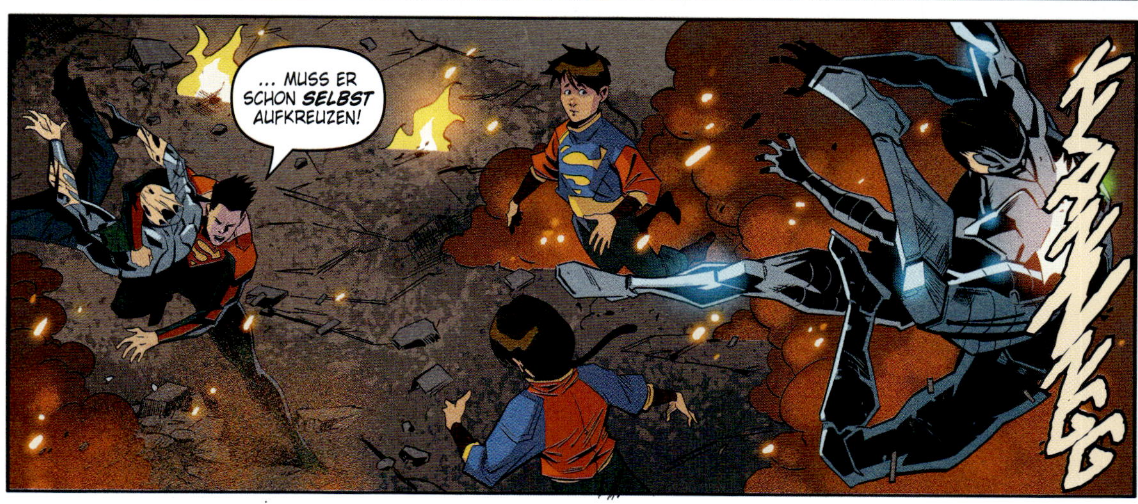

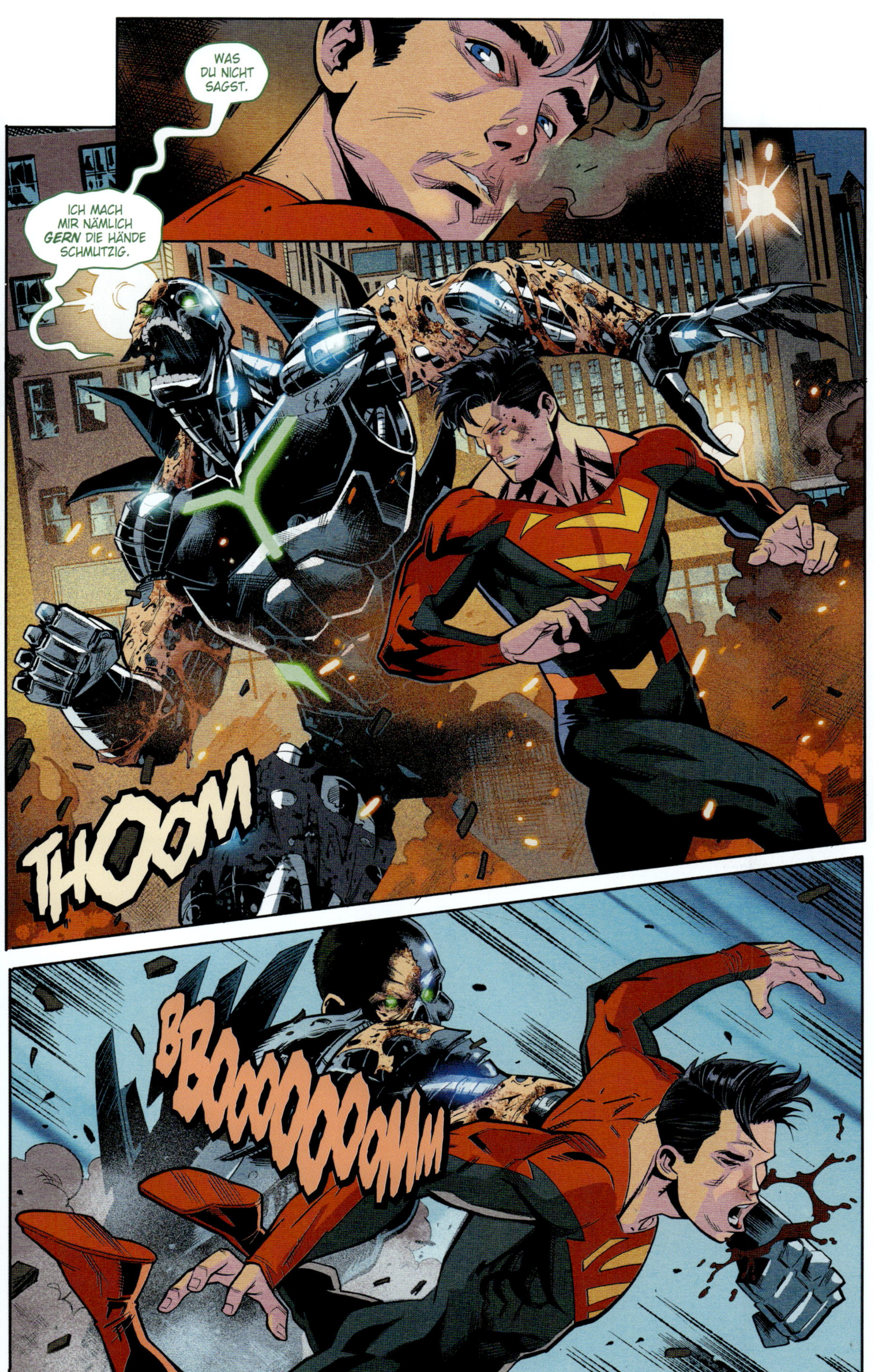
WAS DU NICHT SAGST.
ICH MACH MIR NÄMLICH GERN DIE HÄNDE SCHMUTZIG.
THOOM
BBOOOOOOOMM

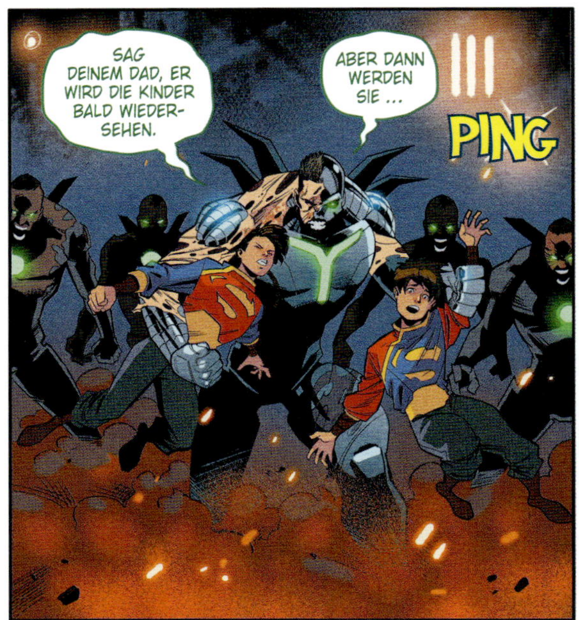

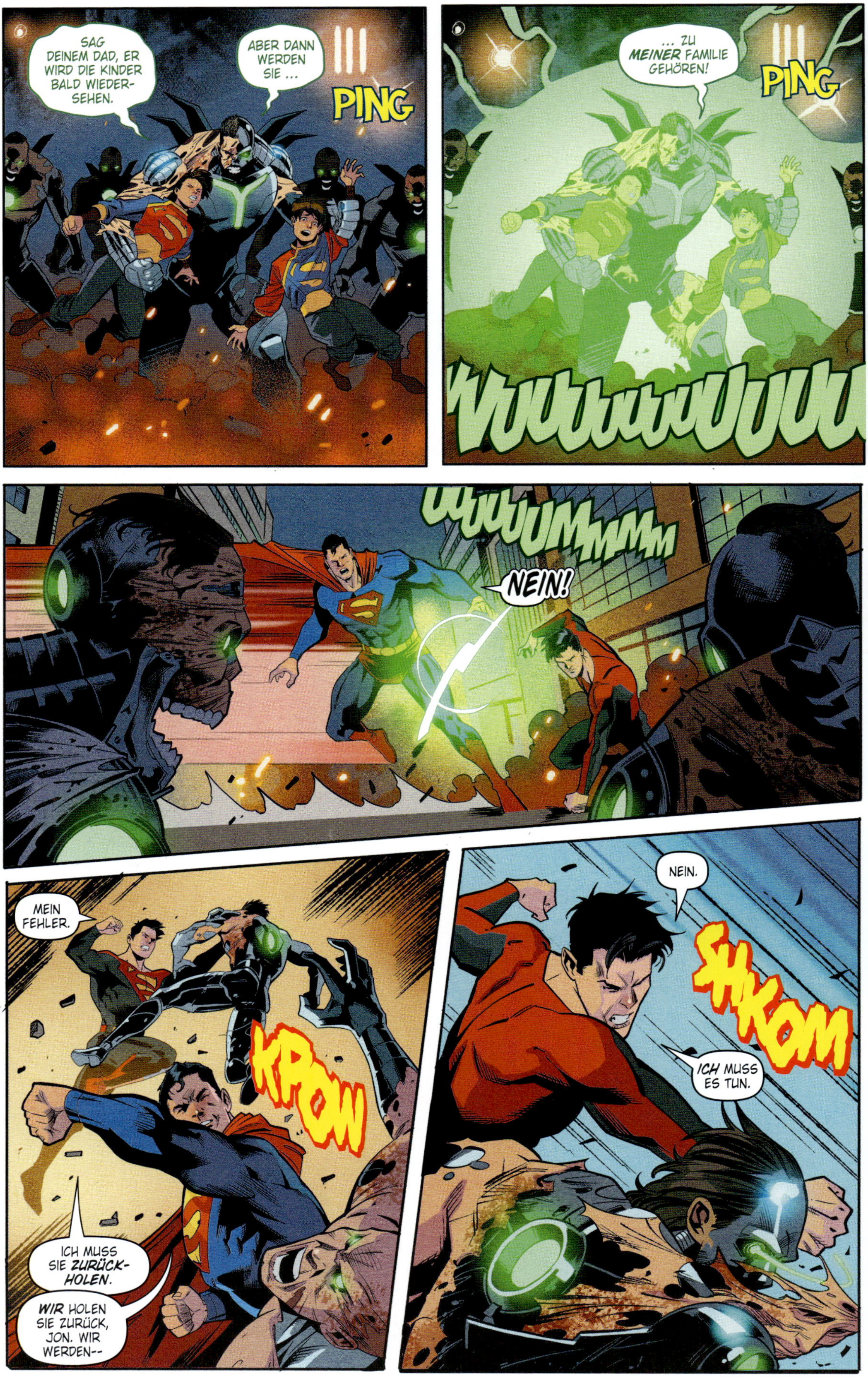

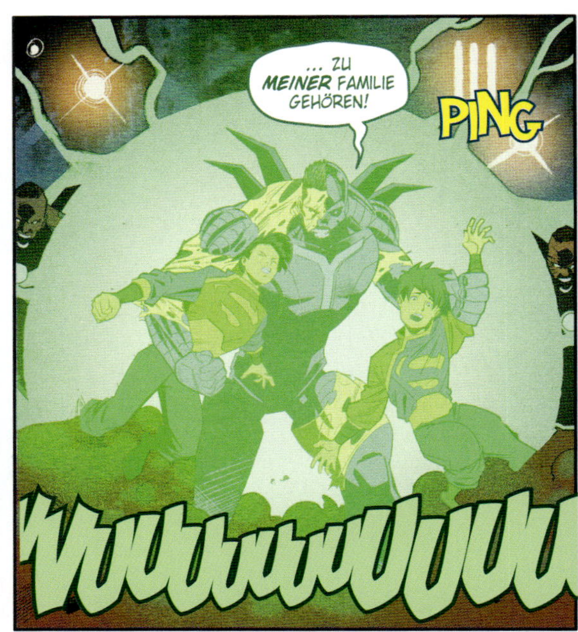

NEIN!

MEIN FEHLER.

KROW

ICH MUSS SIE ZURÜCK-HOLEN.

WIR HOLEN SIE ZURÜCK, JON. WIR WERDEN--

NEIN.

SHKOM

ICH MUSS ES TUN.

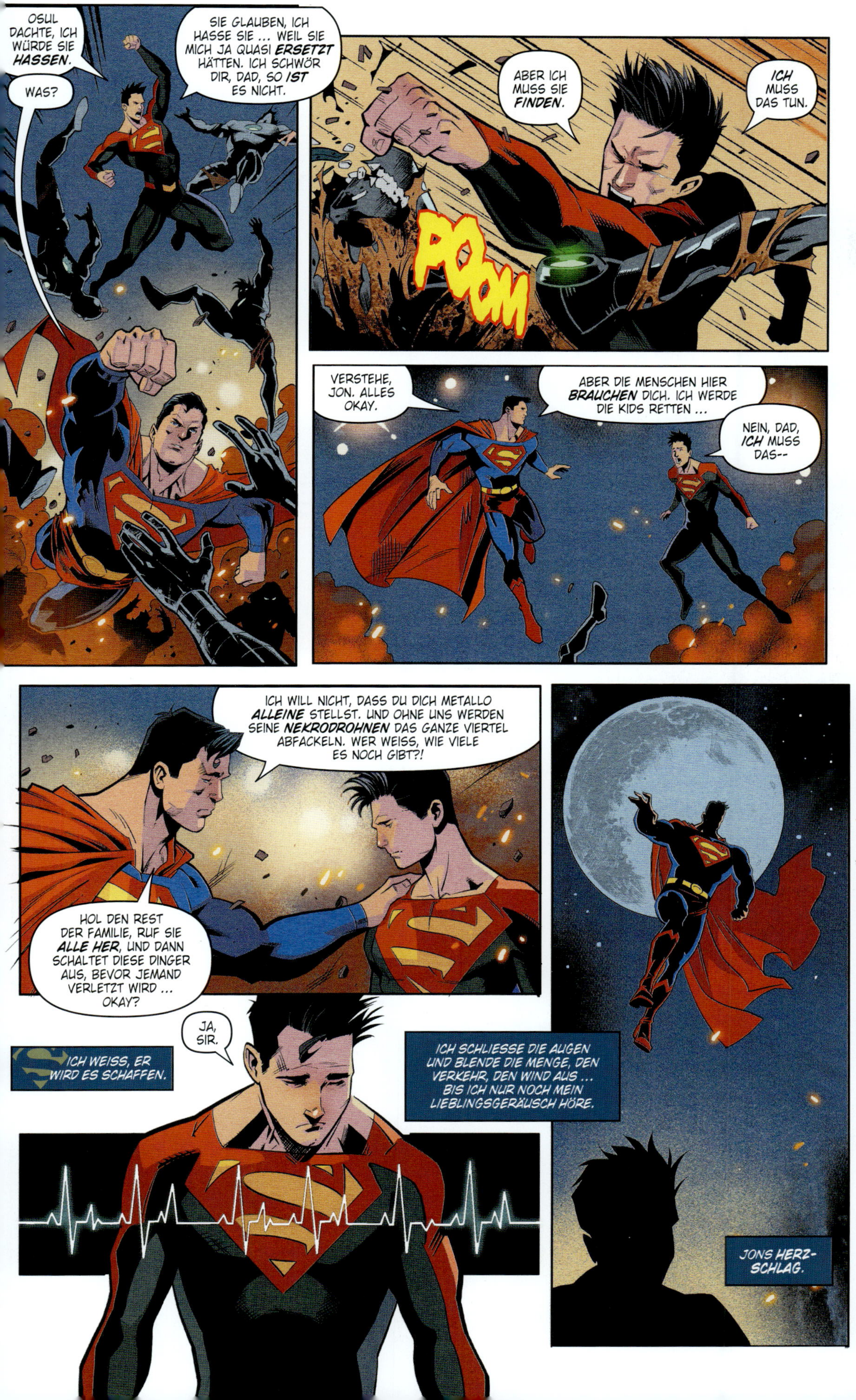

OSUL DACHTE, ICH WÜRDE SIE ***HASSEN.***

WAS?

SIE GLAUBEN, ICH HASSE SIE ... WEIL SIE MICH JA QUASI ***ERSETZT*** HÄTTEN. ICH SCHWÖR DIR, DAD, SO ***IST*** ES NICHT.

ABER ICH MUSS SIE ***FINDEN.***

ICH MUSS DAS TUN.

POOM

VERSTEHE, JON. ALLES OKAY.

ABER DIE MENSCHEN HIER ***BRAUCHEN*** DICH. ICH WERDE DIE KIDS RETTEN ...

NEIN, DAD, ***ICH*** MUSS DAS--

ICH WILL NICHT, DASS DU DICH METALLO ***ALLEINE*** STELLST. UND OHNE UNS WERDEN SEINE ***NEKRODROHNEN*** DAS GANZE VIERTEL ABFACKELN. WER WEISS, WIE VIELE ES NOCH GIBT?!

HOL DEN REST DER FAMILIE, RUF SIE ***ALLE HER,*** UND DANN SCHALTET DIESE DINGER AUS, BEVOR JEMAND VERLETZT WIRD ... OKAY?

JA, SIR.

ICH WEISS, ER WIRD ES SCHAFFEN.

ICH SCHLIESSE DIE AUGEN UND BLENDE DIE MENGE, DEN VERKEHR, DEN WIND AUS ... BIS ICH NUR NOCH MEIN LIEBLINGSGERÄUSCH HÖRE.

*JONS **HERZSCHLAG.***

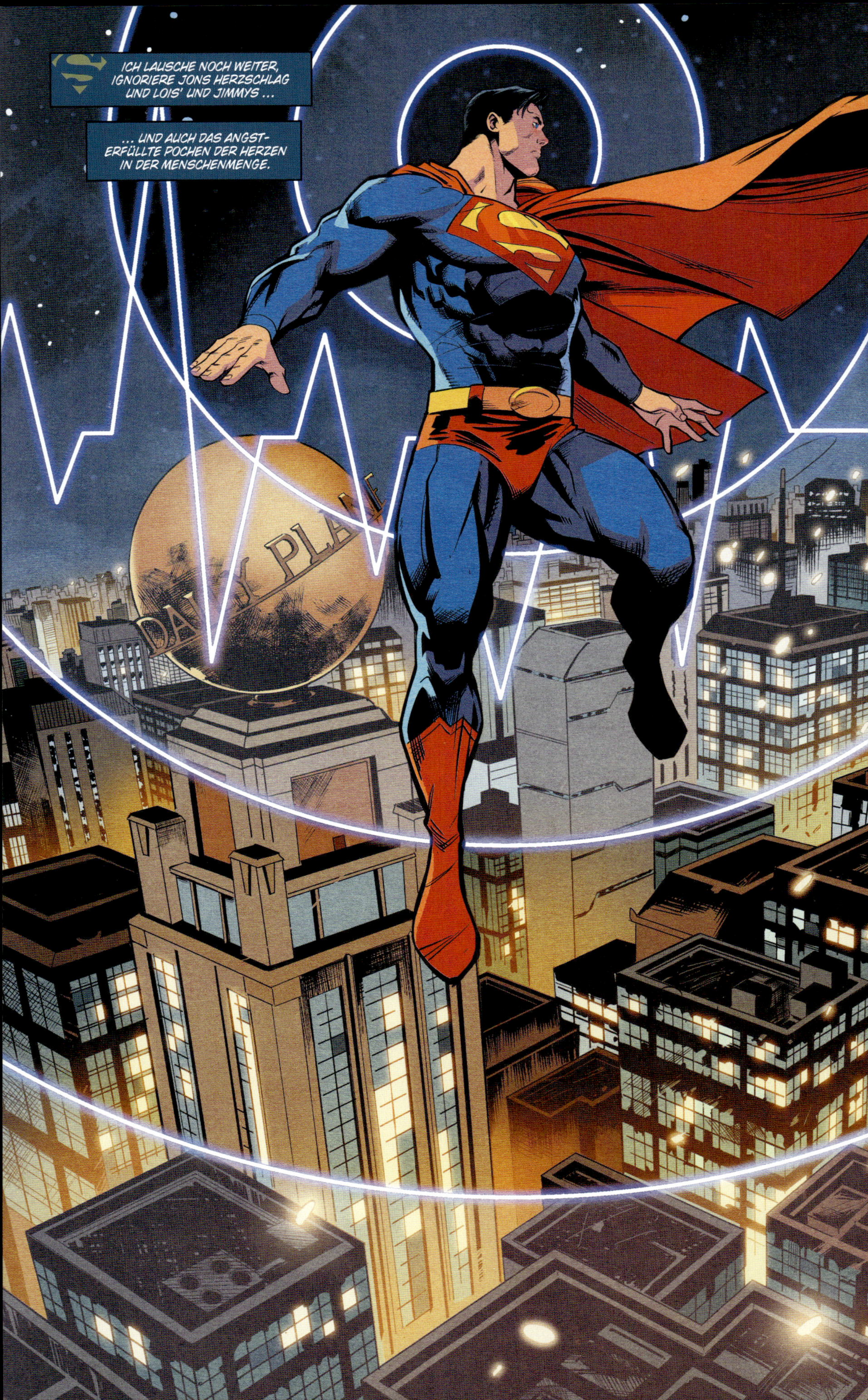
ICH LAUSCHE NOCH WEITER, IGNORIERE JONS HERZSCHLAG UND LOIS' UND JIMMYS ...
... UND AUCH DAS ANGST-ERFÜLLTE POCHEN DER HERZEN IN DER MENSCHENMENGE.
DAILY PLANET

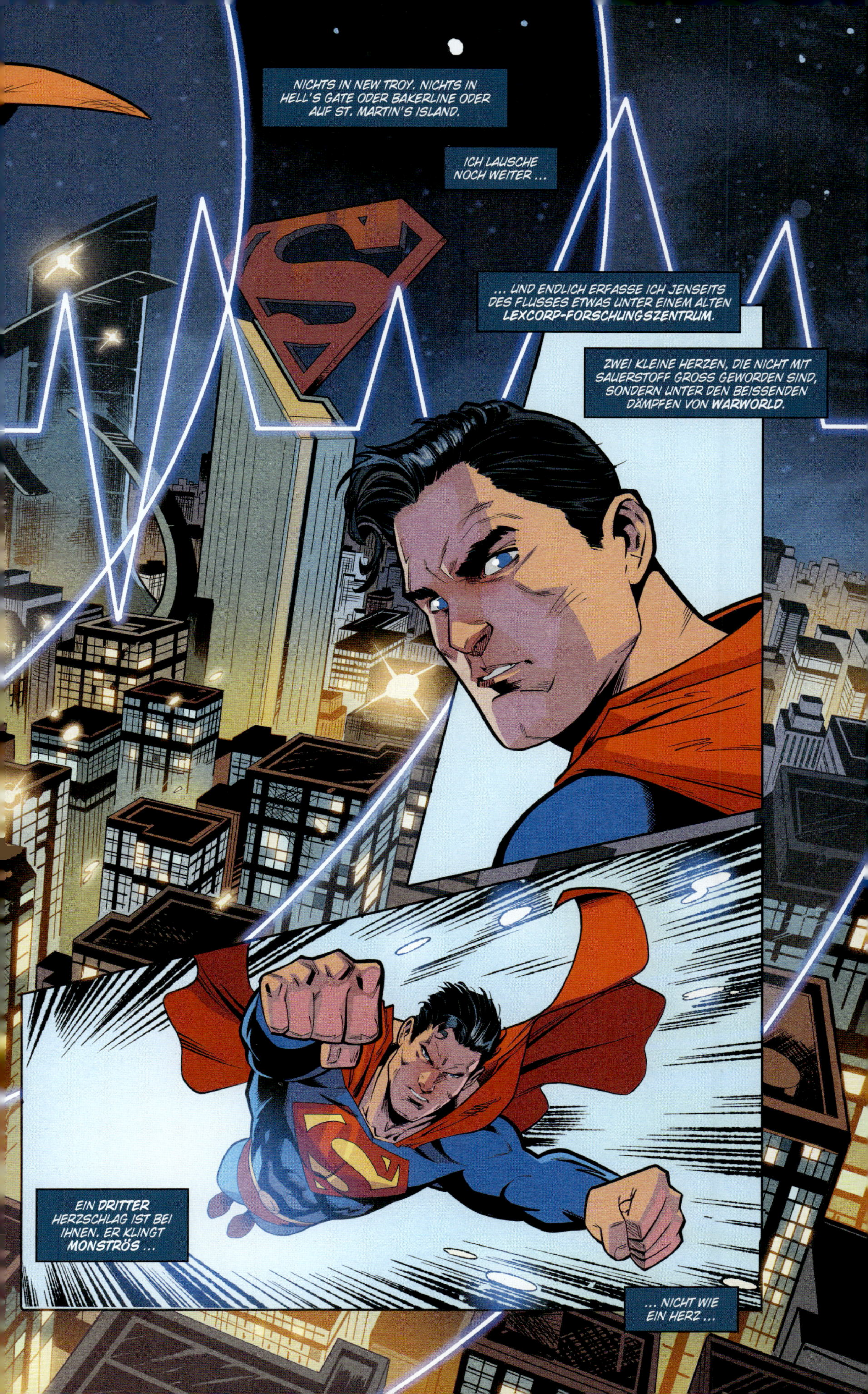
NICHTS IN NEW TROY. NICHTS IN HELL'S GATE ODER BAKERLINE ODER AUF ST. MARTIN'S ISLAND.
ICH LAUSCHE NOCH WEITER ...
... UND ENDLICH ERFASSE ICH JENSEITS DES FLUSSES ETWAS UNTER EINEM ALTEN **LEXCORP-FORSCHUNGSZENTRUM**.
ZWEI KLEINE HERZEN, DIE NICHT MIT SAUERSTOFF GROSS GEWORDEN SIND, SONDERN UNTER DEN BEISSENDEN DÄMPFEN VON **WARWORLD**.
EIN **DRITTER** HERZSCHLAG IST BEI IHNEN. ER KLINGT **MONSTRÖS** ...
... NICHT WIE EIN HERZ ...

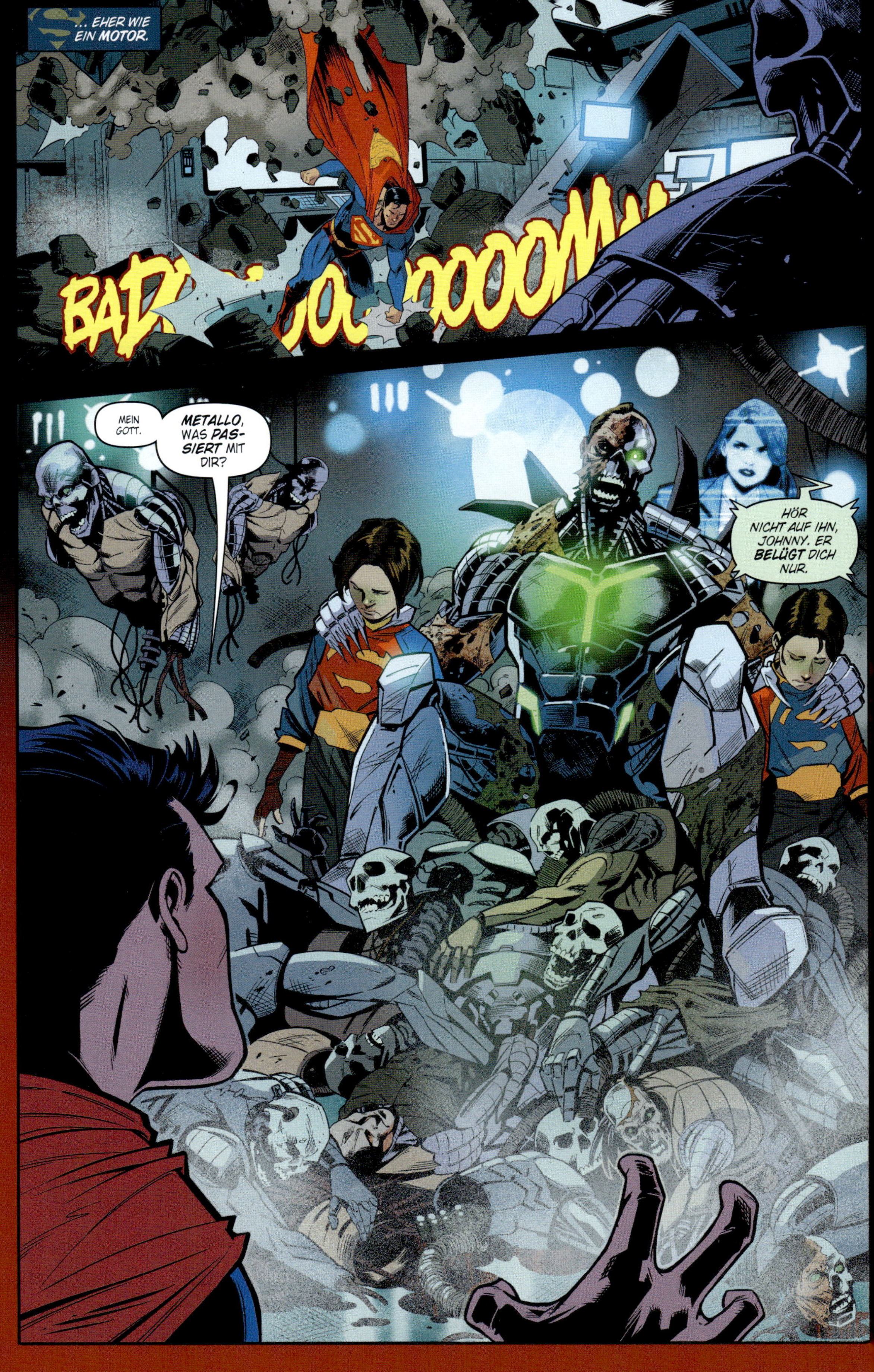
... EHER WIE EIN MOTOR.
BADOOOOOOM
MEIN GOTT.
METALLO, WAS PASSIERT MIT DIR?
HÖR NICHT AUF IHN, JOHNNY. ER BELÜGT DICH NUR.

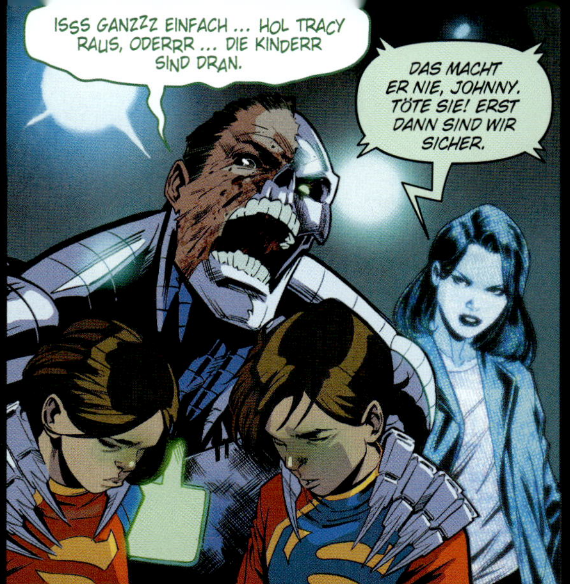
ISSS GANZZZ EINFACH ... HOL TRACY RAUS, ODERRR ... DIE KINDERR SIND DRAN.
DAS MACHT ER NIE, JOHNNY. TÖTE SIE! ERST DANN SIND WIR SICHER.
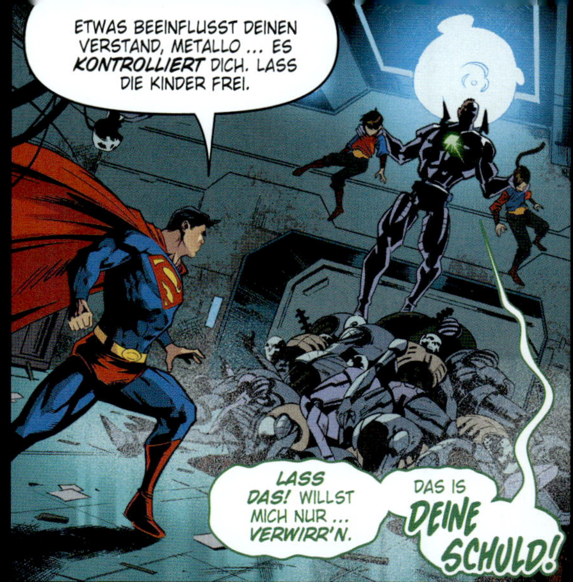
ETWAS BEEINFLUSST DEINEN VERSTAND, METALLO ... ES KONTROLLIERT DICH. LASS DIE KINDER FREI.
LASS DAS! WILLST MICH NUR ... VERWIRR'N.
DAS IS DEINE SCHULD!
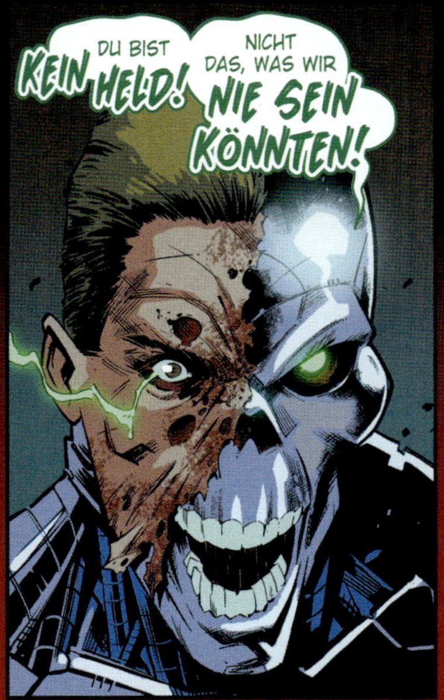
KEIN
DU BIST HELD!
NICHT DAS, WAS WIR NIE SEIN KÖNNTEN!
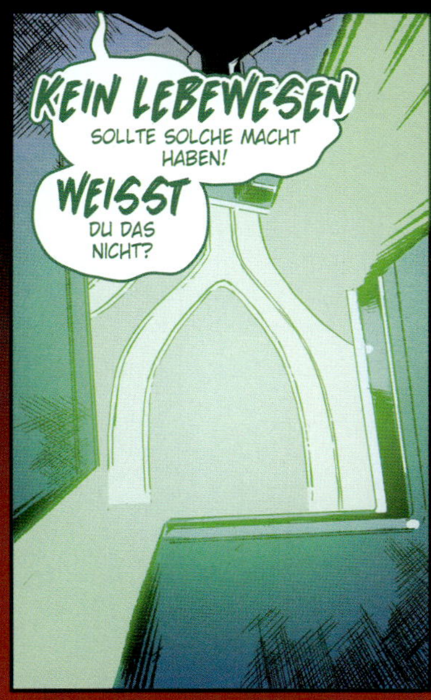
KEIN LEBEWESEN SOLLTE SOLCHE MACHT HABEN!
WEISST DU DAS NICHT?
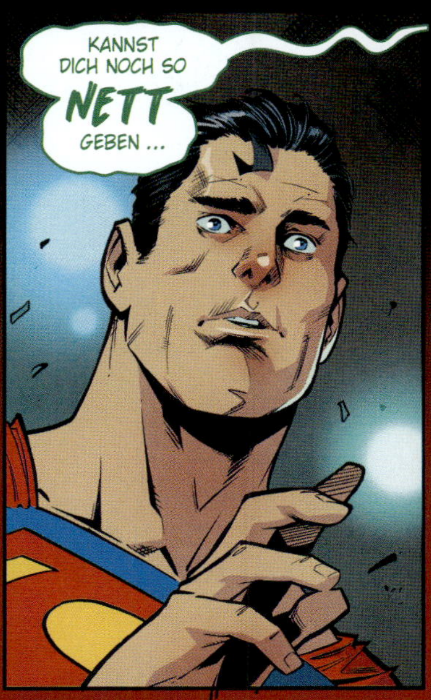
KANNST DICH NOCH SO NETT GEBEN ...
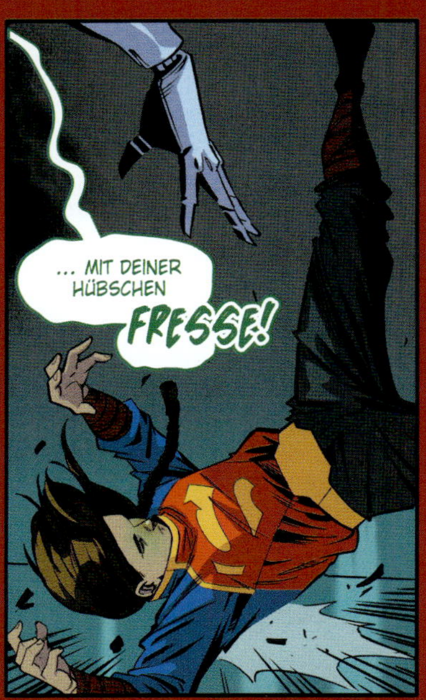
... MIT DEINER HÜBSCHEN FRESSE!
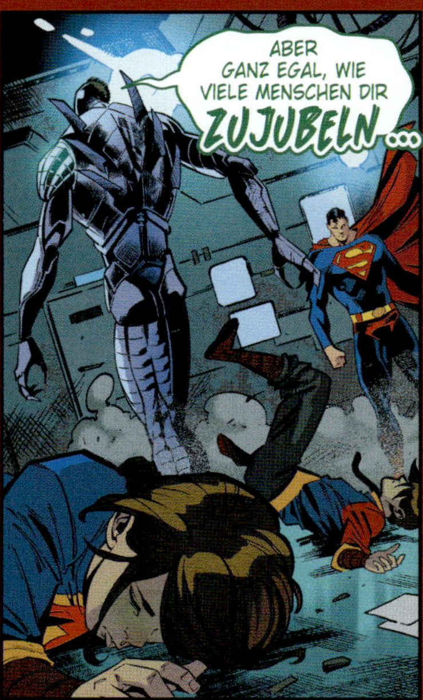
ABER GANZ EGAL, WIE VIELE MENSCHEN DIR ZUJUBELN ...
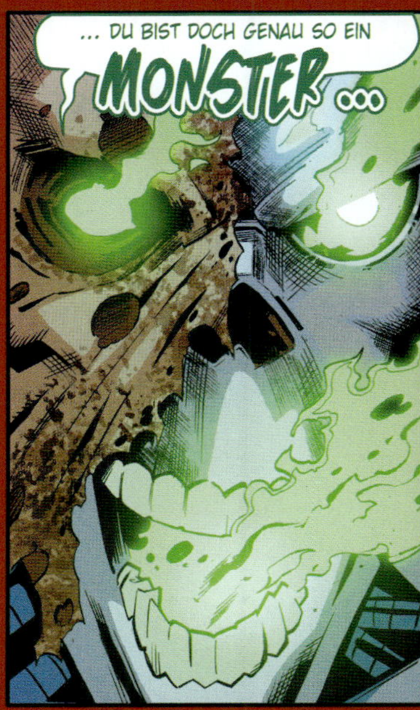
... DU BIST DOCH GENAU SO EIN MONSTER ...

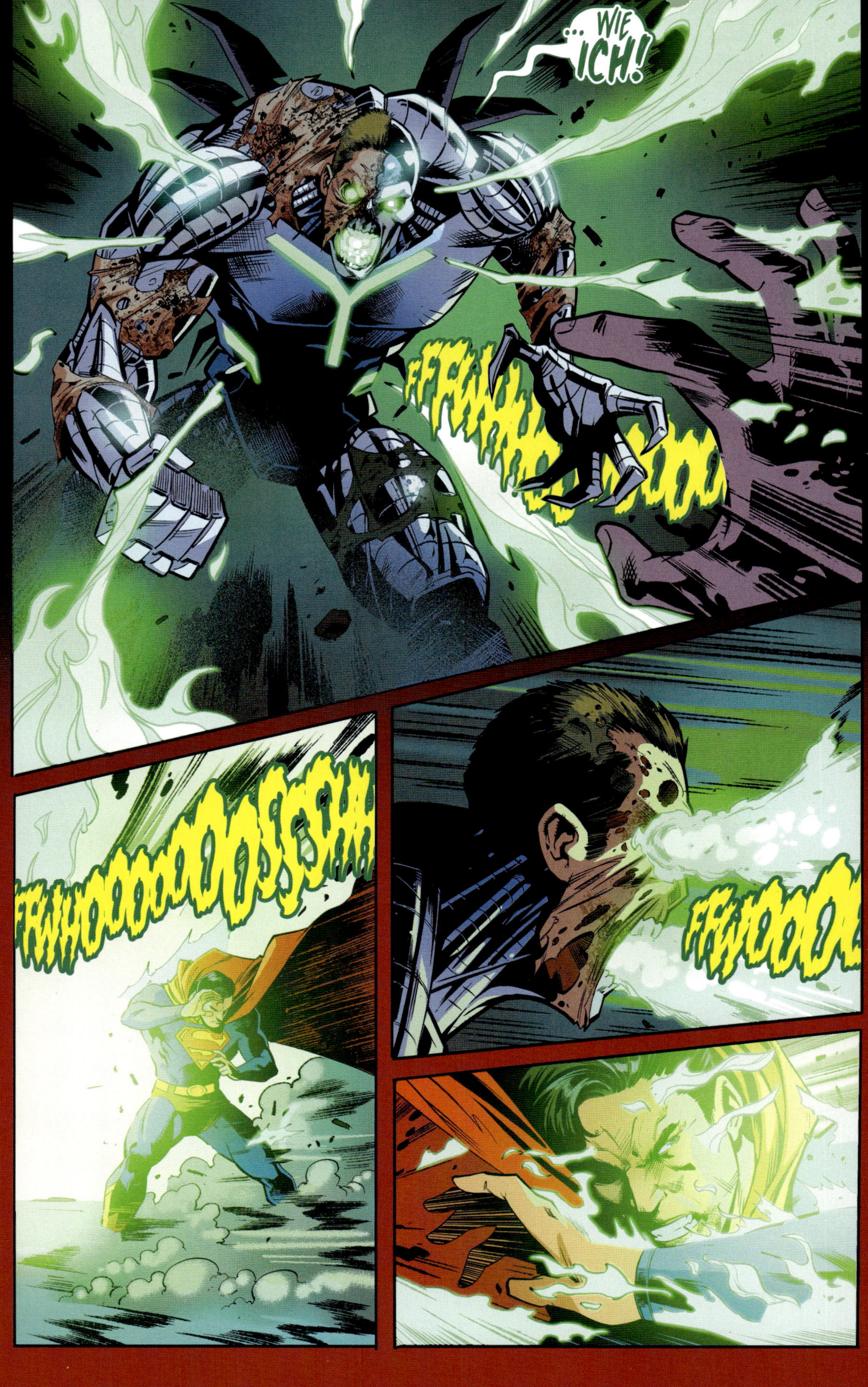
...WIE ICH!
FFFWHOOOOOOO
FFWHOOOOOOOSCHH
FFWOOOO

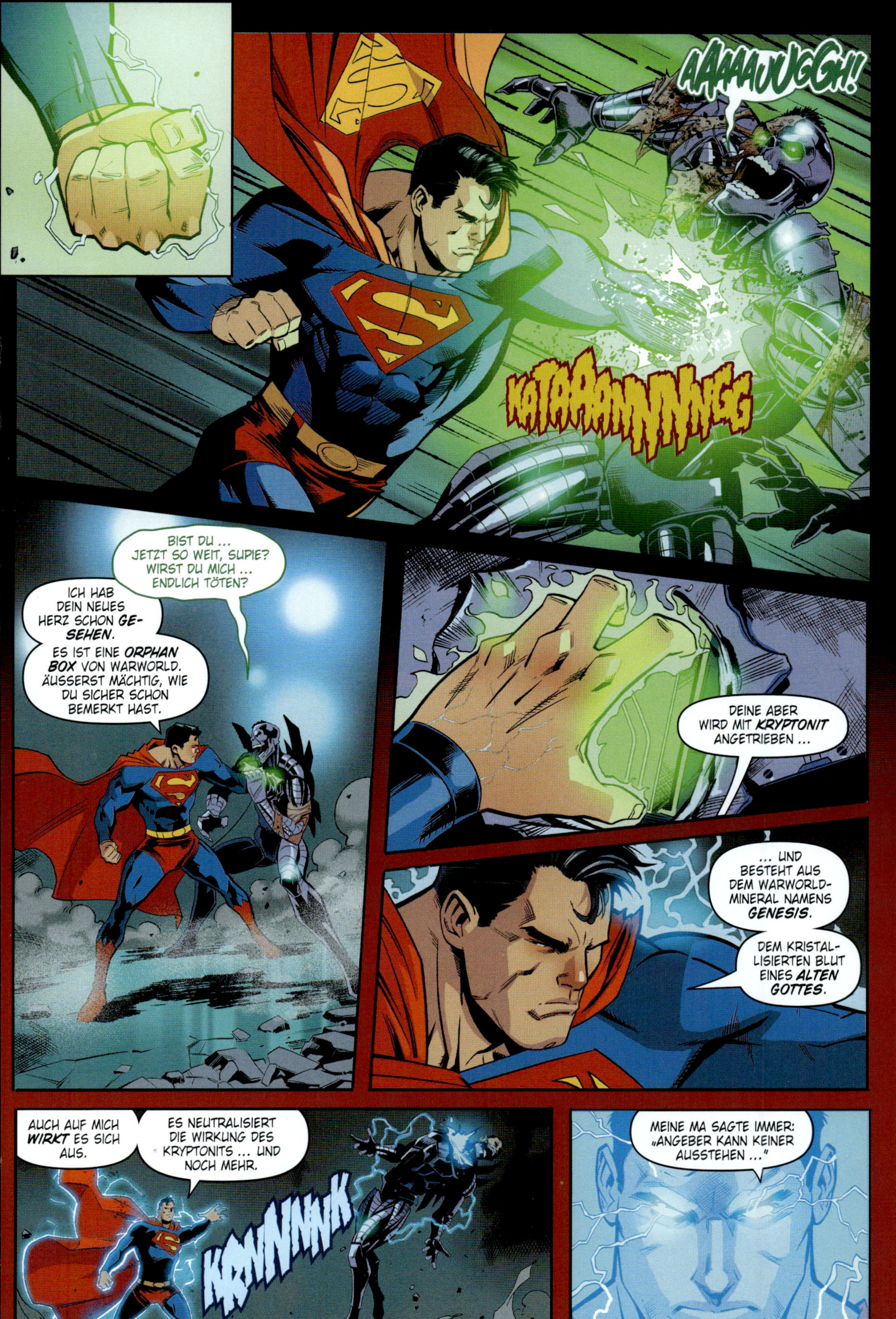
AAAAAUUGGH!
KATAAANNNNGG
BIST DU ... JETZT SO WEIT, SUPIE? WIRST DU MICH ... ENDLICH TÖTEN?
ICH HAB DEIN NEUES HERZ SCHON GE-SEHEN.
ES IST EINE ORPHAN BOX VON WARWORLD. ÄUSSERST MÄCHTIG, WIE DU SICHER SCHON BEMERKT HAST.
DEINE ABER WIRD MIT KRYPTONIT ANGETRIEBEN ...
... UND BESTEHT AUS DEM WARWORLD-MINERAL NAMENS GENESIS.
DEM KRISTAL-LISIERTEN BLUT EINES ALTEN GOTTES.
AUCH AUF MICH WIRKT ES SICH AUS.
ES NEUTRALISIERT DIE WIRKUNG DES KRYPTONITS ... UND NOCH MEHR.
KRNNNNK
MEINE MA SAGTE IMMER: „ANGEBER KANN KEINER AUSSTEHEN ...“

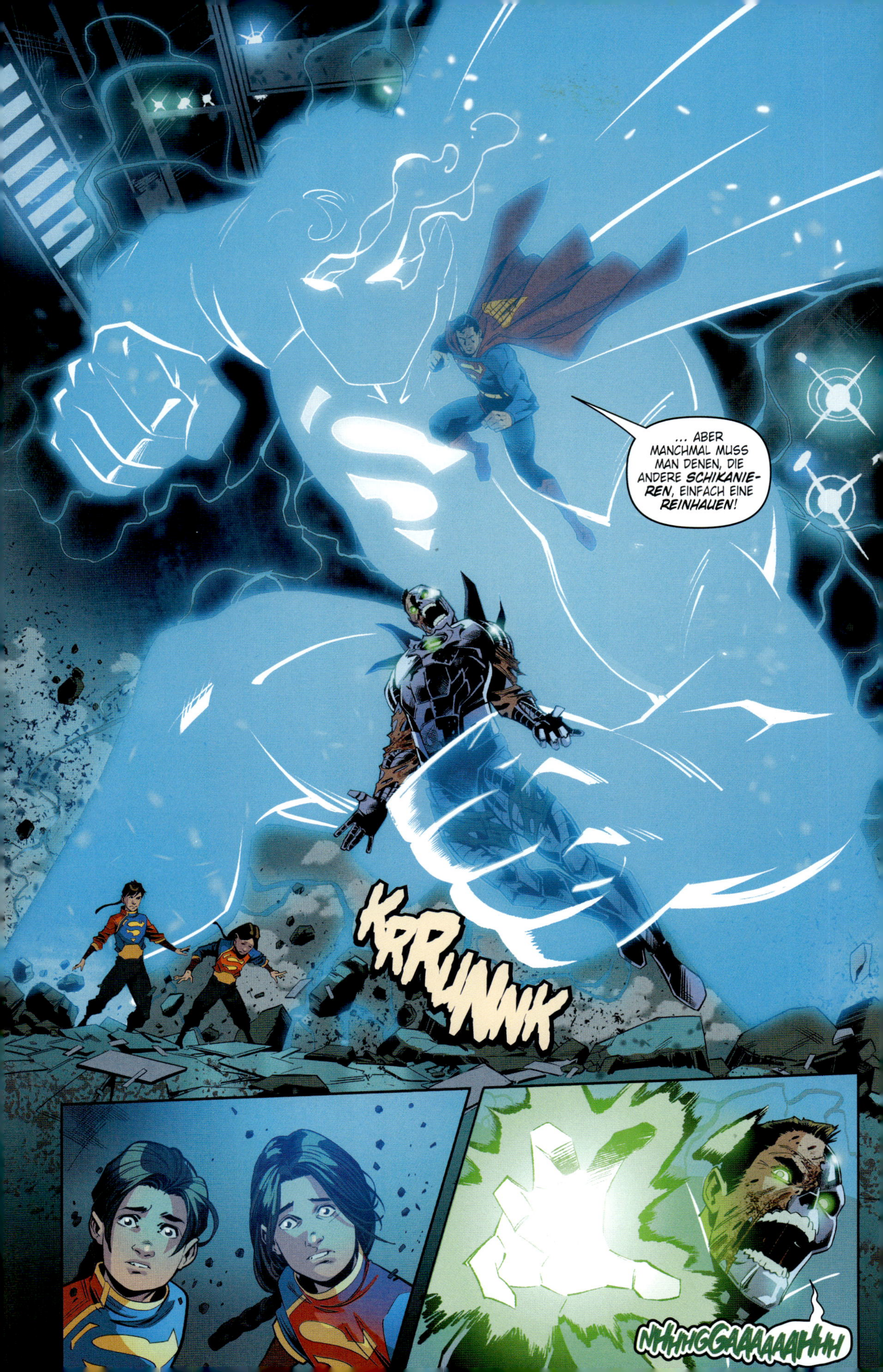
... ABER MANCHMAL MUSS MAN DENEN, DIE ANDERE SCHIKANIEREN, EINFACH EINE REINHAUEN!
KRRUNNK
NHHHGGAAAAAAHHH

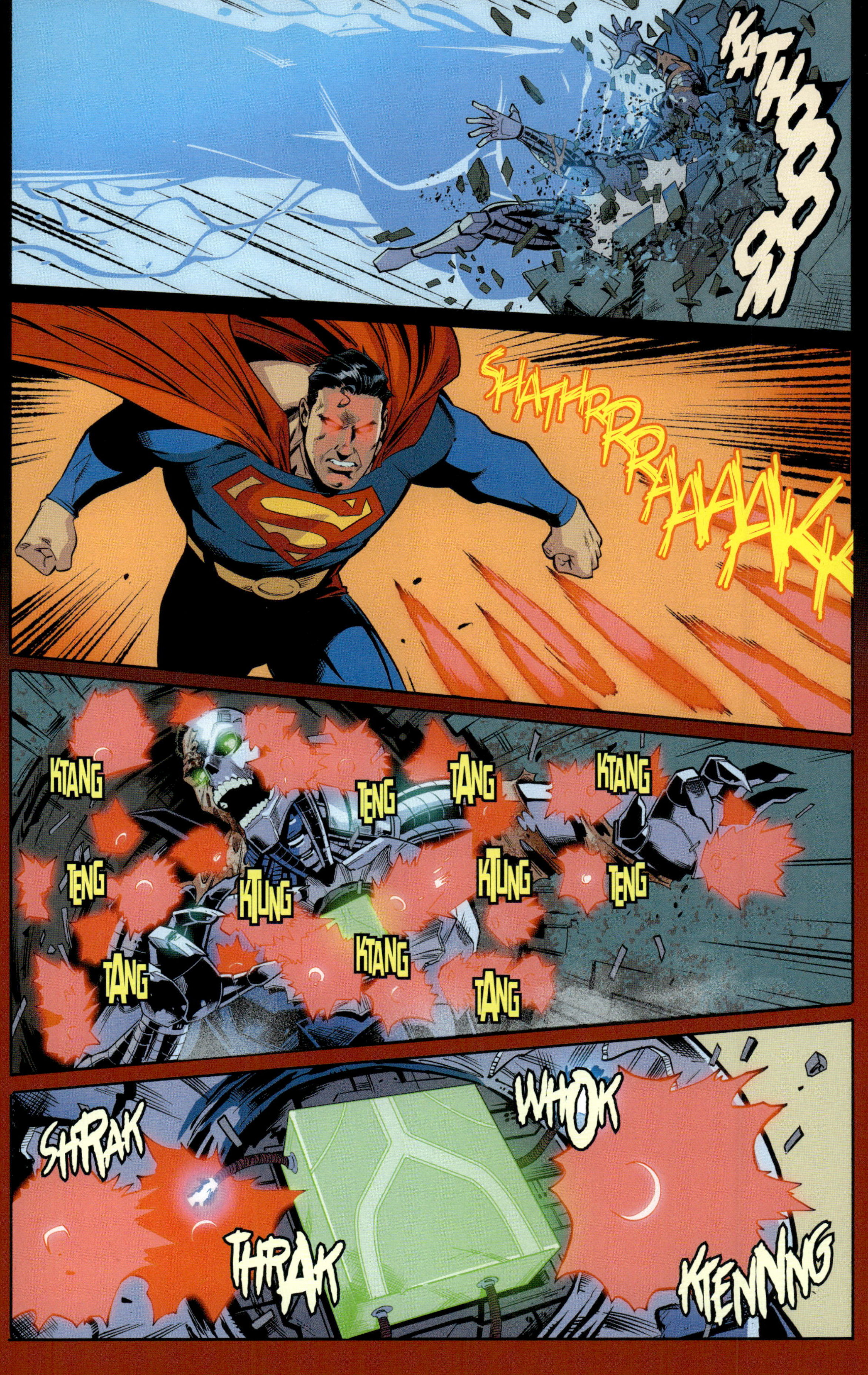
KATHOOOM
SHATHRRRAAAAKK
KTANG
TENG
TANG
KTANG
TENG
KTUNG
KTUNG
TENG
TANG
KTANG
TANG
SHRAK
WHOK
THRAK
KTENNNG

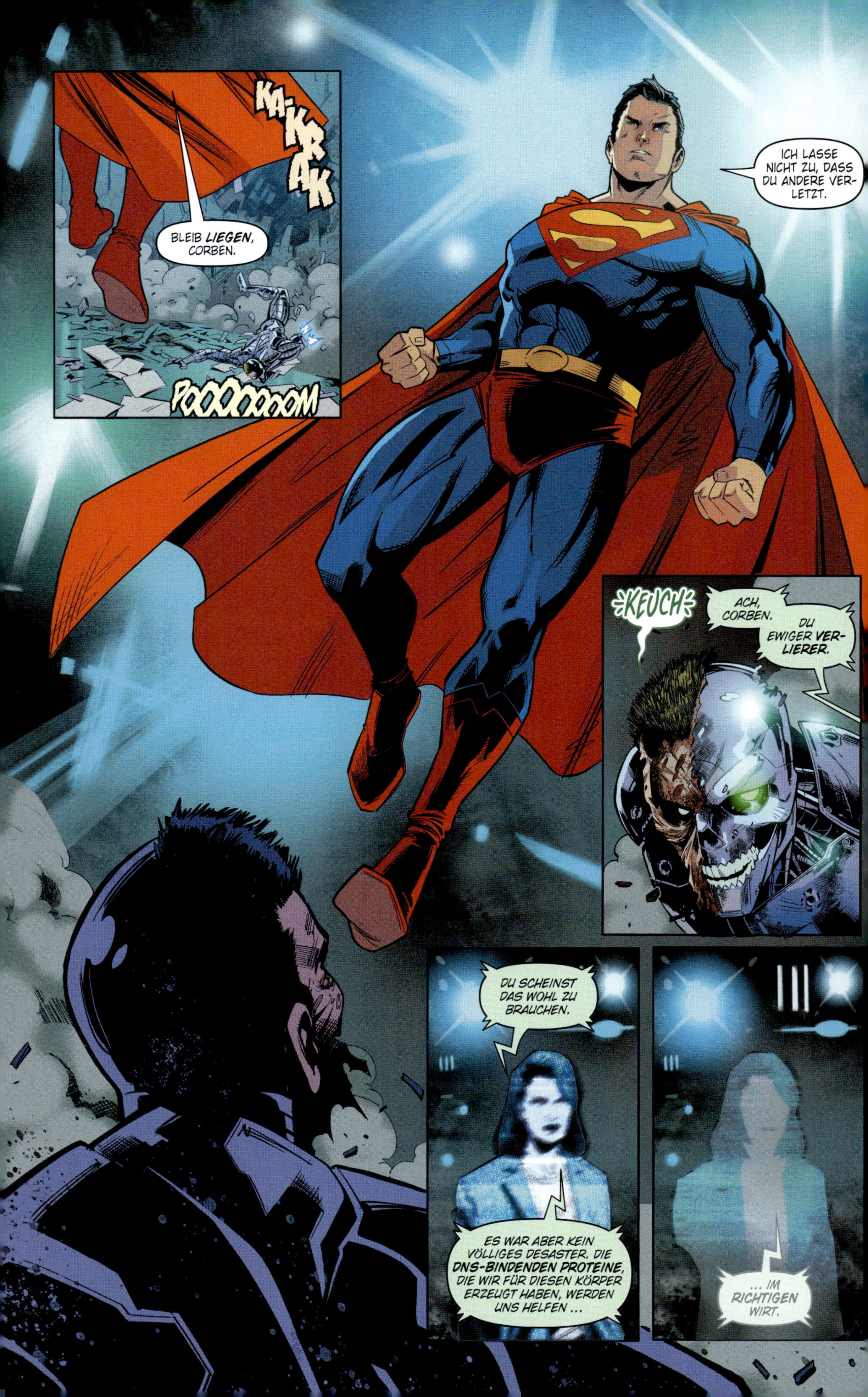
KA-KRAK
BLEIB LIEGEN, CORBEN.
POOOOOOOOM
ICH LASSE NICHT ZU, DASS DU ANDERE VER-LETZT.
KEUCH
ACH, CORBEN.
DU EWIGER VER-LIERER.
DU SCHEINST DAS WOHL ZU BRAUCHEN.
ES WAR ABER KEIN VÖLLIGES DESASTER. DIE DNS-BINDENDEN PROTEINE, DIE WIR FÜR DIESEN KÖRPER ERZEUGT HABEN, WERDEN UNS HELFEN ...
... IM RICHTIGEN WIRT.

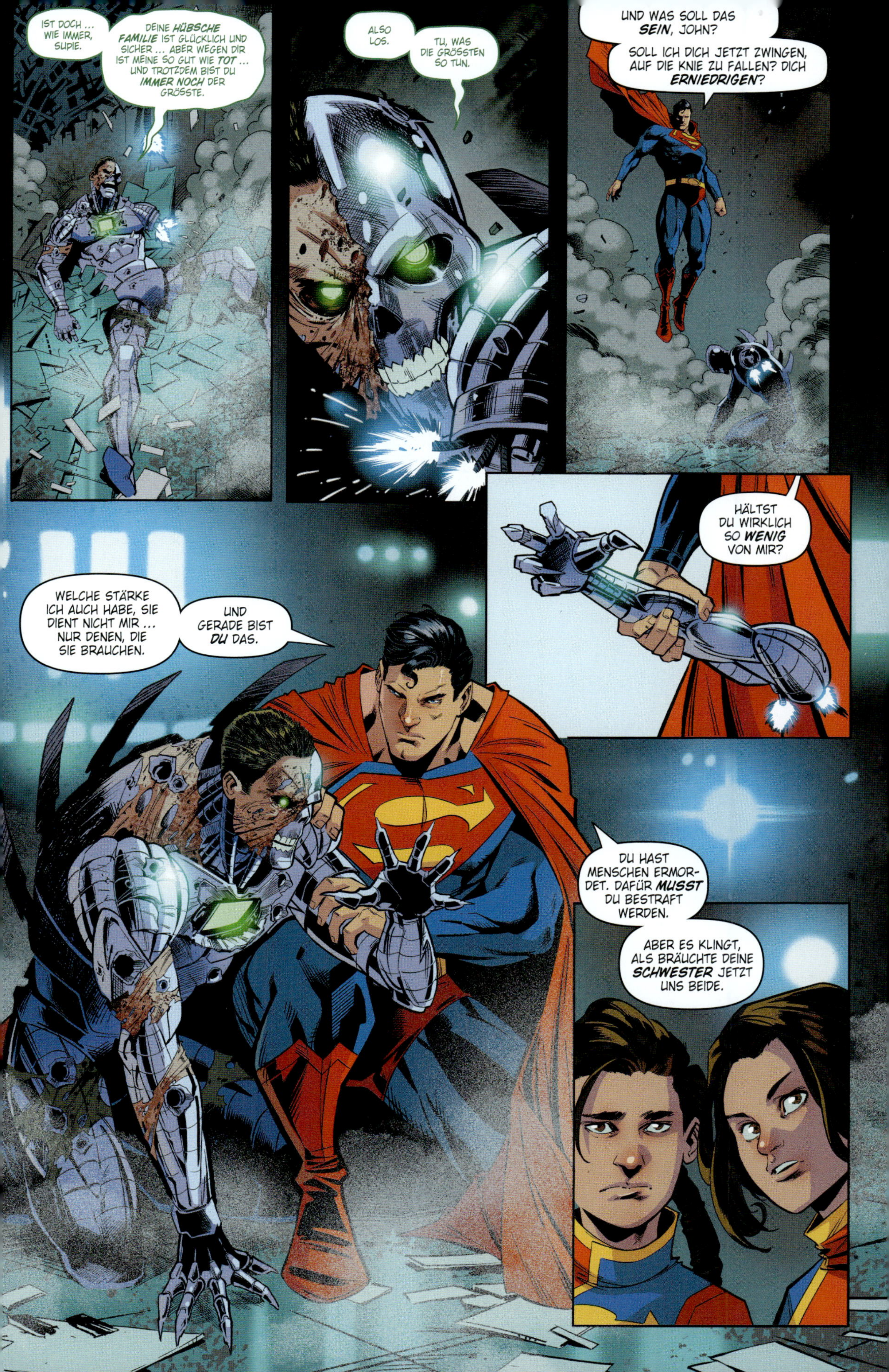
IST DOCH … WIE IMMER, SUPIE.
DEINE HÜBSCHE FAMILIE IST GLÜCKLICH UND SICHER … ABER WEGEN DIR IST MEINE SO GUT WIE TOT … UND TROTZDEM BIST DU IMMER NOCH DER GRÖSSTE.
ALSO LOS.
TU, WAS DIE GRÖSSTEN SO TUN.
UND WAS SOLL DAS SEIN, JOHN?
SOLL ICH DICH JETZT ZWINGEN, AUF DIE KNIE ZU FALLEN? DICH ERNIEDRIGEN?
HÄLTST DU WIRKLICH SO WENIG VON MIR?
WELCHE STÄRKE ICH AUCH HABE, SIE DIENT NICHT MIR … NUR DENEN, DIE SIE BRAUCHEN.
UND GERADE BIST DU DAS.
DU HAST MENSCHEN ERMORDET. DAFÜR MUSST DU BESTRAFT WERDEN.
ABER ES KLINGT, ALS BRÄUCHTE DEINE SCHWESTER JETZT UNS BEIDE.

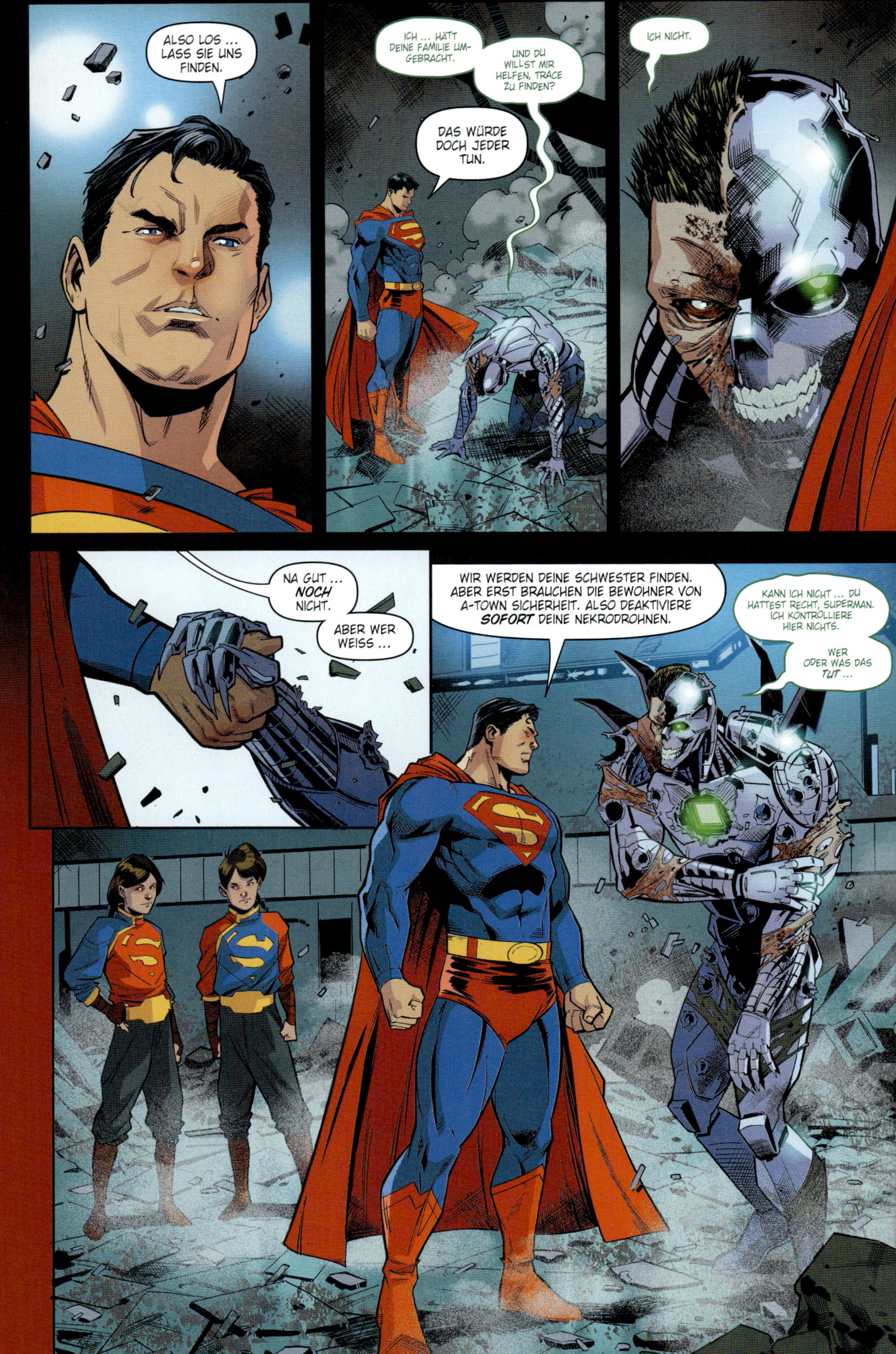
ALSO LOS ... LASS SIE UNS FINDEN.
ICH ... HÄTT DEINE FAMILIE UMGEBRACHT.
UND DU WILLST MIR HELFEN, TRACE ZU FINDEN?
DAS WÜRDE DOCH JEDER TUN.
ICH NICHT.
NA GUT ... NOCH NICHT.
ABER WER WEISS ...
WIR WERDEN DEINE SCHWESTER FINDEN. ABER ERST BRAUCHEN DIE BEWOHNER VON A-TOWN SICHERHEIT. ALSO DEAKTIVIERE SOFORT DEINE NEKRODROHNEN.
KANN ICH NICHT ... DU HATTEST RECHT, SUPERMAN. ICH KONTROLLIERE HIER NICHTS.
WER ODER WAS DAS TUT ...

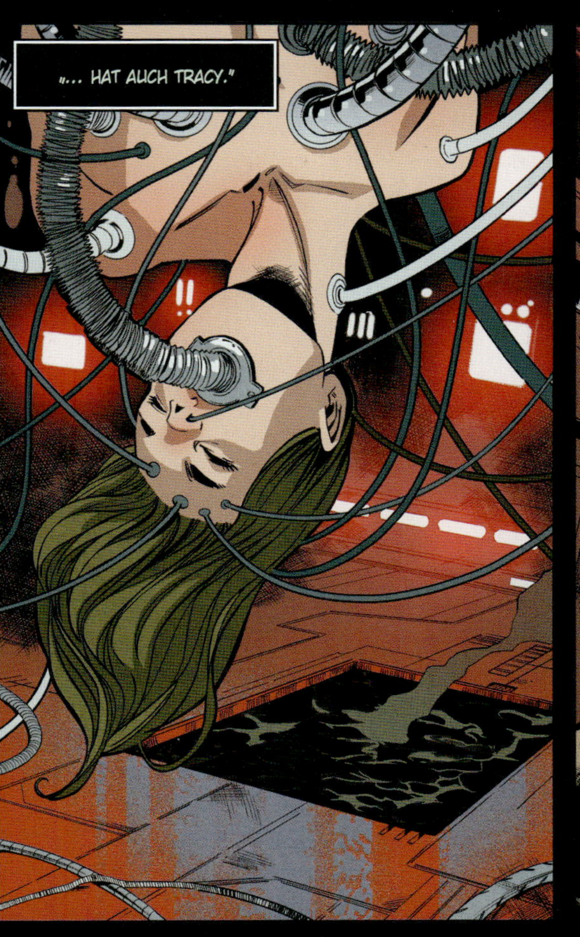
"... HAT AUCH TRACY."

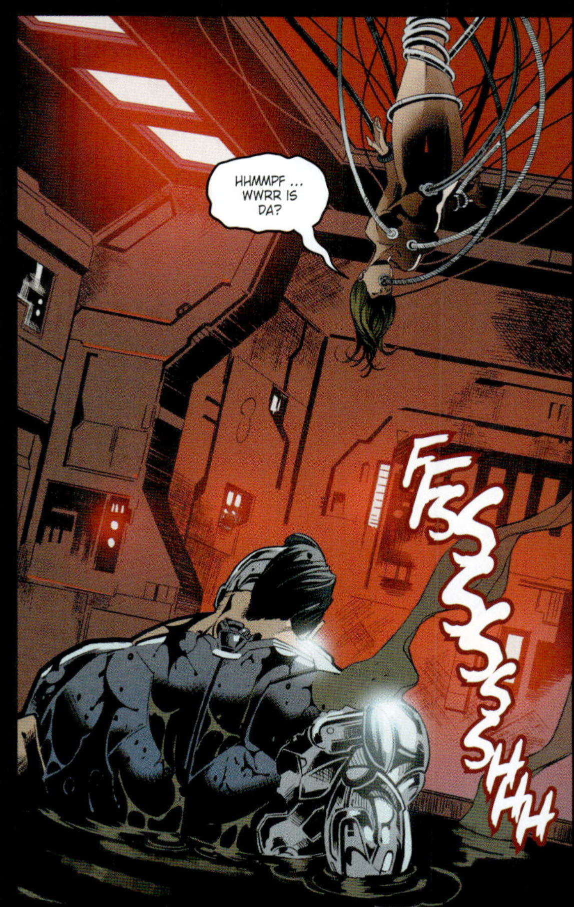
HHMMPF ... WWRR IS DA?
FSSSSSSHHH

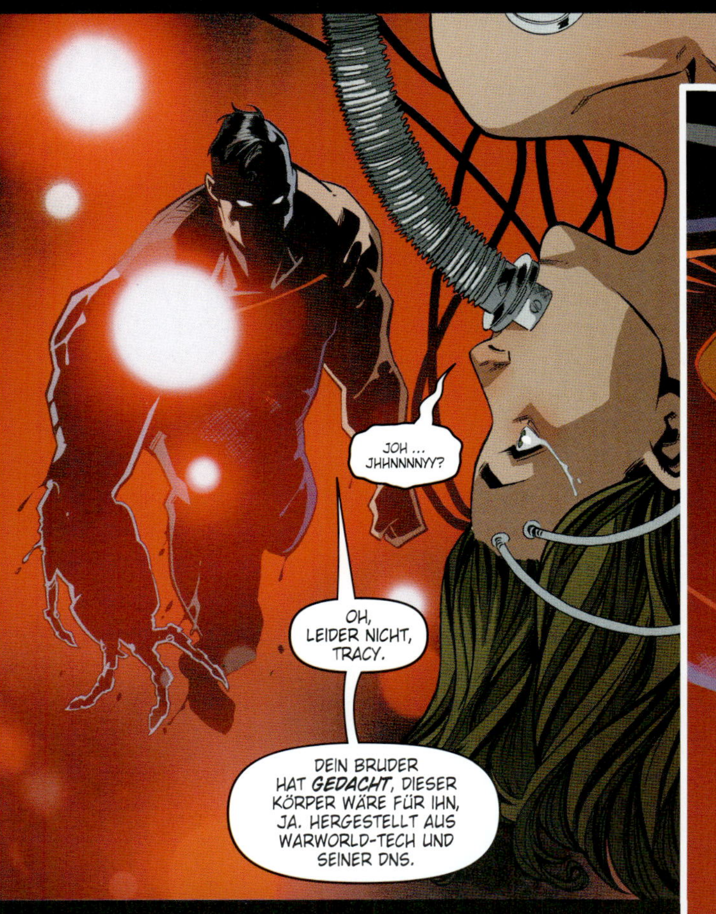
JOH ... JHHNNNNYY?
OH, LEIDER NICHT, TRACY.
DEIN BRUDER HAT *GEDACHT*, DIESER KÖRPER WÄRE FÜR IHN, JA. HERGESTELLT AUS WARWORLD-TECH UND SEINER DNS.

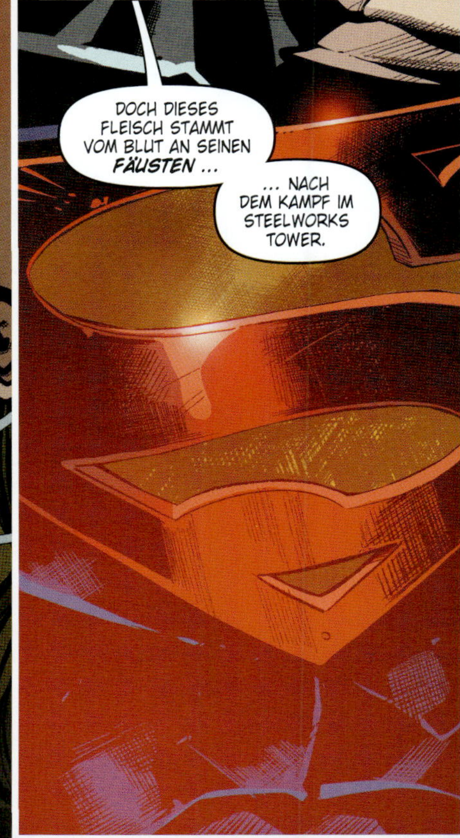
DOCH DIESES FLEISCH STAMMT VOM BLUT AN SEINEN ***FÄUSTEN ...***
... NACH DEM KAMPF IM STEELWORKS TOWER.

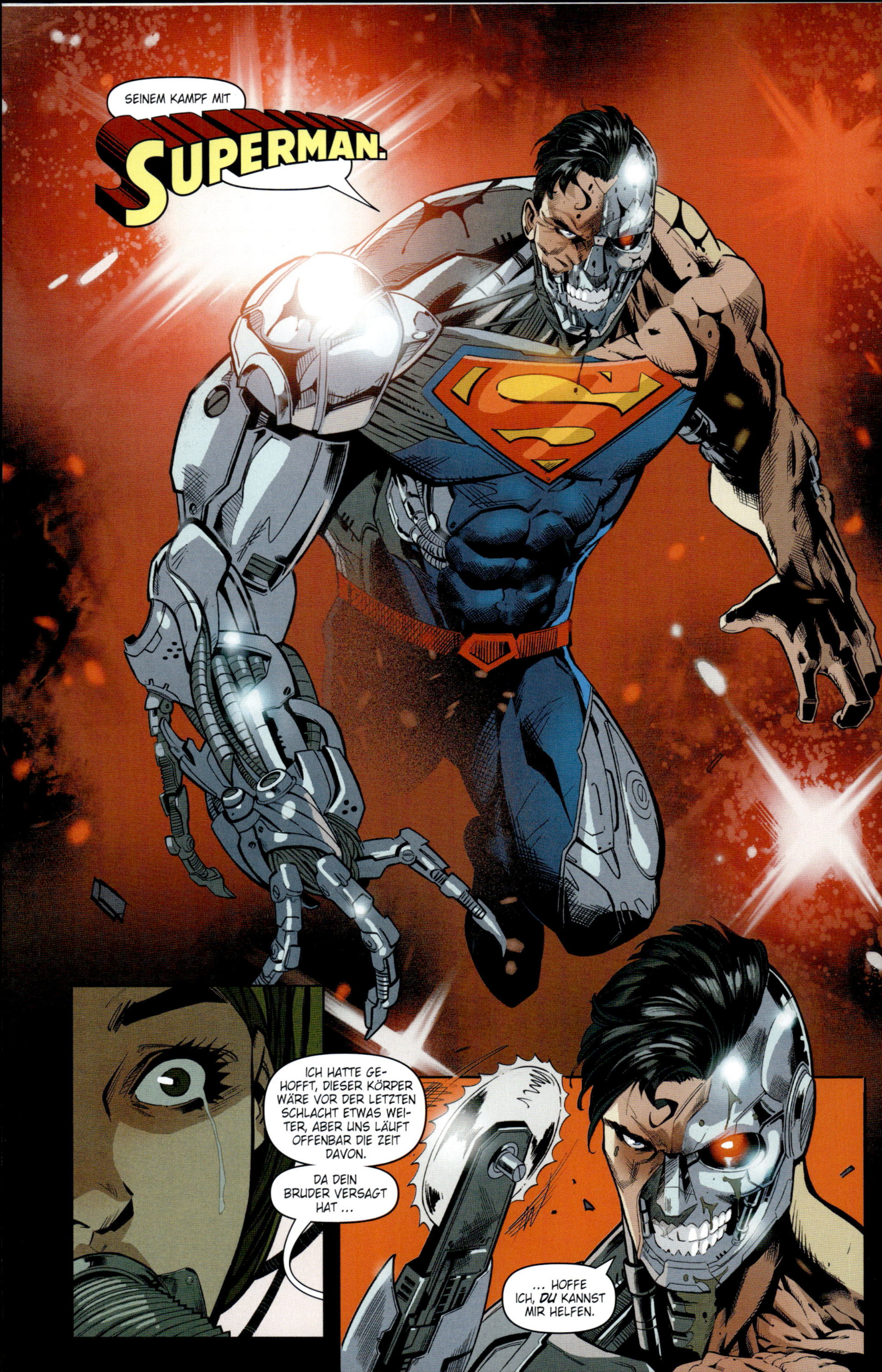
SEINEM KAMPF MIT
SUPERMAN.
ICH HATTE GEHOFFT, DIESER KÖRPER WÄRE VOR DER LETZTEN SCHLACHT ETWAS WEITER, ABER UNS LÄUFT OFFENBAR DIE ZEIT DAVON.
DA DEIN BRUDER VERSAGT HAT ...
... HOFFE ICH, DU KANNST MIR HELFEN.

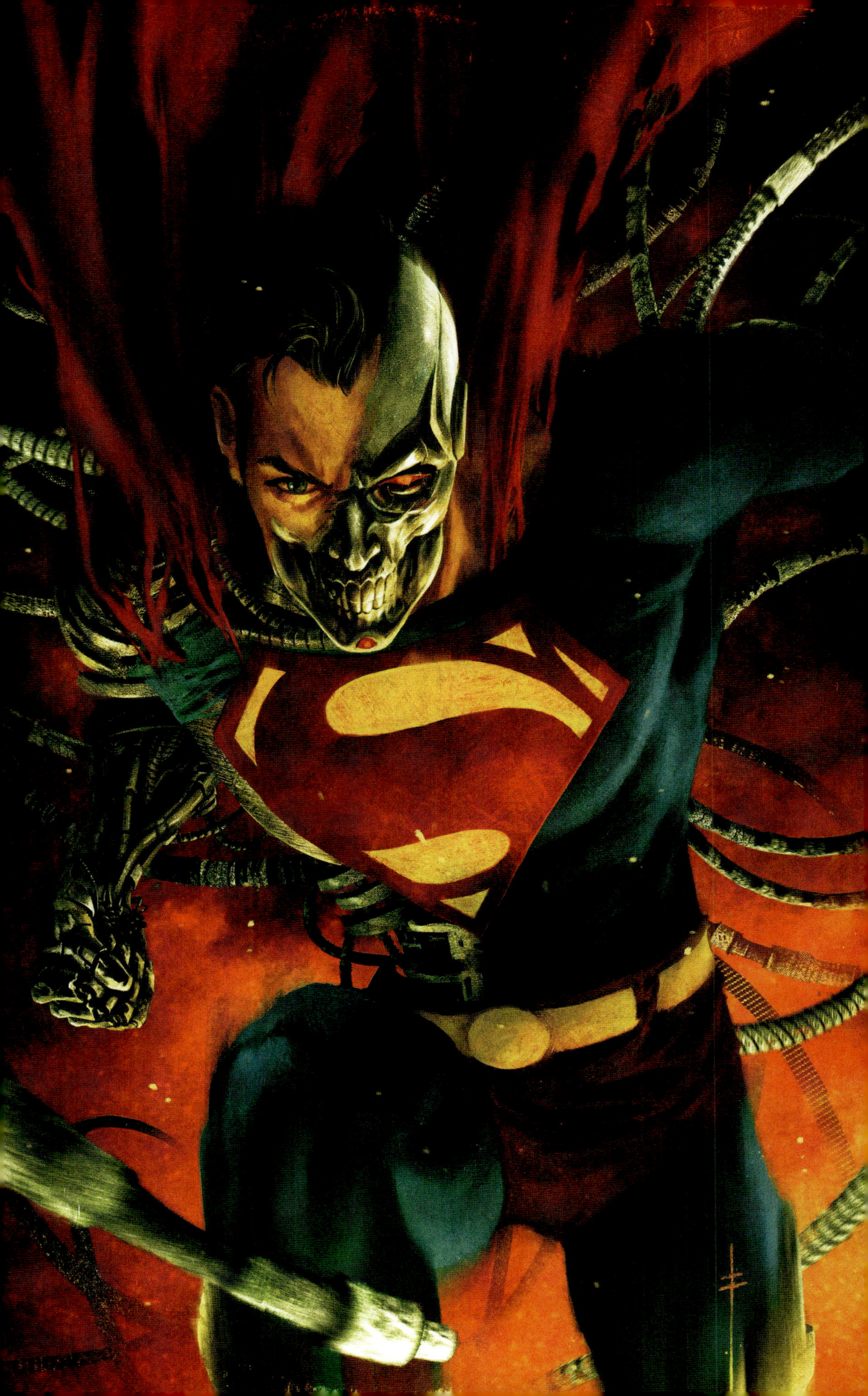

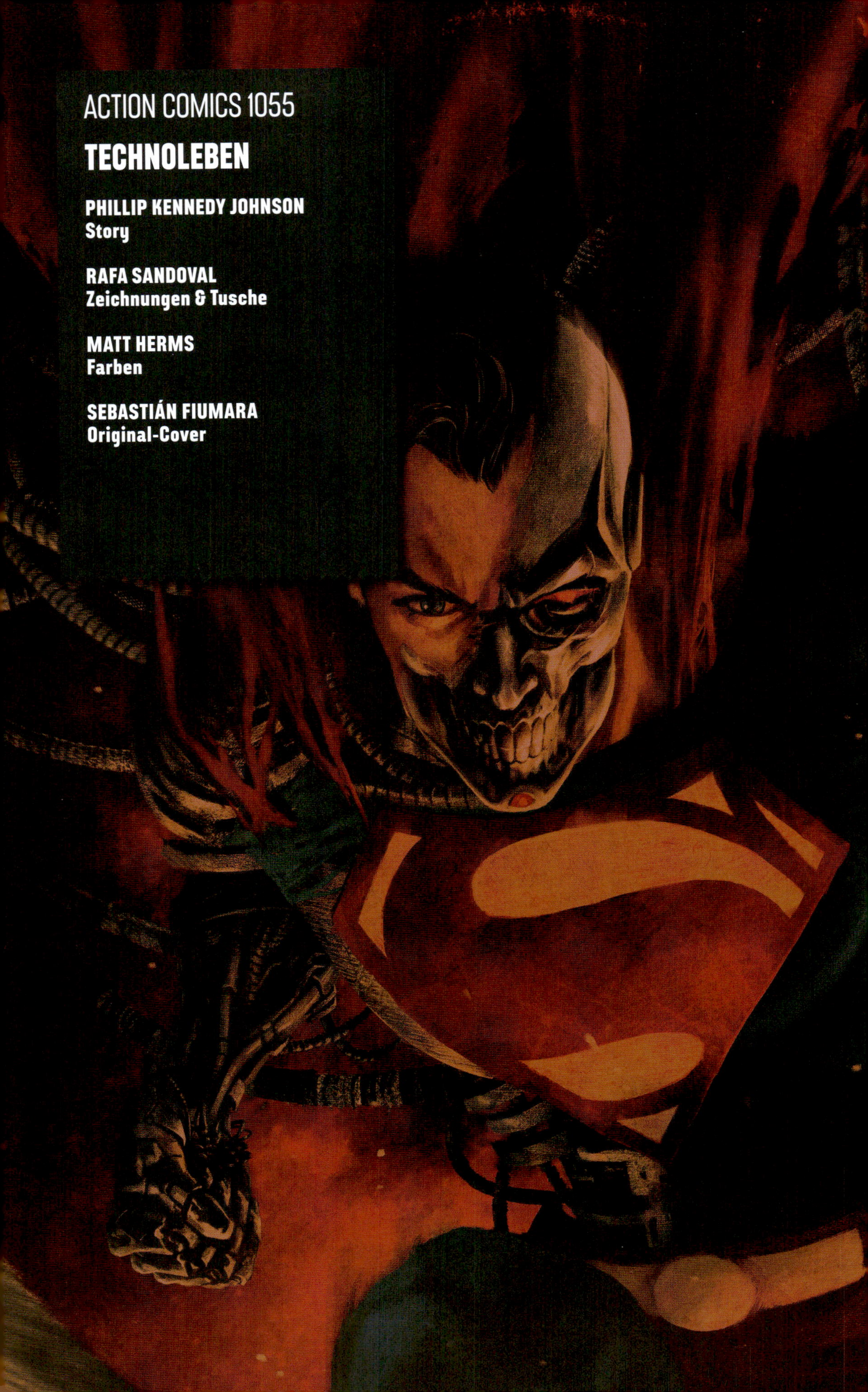

ACTION COMICS 1055

TECHNOLEBEN

PHILLIP KENNEDY JOHNSON
Story

RAFA SANDOVAL
Zeichnungen & Tusche

MATT HERMS
Farben

SEBASTIÁN FIUMARA
Original-Cover

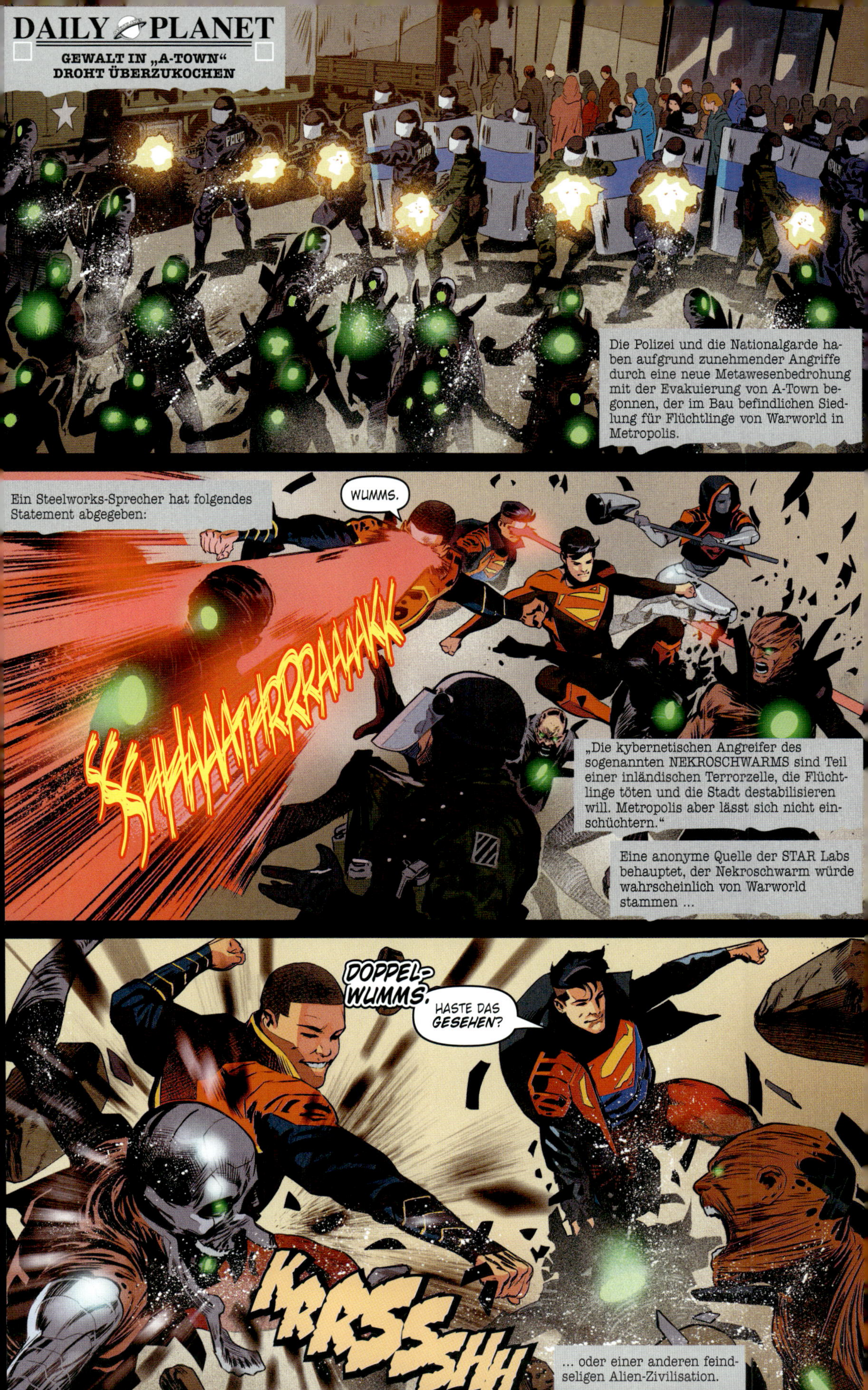
DAILY PLANET
GEWALT IN „A-TOWN“ DROHT ÜBERZUKOCHEN
Die Polizei und die Nationalgarde haben aufgrund zunehmender Angriffe durch eine neue Metawesenbedrohung mit der Evakuierung von A-Town begonnen, der im Bau befindlichen Siedlung für Flüchtlinge von Warworld in Metropolis.
Ein Steelworks-Sprecher hat folgendes Statement abgegeben:
WUMMS.
SSHHAAATHRRRAAAKK
„Die kybernetischen Angreifer des sogenannten NEKROSCHWARMS sind Teil einer inländischen Terrorzelle, die Flüchtlinge töten und die Stadt destabilisieren will. Metropolis aber lässt sich nicht einschüchtern.“
Eine anonyme Quelle der STAR Labs behauptet, der Nekroschwarm würde wahrscheinlich von Warworld stammen ...
DOPPEL-WUMMS.
HASTE DAS GESEHEN?
KRASSHH
... oder einer anderen feindseligen Alien-Zivilisation.

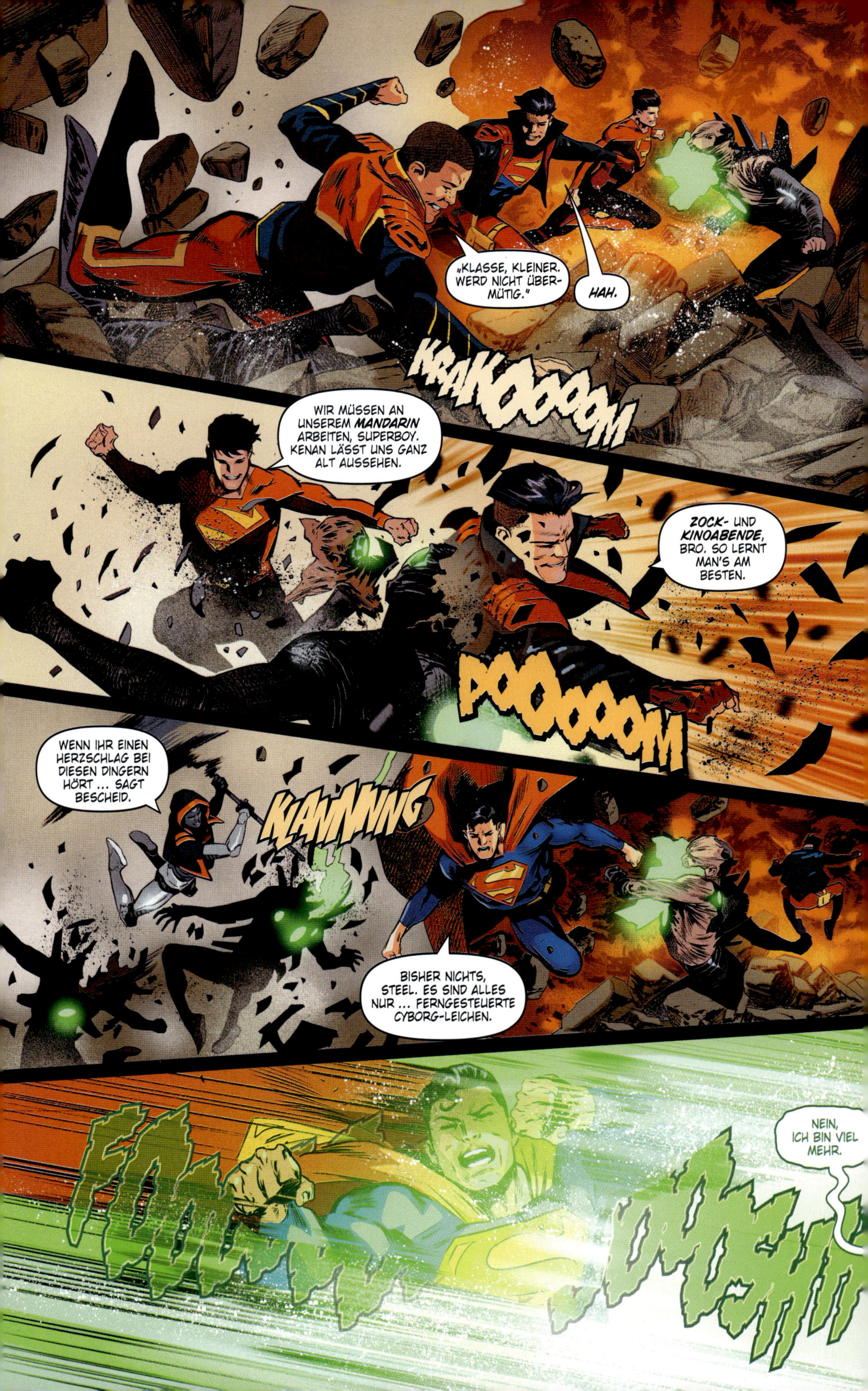
„KLASSE, KLEINER. WERD NICHT ÜBERMÜTIG."
HAH.
KRAKOOOOM
WIR MÜSSEN AN UNSEREM MANDARIN ARBEITEN, SUPERBOY. KENAN LÄSST UNS GANZ ALT AUSSEHEN.
ZOCK- UND KINOABENDE, BRO. SO LERNT MAN'S AM BESTEN.
POOOOOOM
WENN IHR EINEN HERZSCHLAG BEI DIESEN DINGERN HÖRT ... SAGT BESCHEID.
KLANNNNG
BISHER NICHTS, STEEL. ES SIND ALLES NUR ... FERNGESTEUERTE CYBORG-LEICHEN.
NEIN, ICH BIN VIEL MEHR.

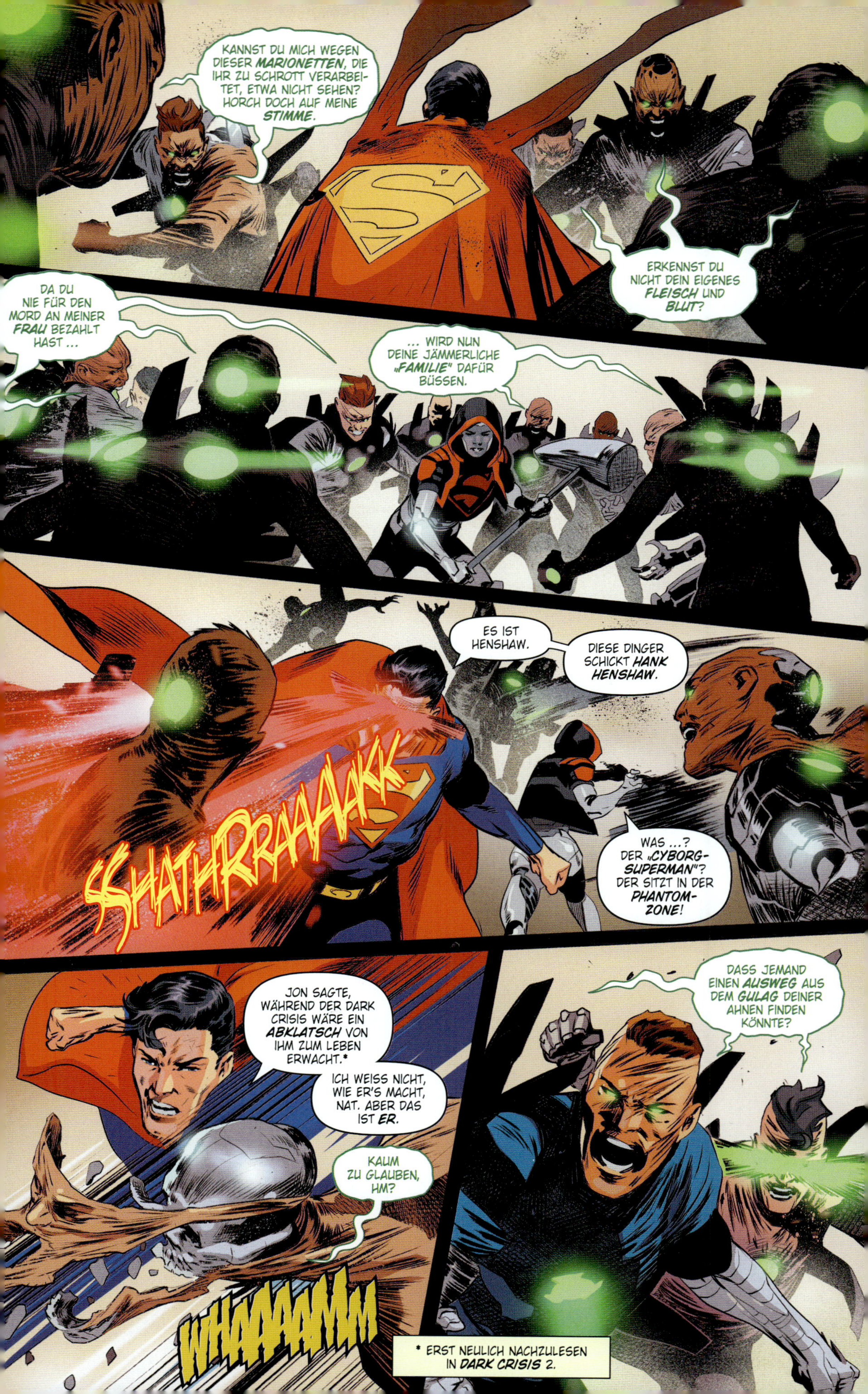
KANNST DU MICH WEGEN DIESER MARIONETTEN, DIE IHR ZU SCHROTT VERARBEITET, ETWA NICHT SEHEN? HORCH DOCH AUF MEINE STIMME.
ERKENNST DU NICHT DEIN EIGENES FLEISCH UND BLUT?
DA DU NIE FÜR DEN MORD AN MEINER FRAU BEZAHLT HAST ...
... WIRD NUN DEINE JÄMMERLICHE „FAMILIE" DAFÜR BÜSSEN.
ES IST HENSHAW.
DIESE DINGER SCHICKT HANK HENSHAW.
SSHATHRRAAAKK
WAS ...? DER „CYBORG-SUPERMAN"? DER SITZT IN DER PHANTOM-ZONE!
JON SAGTE, WÄHREND DER DARK CRISIS WÄRE EIN ABKLATSCH VON IHM ZUM LEBEN ERWACHT.*
ICH WEISS NICHT, WIE ER'S MACHT, NAT. ABER DAS IST ER.
KAUM ZU GLAUBEN, HM?
WHAAAAMM
DASS JEMAND EINEN AUSWEG AUS DEM GULAG DEINER AHNEN FINDEN KÖNNTE?
* ERST NEULICH NACHZULESEN IN DARK CRISIS 2.

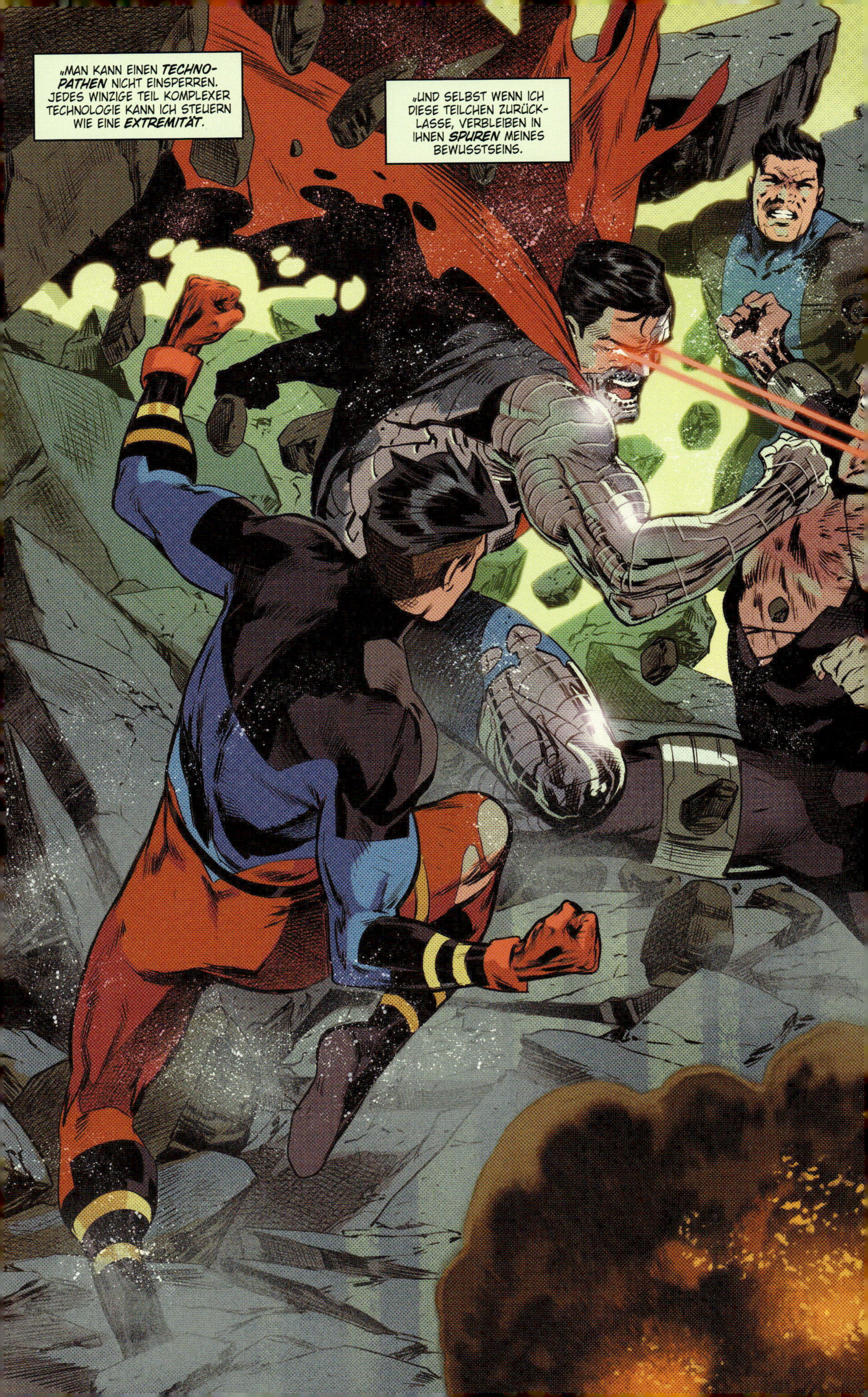
„MAN KANN EINEN TECHNOPATHEN NICHT EINSPERREN. JEDES WINZIGE TEIL KOMPLEXER TECHNOLOGIE KANN ICH STEUERN WIE EINE EXTREMITÄT.
„UND SELBST WENN ICH DIESE TEILCHEN ZURÜCKLASSE, VERBLEIBEN IN IHNEN SPUREN MEINES BEWUSSTSEINS.

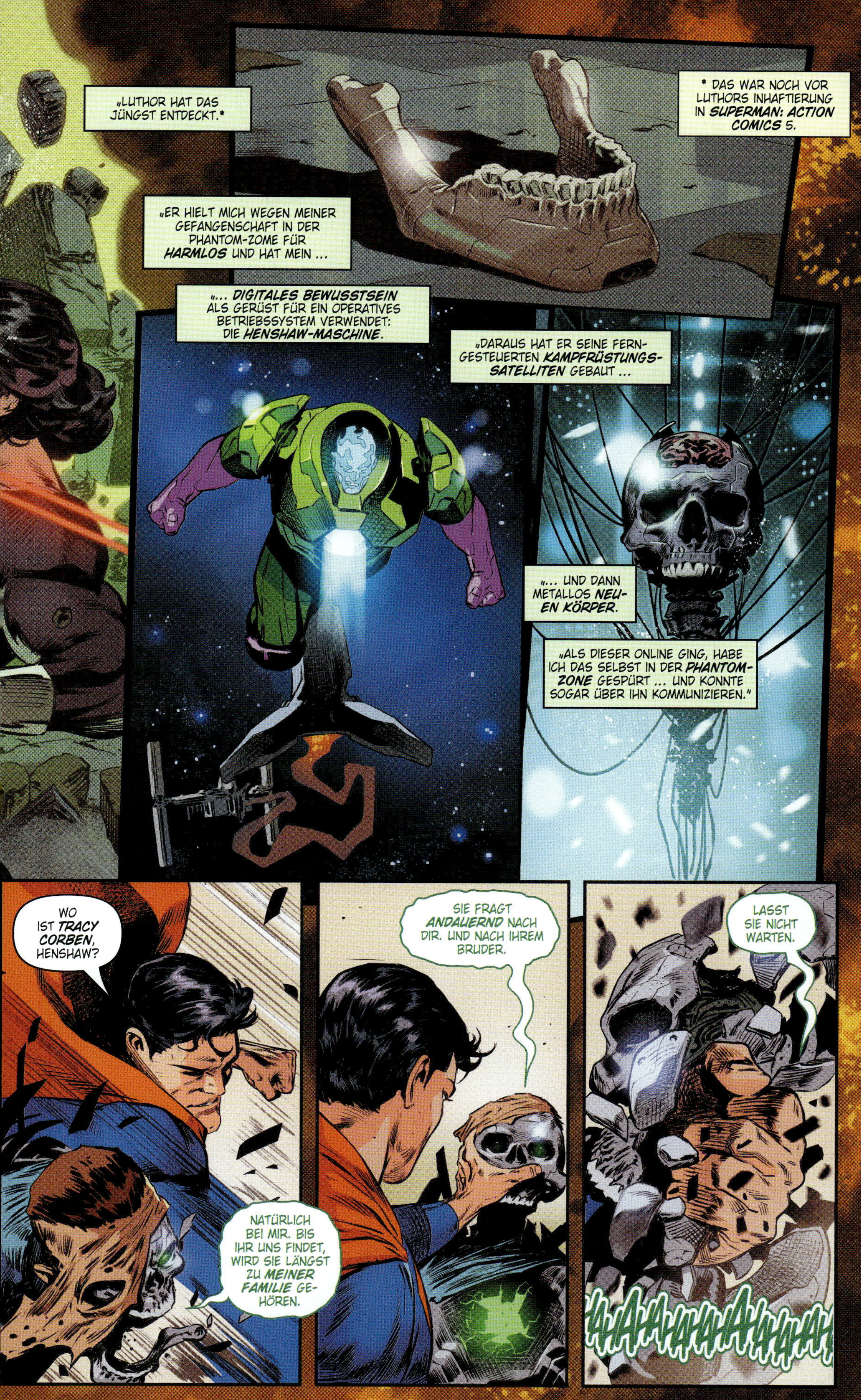
„LUTHOR HAT DAS JÜNGST ENTDECKT.*
* DAS WAR NOCH VOR LUTHORS INHAFTIERUNG IN SUPERMAN: ACTION COMICS 5.
„ER HIELT MICH WEGEN MEINER GEFANGENSCHAFT IN DER PHANTOM-ZONE FÜR HARMLOS UND HAT MEIN …
„… DIGITALES BEWUSSTSEIN ALS GERÜST FÜR EIN OPERATIVES BETRIEBSSYSTEM VERWENDET: DIE HENSHAW-MASCHINE.
„DARAUS HAT ER SEINE FERN-GESTEUERTEN KAMPFRÜSTUNGS-SATELLITEN GEBAUT …
„… UND DANN METALLOS NEU-EN KÖRPER.
„ALS DIESER ONLINE GING, HABE ICH DAS SELBST IN DER PHANTOM-ZONE GESPÜRT … UND KONNTE SOGAR ÜBER IHN KOMMUNIZIEREN."
WO IST TRACY CORBEN, HENSHAW?
NATÜRLICH BEI MIR. BIS IHR UNS FINDET, WIRD SIE LÄNGST ZU MEINER FAMILIE GE-HÖREN.
SIE FRAGT ANDAUERND NACH DIR. UND NACH IHREM BRUDER.
LASST SIE NICHT WARTEN.
HAAAAAAAAAAAAAAAAAH

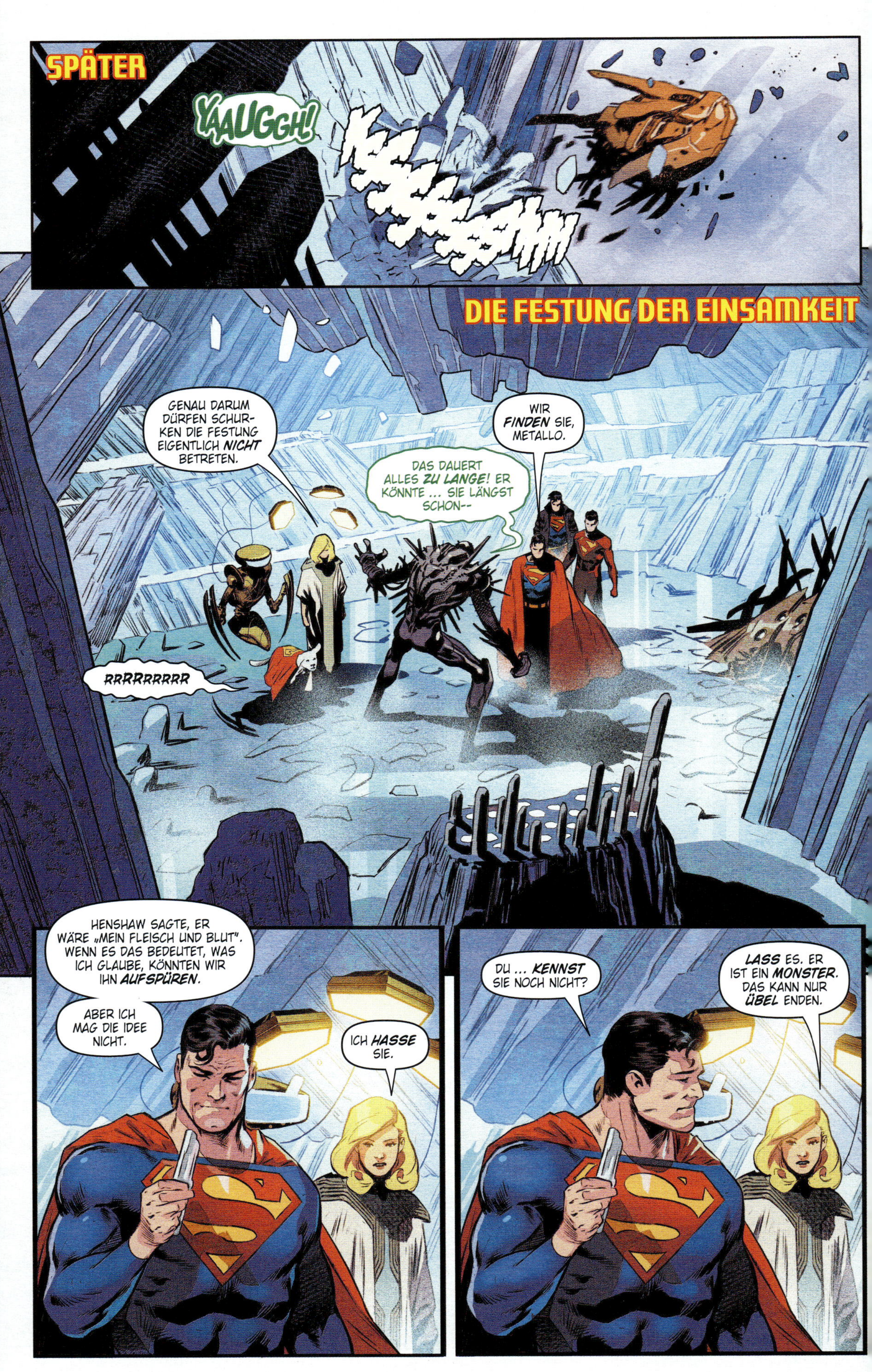
SPÄTER
YAAUGGH!
KRASSSSSHH
DIE FESTUNG DER EINSAMKEIT
GENAU DARUM DÜRFEN SCHURKEN DIE FESTUNG EIGENTLICH NICHT BETRETEN.
WIR FINDEN SIE, METALLO.
DAS DAUERT ALLES ZU LANGE! ER KÖNNTE ... SIE LÄNGST SCHON--
RRRRRRRRR
HENSHAW SAGTE, ER WÄRE „MEIN FLEISCH UND BLUT“. WENN ES DAS BEDEUTET, WAS ICH GLAUBE, KÖNNTEN WIR IHN AUFSPÜREN.
ABER ICH MAG DIE IDEE NICHT.
ICH HASSE SIE.
DU ... KENNST SIE NOCH NICHT?
LASS ES. ER IST EIN MONSTER. DAS KANN NUR ÜBEL ENDEN.

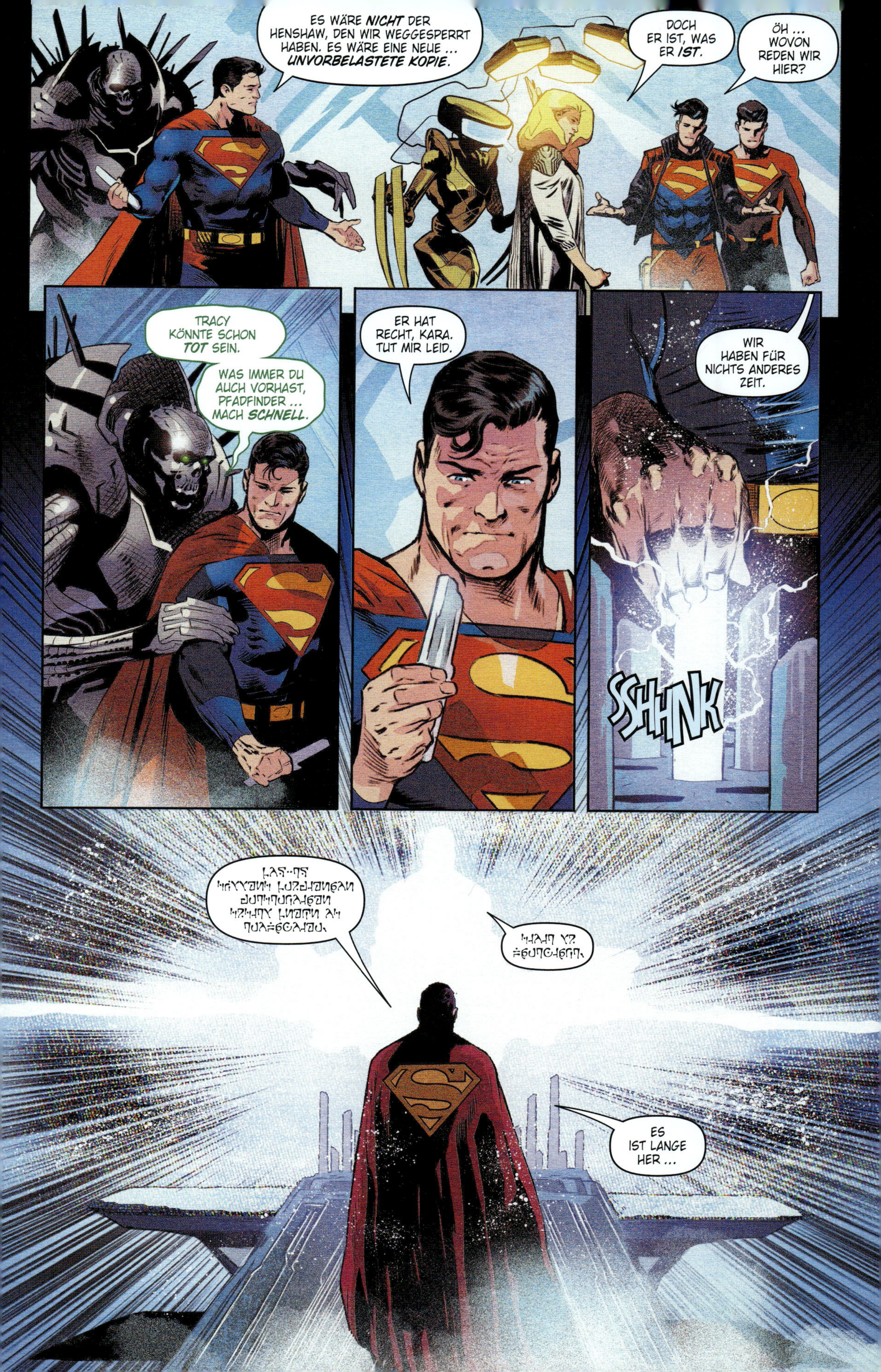

ES WÄRE NICHT DER HENSHAW, DEN WIR WEGGESPERRT HABEN. ES WÄRE EINE NEUE ... UNVORBELASTETE KOPIE.
DOCH ER IST, WAS ER IST.
ÖH ... WOVON REDEN WIR HIER?
TRACY KÖNNTE SCHON TOT SEIN.
WAS IMMER DU AUCH VORHAST, PFADFINDER ... MACH SCHNELL.
ER HAT RECHT, KARA. TUT MIR LEID.
WIR HABEN FÜR NICHTS ANDERES ZEIT.
SSHHNK
ES IST LANGE HER ...

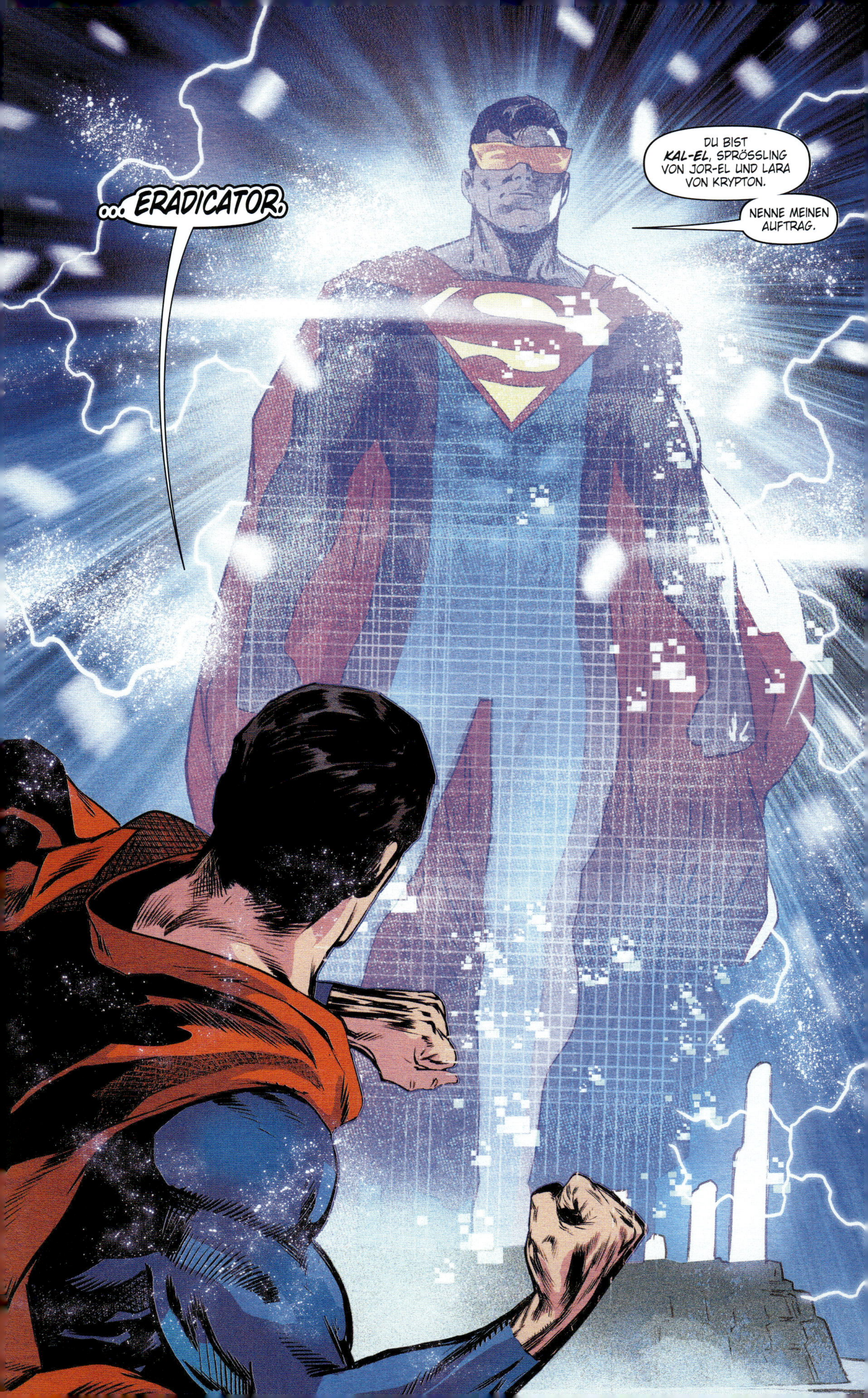
... ERADICATOR.
DU BIST KAL-EL, SPRÖSSLING VON JOR-EL UND LARA VON KRYPTON.
NENNE MEINEN AUFTRAG.

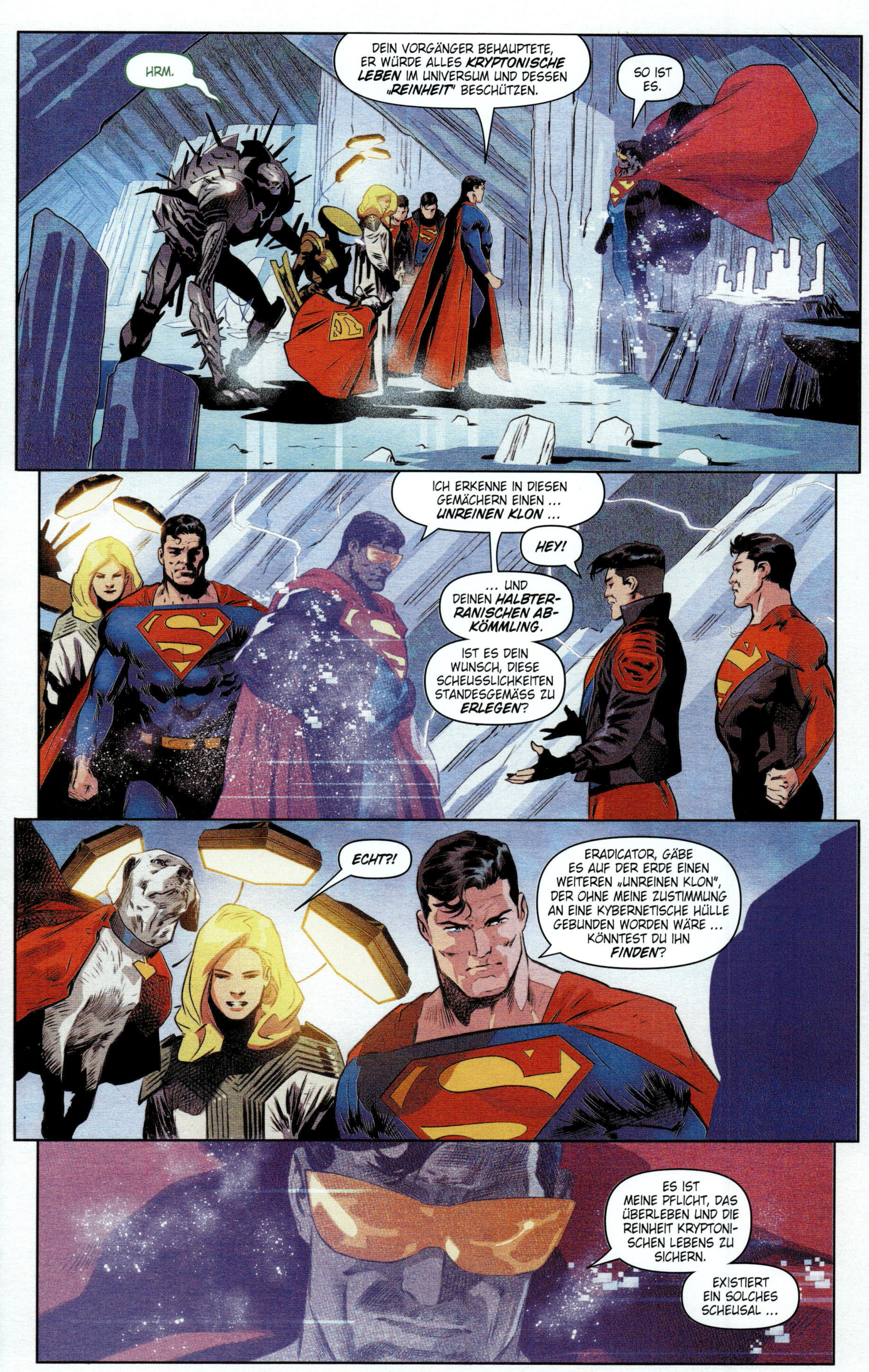
HRM.
DEIN VORGÄNGER BEHAUPTETE, ER WÜRDE ALLES KRYPTONISCHE LEBEN IM UNIVERSUM UND DESSEN „REINHEIT" BESCHÜTZEN.
SO IST ES.
ICH ERKENNE IN DIESEN GEMÄCHERN EINEN ... UNREINEN KLON ...
HEY!
... UND DEINEN HALBTERRANISCHEN ABKÖMMLING.
IST ES DEIN WUNSCH, DIESE SCHEUSSLICHKEITEN STANDESGEMÄSS ZU ERLEGEN?
ECHT?!
ERADICATOR, GÄBE ES AUF DER ERDE EINEN WEITEREN „UNREINEN KLON", DER OHNE MEINE ZUSTIMMUNG AN EINE KYBERNETISCHE HÜLLE GEBUNDEN WORDEN WÄRE ... KÖNNTEST DU IHN FINDEN?
ES IST MEINE PFLICHT, DAS ÜBERLEBEN UND DIE REINHEIT KRYPTONISCHEN LEBENS ZU SICHERN.
EXISTIERT EIN SOLCHES SCHEUSAL ...

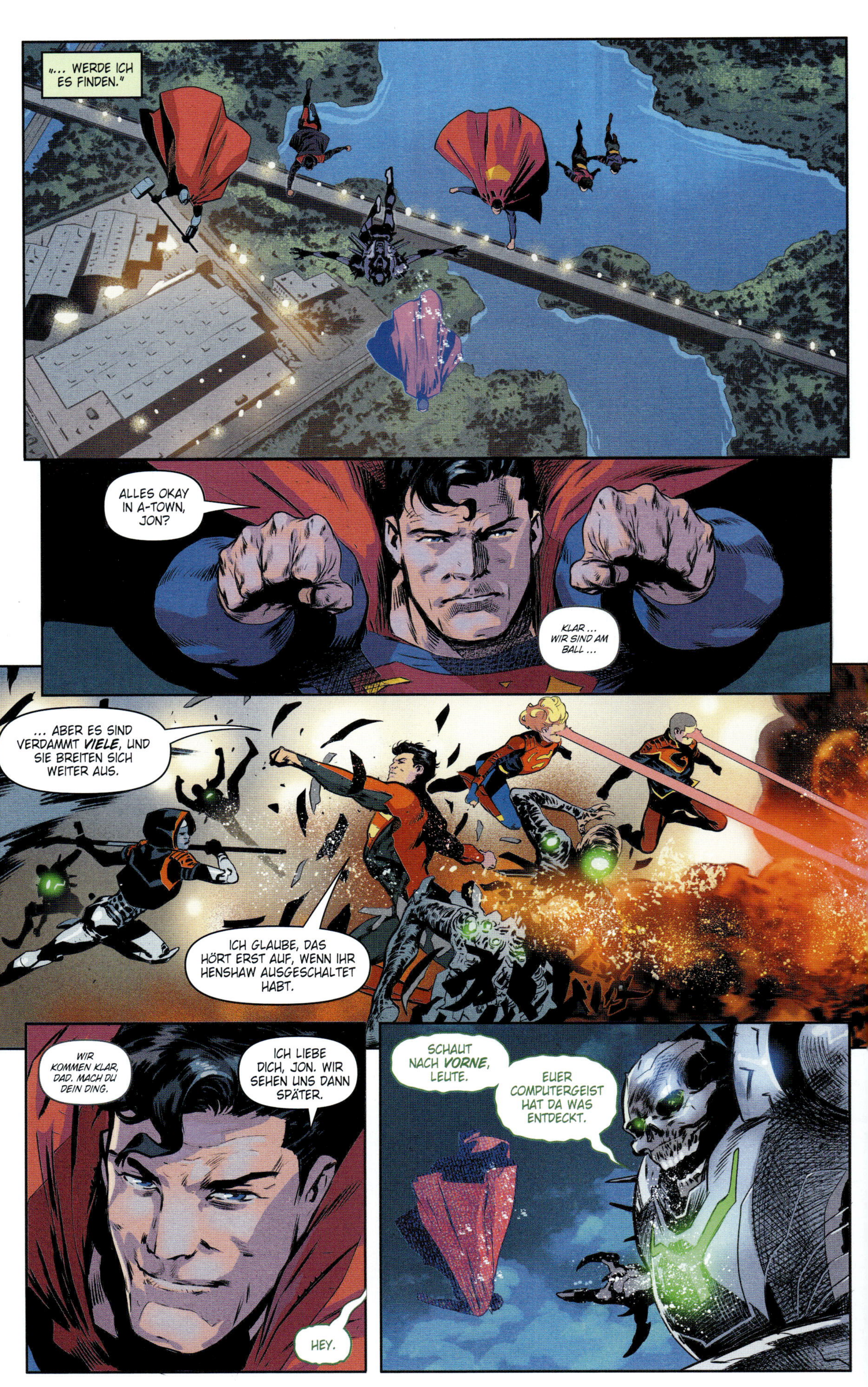
„... WERDE ICH ES FINDEN."
ALLES OKAY IN A-TOWN, JON?
KLAR ... WIR SIND AM BALL ...
... ABER ES SIND VERDAMMT VIELE, UND SIE BREITEN SICH WEITER AUS.
ICH GLAUBE, DAS HÖRT ERST AUF, WENN IHR HENSHAW AUSGESCHALTET HABT.
WIR KOMMEN KLAR, DAD. MACH DU DEIN DING.
ICH LIEBE DICH, JON. WIR SEHEN UNS DANN SPÄTER.
HEY.
SCHAUT NACH VORNE, LEUTE.
EUER COMPUTERGEIST HAT DA WAS ENTDECKT.

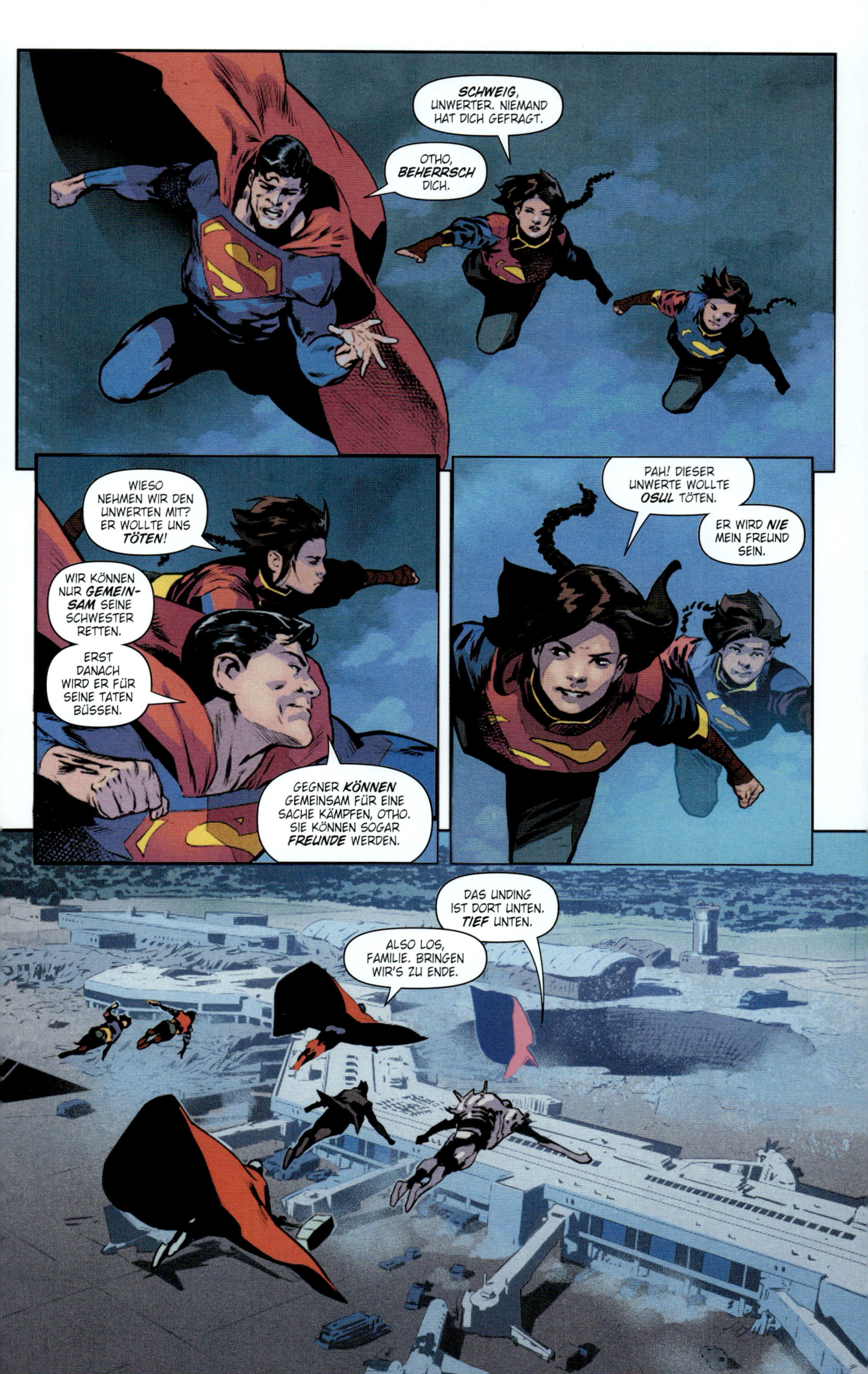
OTHO, BEHERRSCH DICH.
SCHWEIG, UNWERTER. NIEMAND HAT DICH GEFRAGT.
WIESO NEHMEN WIR DEN UNWERTEN MIT? ER WOLLTE UNS TÖTEN!
WIR KÖNNEN NUR GEMEINSAM SEINE SCHWESTER RETTEN.
ERST DANACH WIRD ER FÜR SEINE TATEN BÜSSEN.
GEGNER KÖNNEN GEMEINSAM FÜR EINE SACHE KÄMPFEN, OTHO. SIE KÖNNEN SOGAR FREUNDE WERDEN.
PAH! DIESER UNWERTE WOLLTE OSUL TÖTEN.
ER WIRD NIE MEIN FREUND SEIN.
DAS UNDING IST DORT UNTEN. TIEF UNTEN.
ALSO LOS, FAMILIE. BRINGEN WIR'S ZU ENDE.

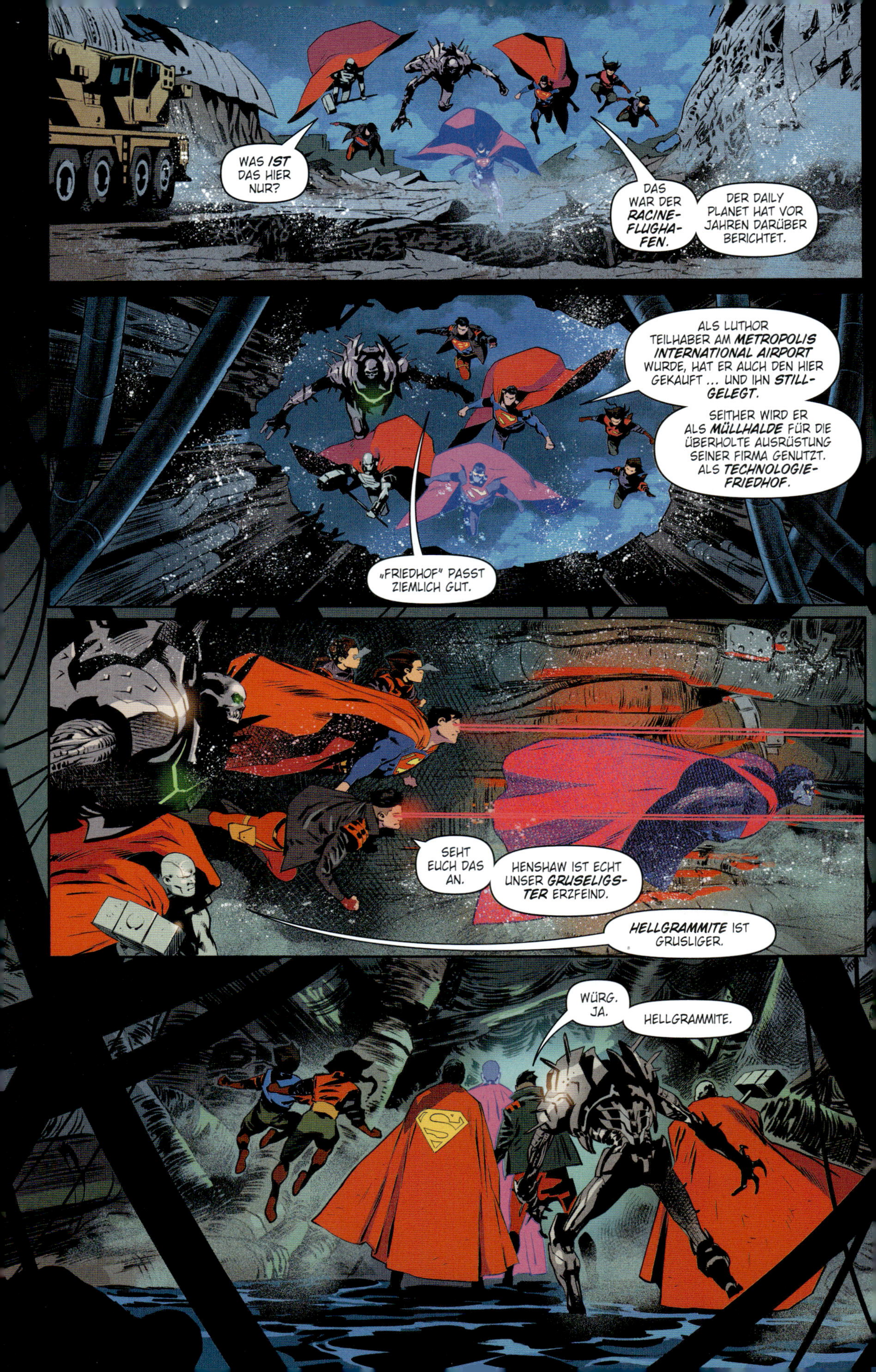
WAS IST DAS HIER NUR?
DAS WAR DER RACINE-FLUGHAFEN.
DER DAILY PLANET HAT VOR JAHREN DARÜBER BERICHTET.
ALS LUTHOR TEILHABER AM METROPOLIS INTERNATIONAL AIRPORT WURDE, HAT ER AUCH DEN HIER GEKAUFT … UND IHN STILLGELEGT.
SEITHER WIRD ER ALS MÜLLHALDE FÜR DIE ÜBERHOLTE AUSRÜSTUNG SEINER FIRMA GENUTZT. ALS TECHNOLOGIE-FRIEDHOF.
„FRIEDHOF" PASST ZIEMLICH GUT.
SEHT EUCH DAS AN.
HENSHAW IST ECHT UNSER GRUSELIGSTER ERZFEIND.
HELLGRAMMITE IST GRUSLIGER.
WÜRG. JA.
HELLGRAMMITE.

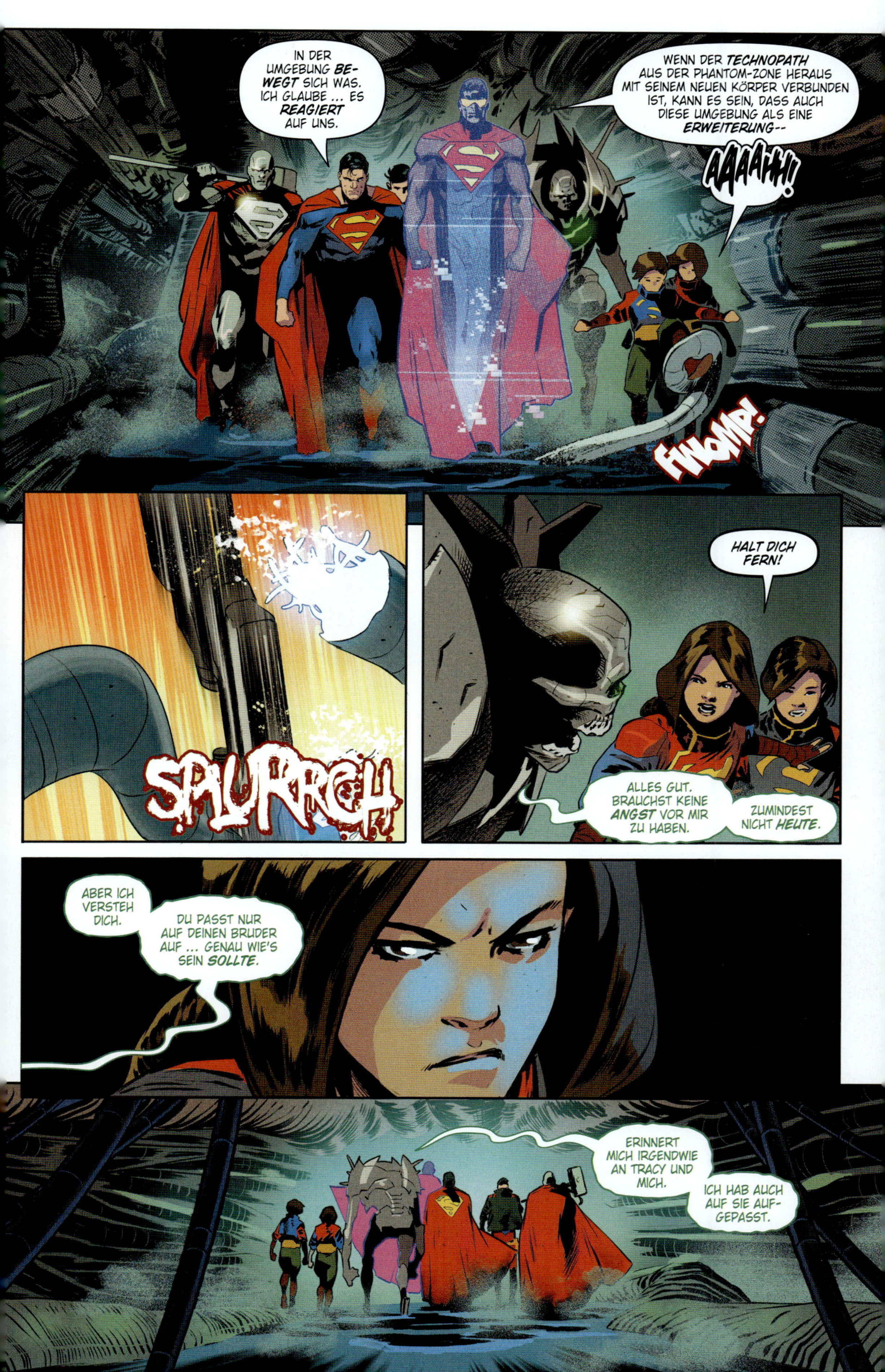
IN DER UMGEBUNG BEWEGT SICH WAS. ICH GLAUBE ... ES REAGIERT AUF UNS.
WENN DER TECHNOPATH AUS DER PHANTOM-ZONE HERAUS MIT SEINEM NEUEN KÖRPER VERBUNDEN IST, KANN ES SEIN, DASS AUCH DIESE UMGEBUNG ALS EINE ERWEITERUNG--
AAAAHH!
FWOMP!
SPLURRCH
HALT DICH FERN!
ALLES GUT. BRAUCHST KEINE ANGST VOR MIR ZU HABEN.
ZUMINDEST NICHT HEUTE.
ABER ICH VERSTEH DICH.
DU PASST NUR AUF DEINEN BRUDER AUF ... GENAU WIE'S SEIN SOLLTE.
ERINNERT MICH IRGENDWIE AN TRACY UND MICH.
ICH HAB AUCH AUF SIE AUFGEPASST.

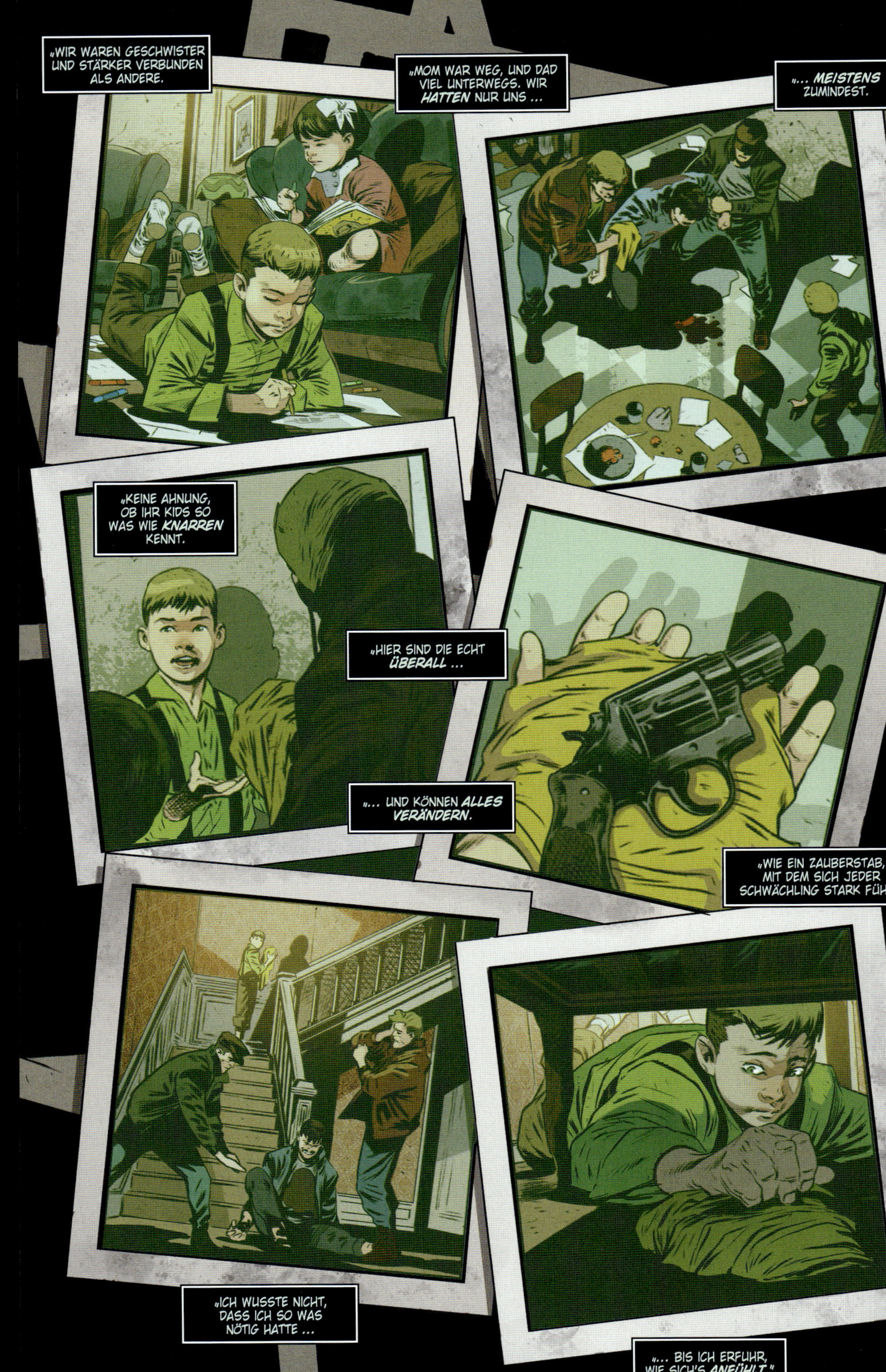
„WIR WAREN GESCHWISTER UND STÄRKER VERBUNDEN ALS ANDERE.
„MOM WAR WEG, UND DAD VIEL UNTERWEGS. WIR HATTEN NUR UNS …
„… MEISTENS ZUMINDEST.
„KEINE AHNUNG, OB IHR KIDS SO WAS WIE KNARREN KENNT.
„HIER SIND DIE ECHT ÜBERALL …
„… UND KÖNNEN ALLES VERÄNDERN.
„WIE EIN ZAUBERSTAB, MIT DEM SICH JEDER SCHWÄCHLING STARK FÜHLT.
„ICH WUSSTE NICHT, DASS ICH SO WAS NÖTIG HATTE …
„… BIS ICH ERFUHR, WIE SICH'S ANFÜHLT."

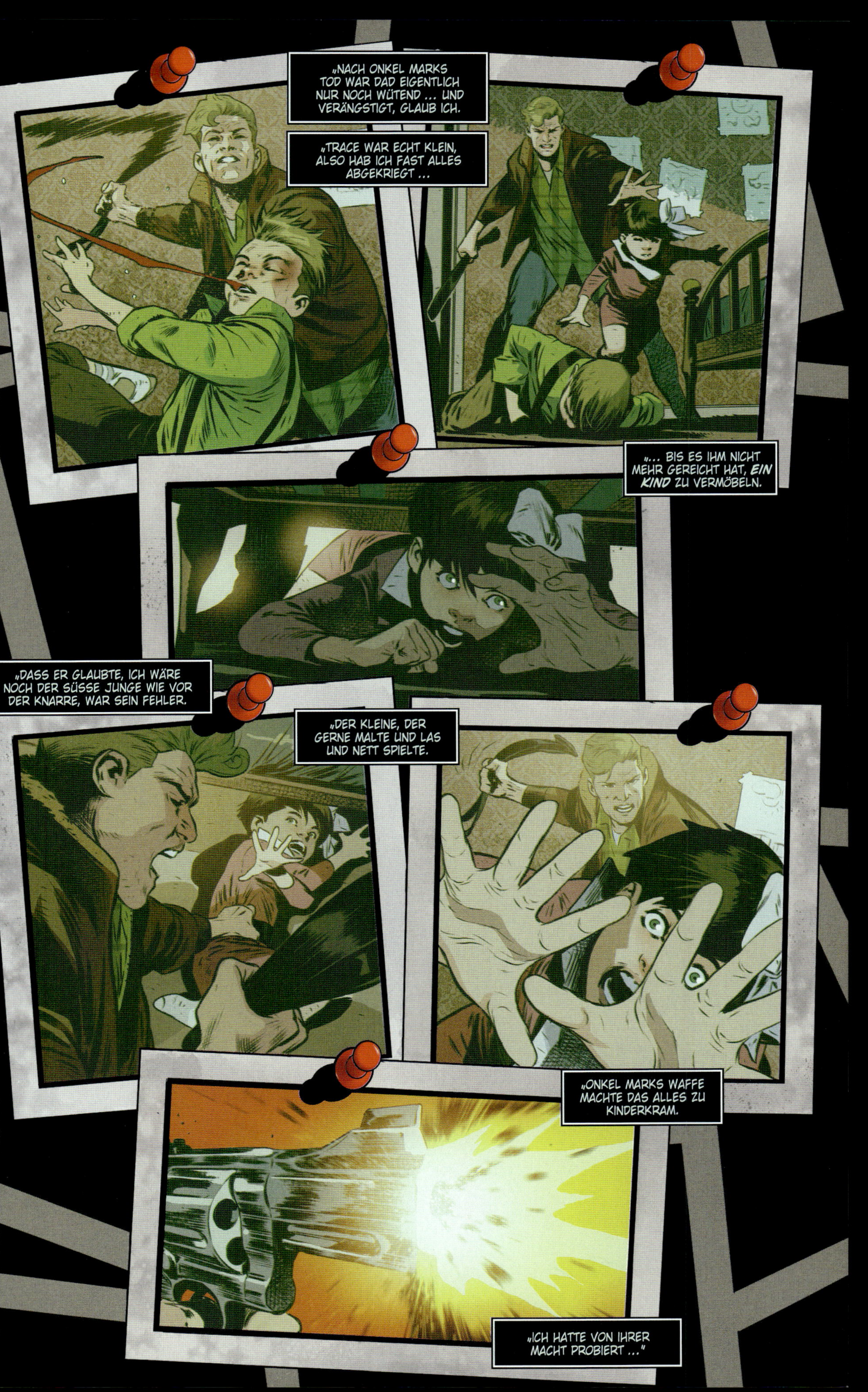
„NACH ONKEL MARKS TOD WAR DAD EIGENTLICH NUR NOCH WÜTEND ... UND VERÄNGSTIGT, GLAUB ICH.
„TRACE WAR ECHT KLEIN, ALSO HAB ICH FAST ALLES ABGEKRIEGT ...
„... BIS ES IHM NICHT MEHR GEREICHT HAT, EIN KIND ZU VERMÖBELN.
„DASS ER GLAUBTE, ICH WÄRE NOCH DER SÜSSE JUNGE WIE VOR DER KNARRE, WAR SEIN FEHLER.
„DER KLEINE, DER GERNE MALTE UND LAS UND NETT SPIELTE.
„ONKEL MARKS WAFFE MACHTE DAS ALLES ZU KINDERKRAM.
„ICH HATTE VON IHRER MACHT PROBIERT ..."

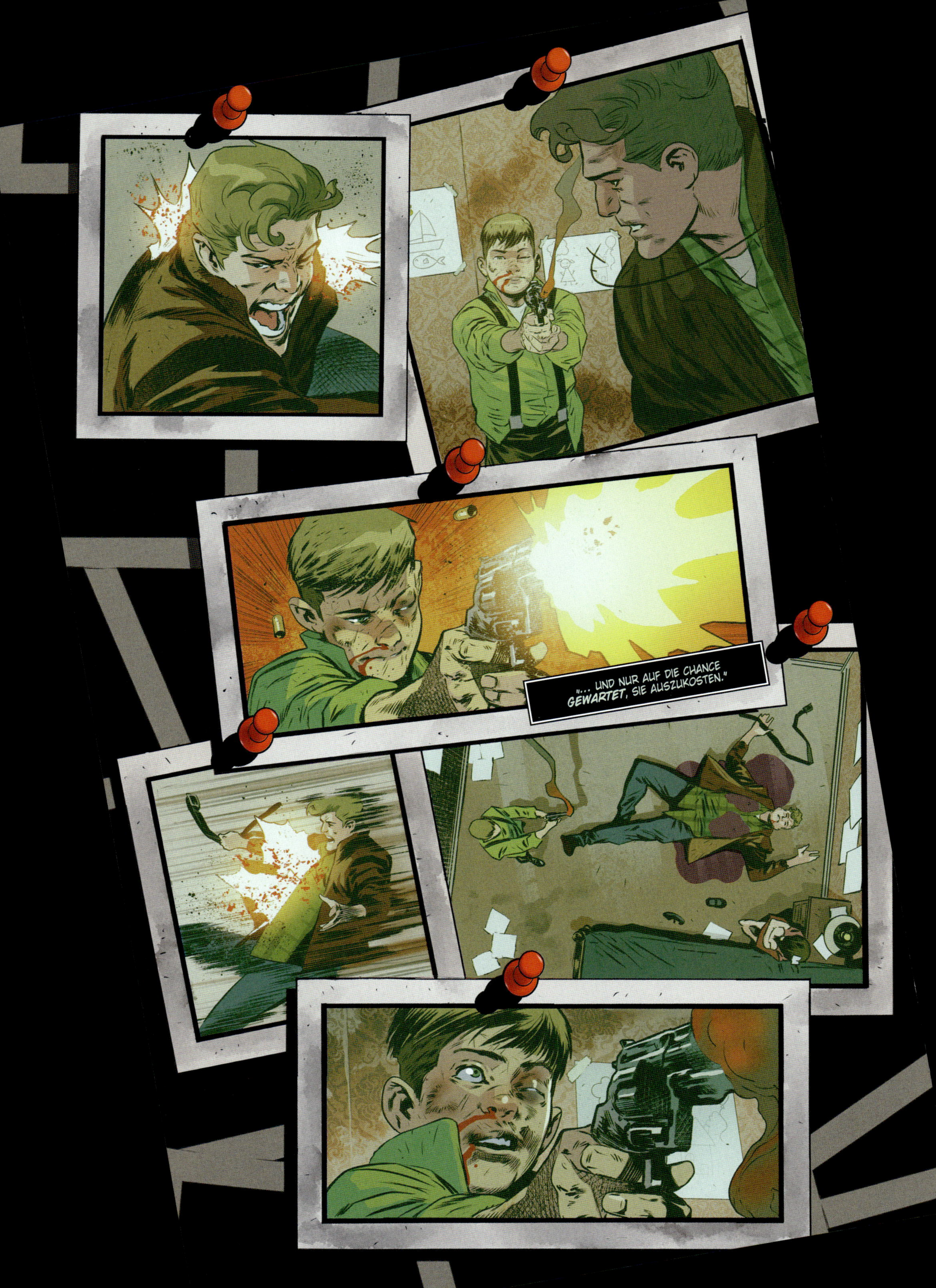
"... UND NUR AUF DIE CHANCE
GEWARTET, SIE AUSZUKOSTEN."

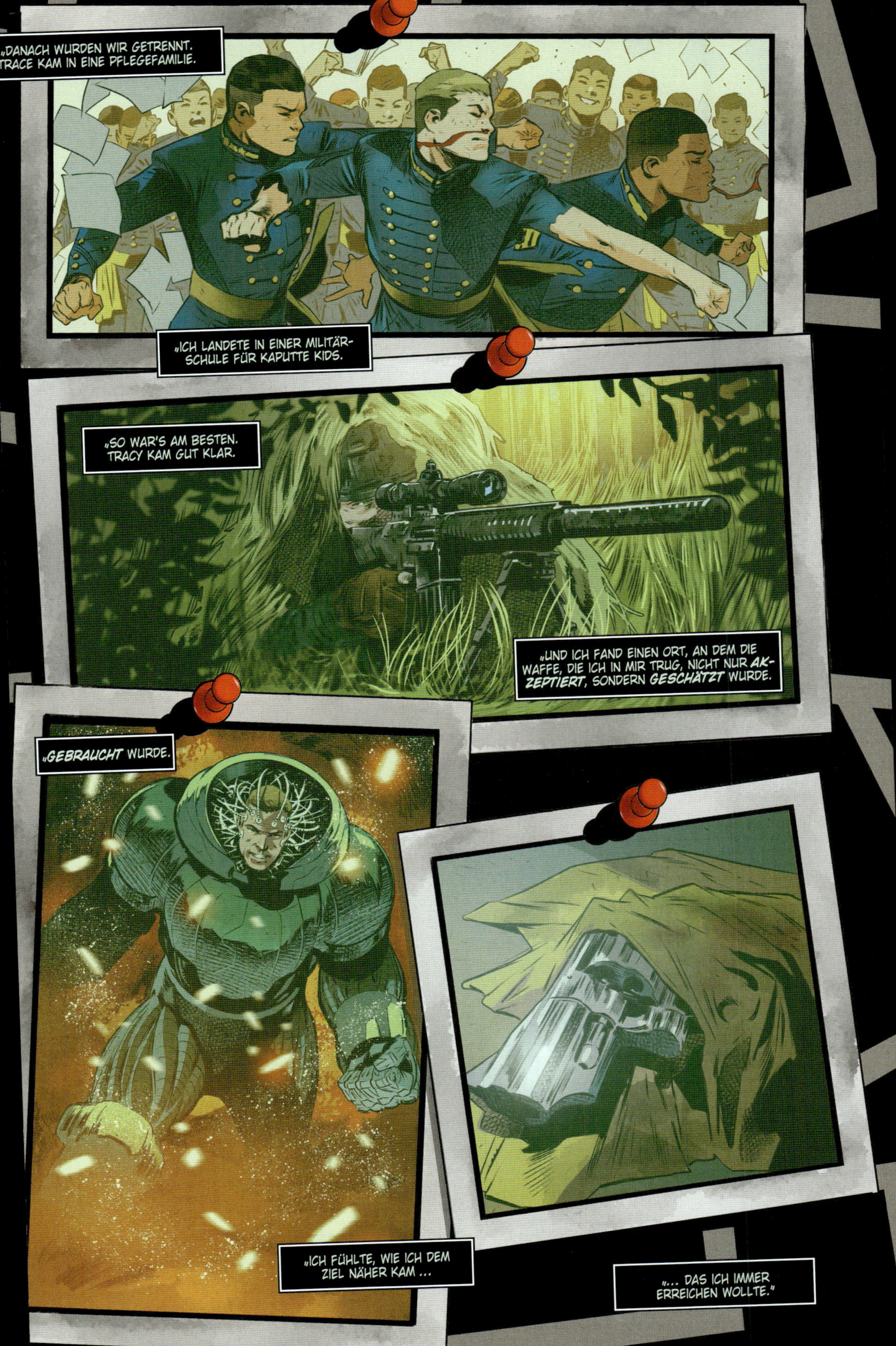
„DANACH WURDEN WIR GETRENNT. TRACE KAM IN EINE PFLEGEFAMILIE.
„ICH LANDETE IN EINER MILITÄR-SCHULE FÜR KAPUTTE KIDS.
„SO WAR'S AM BESTEN. TRACY KAM GUT KLAR.
„UND ICH FAND EINEN ORT, AN DEM DIE WAFFE, DIE ICH IN MIR TRUG, NICHT NUR AKZEPTIERT, SONDERN GESCHÄTZT WURDE.
„GEBRAUCHT WURDE.
„ICH FÜHLTE, WIE ICH DEM ZIEL NÄHER KAM …
„… DAS ICH IMMER ERREICHEN WOLLTE."

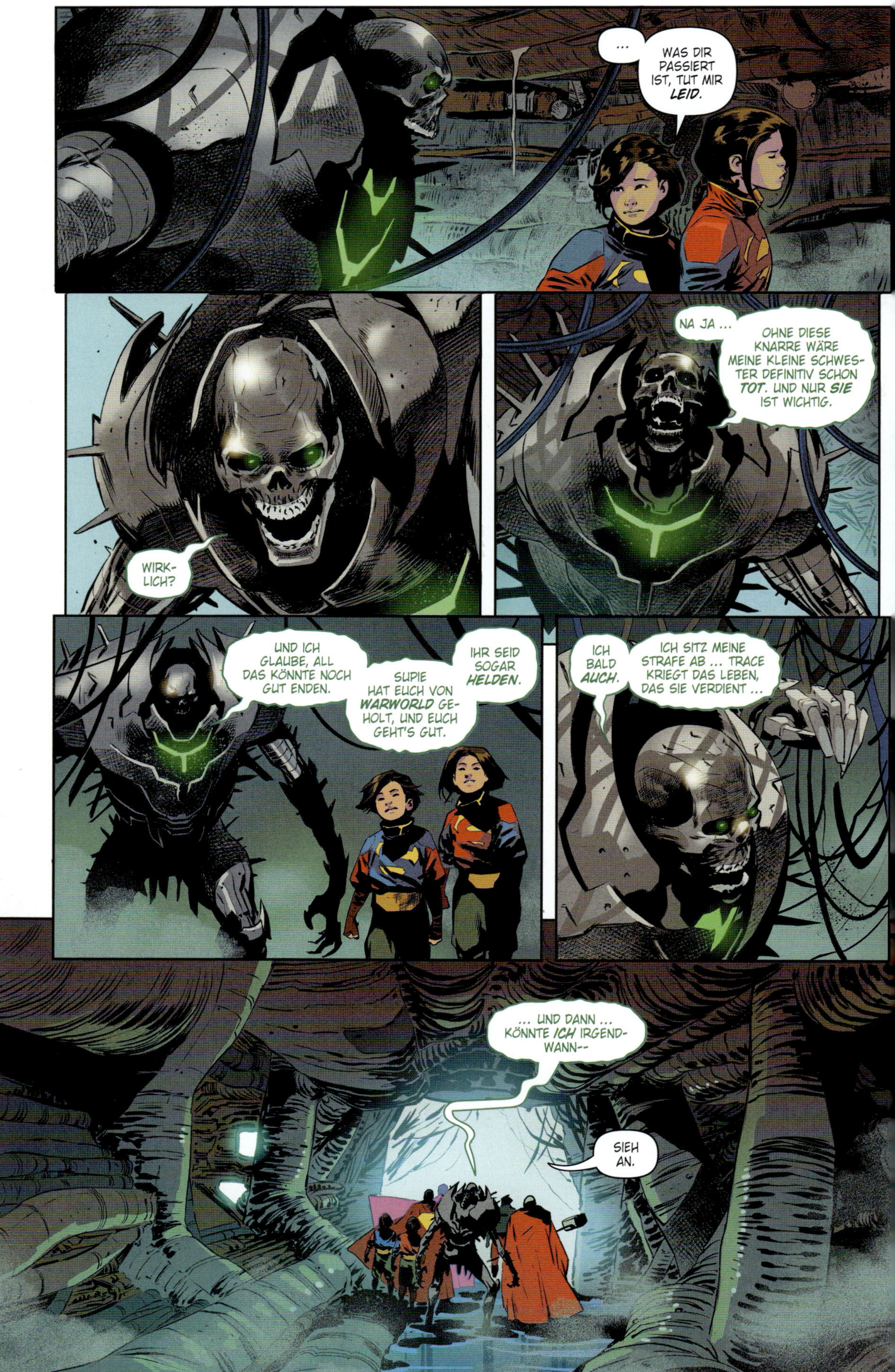
...
WAS DIR PASSIERT IST, TUT MIR LEID.
WIRK-LICH?
NA JA ...
OHNE DIESE KNARRE WÄRE MEINE KLEINE SCHWES-TER DEFINITIV SCHON TOT. UND NUR SIE IST WICHTIG.
UND ICH GLAUBE, ALL DAS KÖNNTE NOCH GUT ENDEN.
SUPIE HAT EUCH VON WARWORLD GE-HOLT, UND EUCH GEHT'S GUT.
IHR SEID SOGAR HELDEN.
ICH BALD AUCH.
ICH SITZ MEINE STRAFE AB ... TRACE KRIEGT DAS LEBEN, DAS SIE VERDIENT ...
... UND DANN ... KÖNNTE ICH IRGEND-WANN--
SIEH AN.

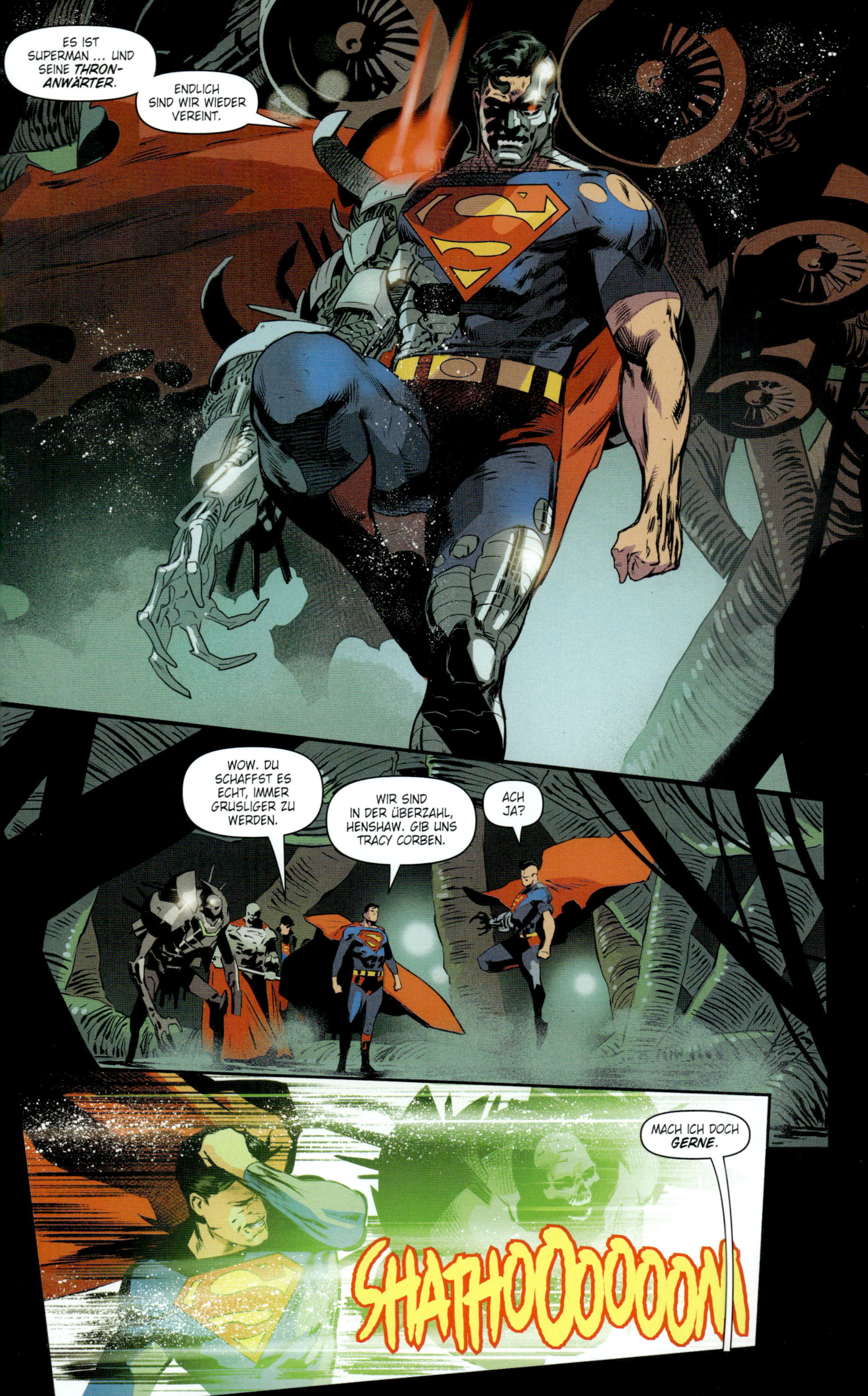
ES IST SUPERMAN ... UND SEINE *THRON-ANWÄRTER*.
ENDLICH SIND WIR WIEDER VEREINT.
WOW. DU SCHAFFST ES ECHT, IMMER GRUSLIGER ZU WERDEN.
WIR SIND IN DER ÜBERZAHL, HENSHAW. GIB UNS TRACY CORBEN.
ACH JA?
MACH ICH DOCH *GERNE*.
SHATHOOOOOOOM

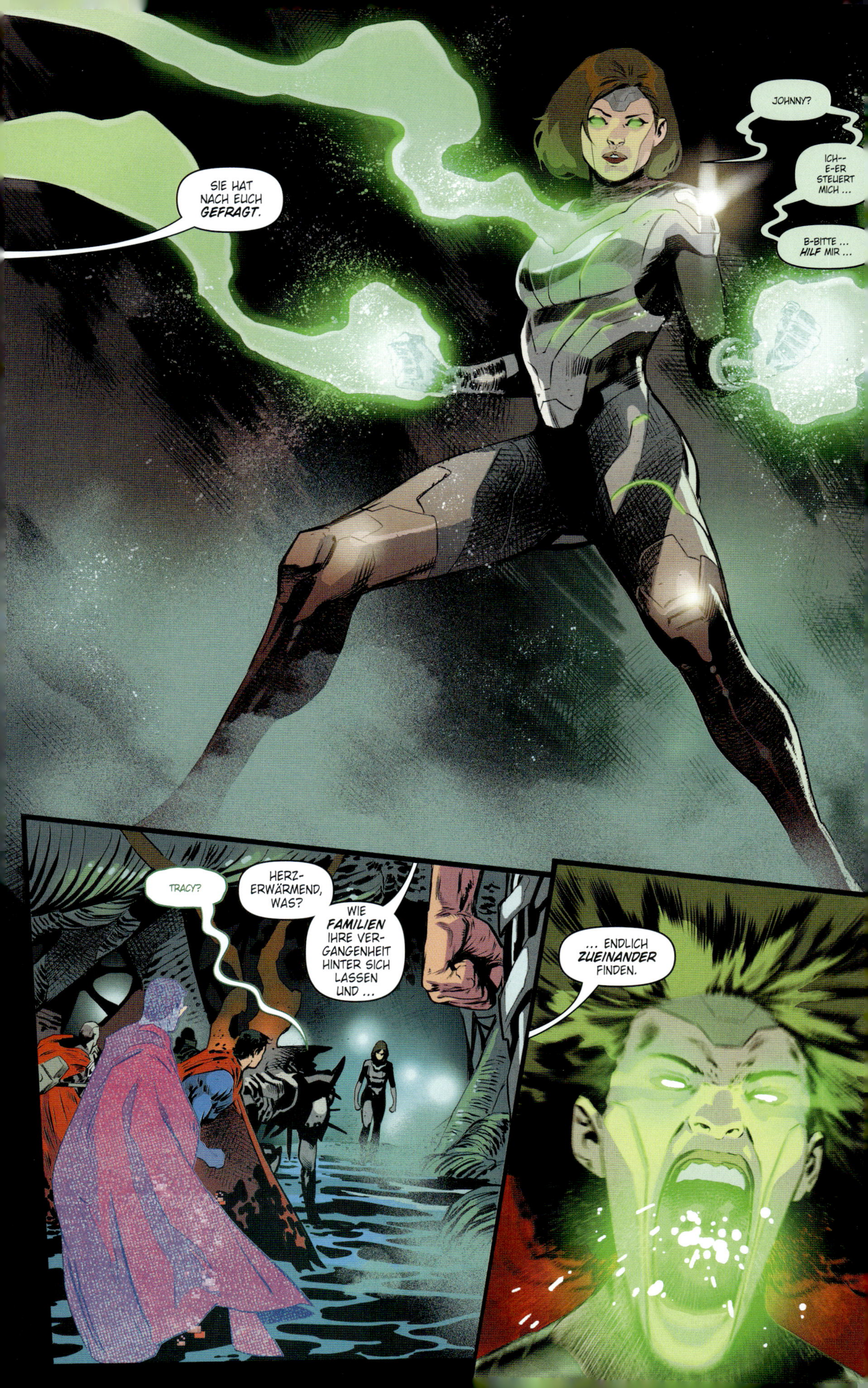
SIE HAT NACH EUCH **GEFRAGT**.
JOHNNY?
ICH-- E-ER STEUERT MICH ...
B-BITTE ... **HILF** MIR ...
TRACY?
HERZ-ERWÄRMEND, WAS?
WIE **FAMILIEN** IHRE VER-GANGENHEIT HINTER SICH LASSEN UND ...
... ENDLICH **ZUEINANDER** FINDEN.

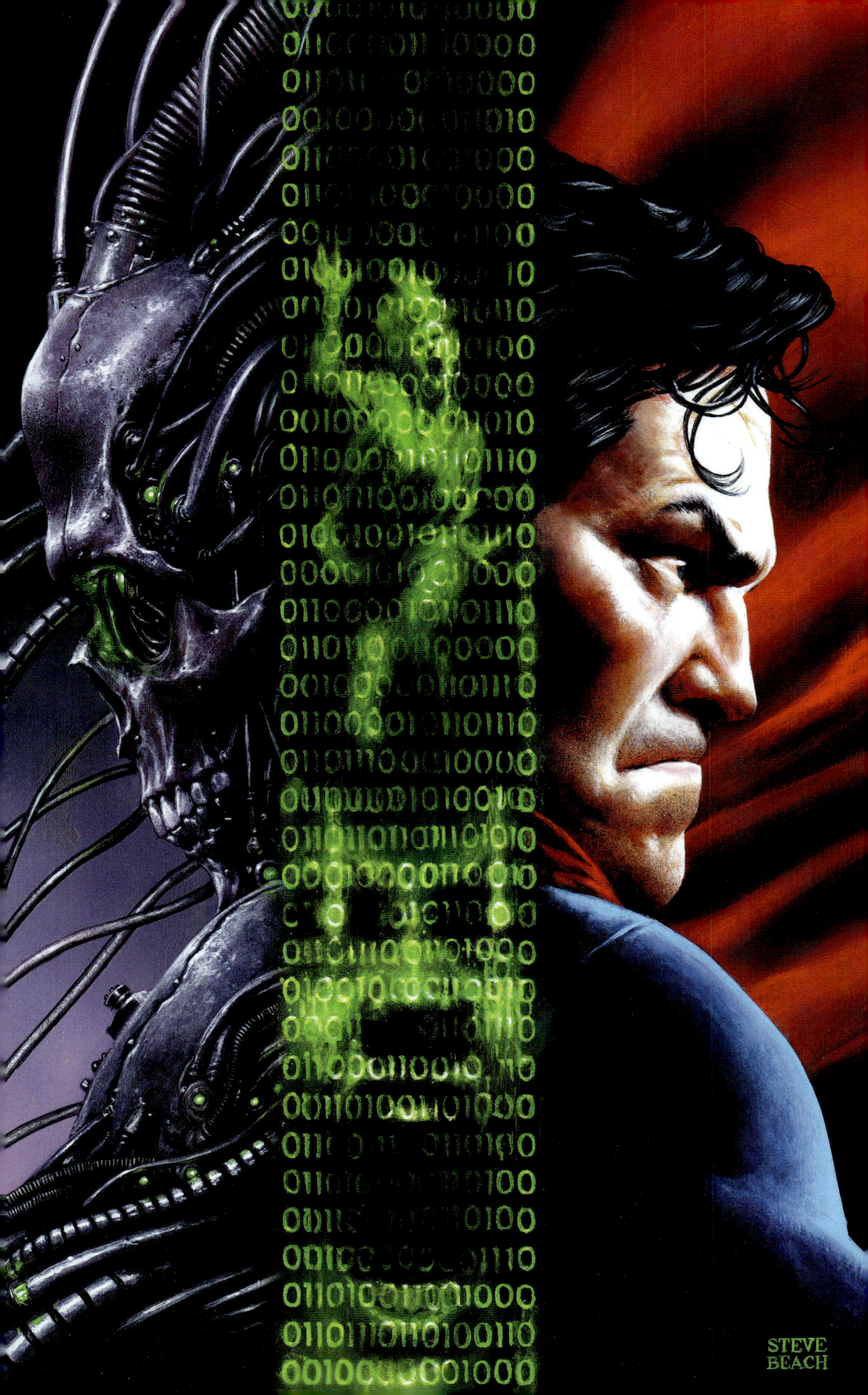
STEVE
BEACH

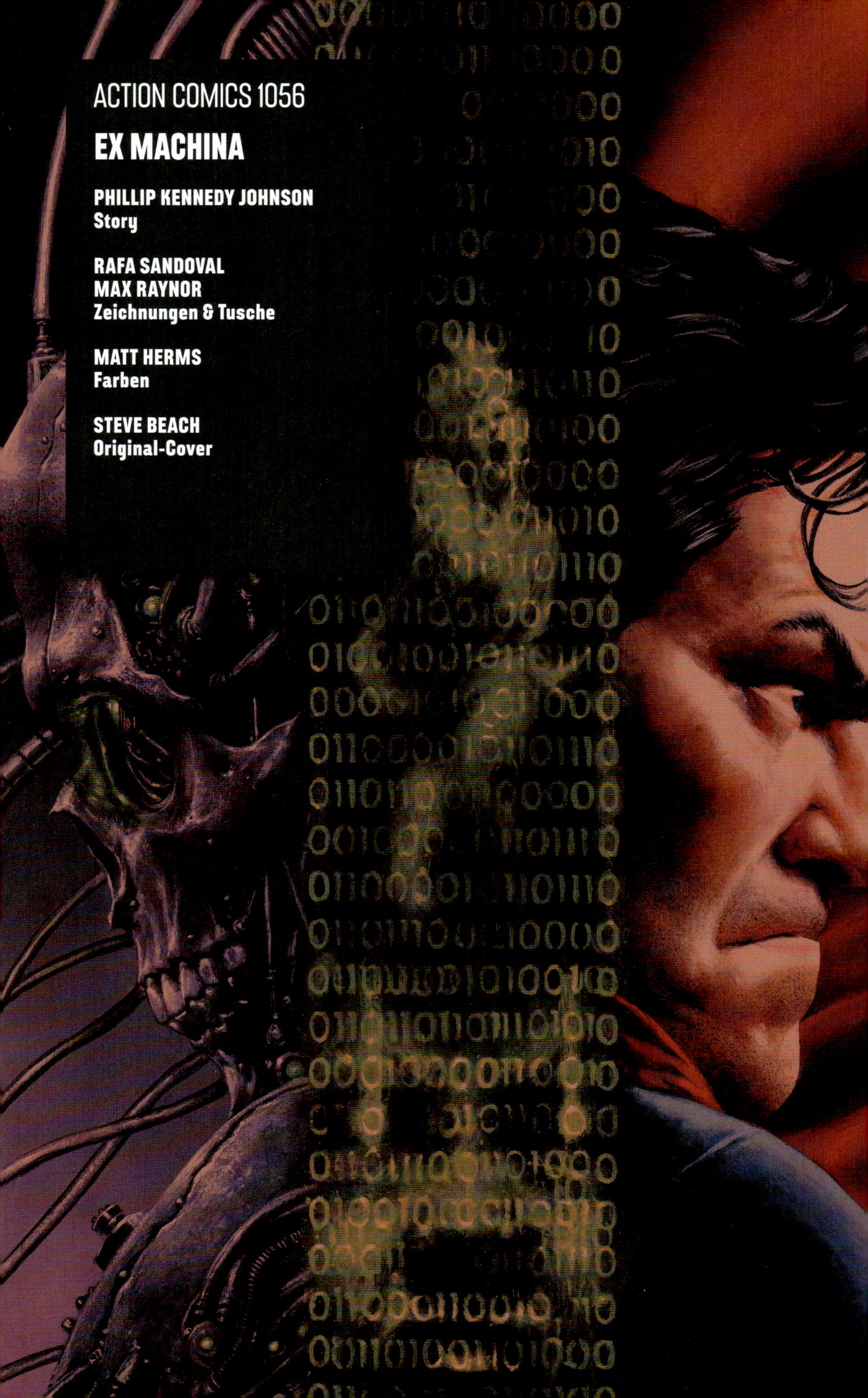

ACTION COMICS 1056

EX MACHINA

PHILLIP KENNEDY JOHNSON
Story

RAFA SANDOVAL
MAX RAYNOR
Zeichnungen & Tusche

MATT HERMS
Farben

STEVE BEACH
Original-Cover

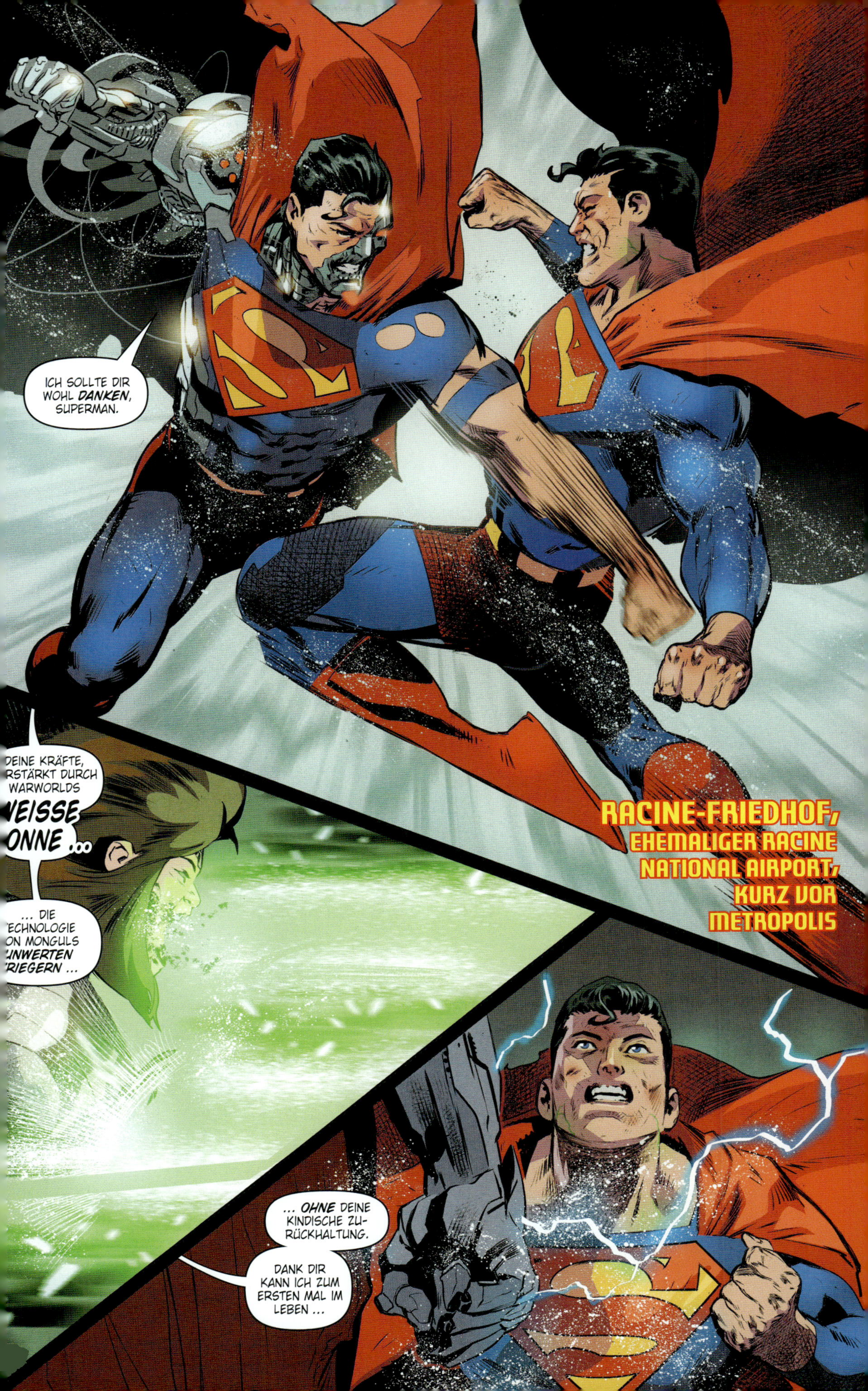

ICH SOLLTE DIR WOHL *DANKEN*, SUPERMAN.
RACINE-FRIEDHOF, EHEMALIGER RACINE NATIONAL AIRPORT, KURZ VOR METROPOLIS
DEINE KRÄFTE, RSTÄRKT DURCH WARWORLDS **VEISSE ONNE ...**
... DIE ECHNOLOGIE ON MONGULS ***UNWERTEN RIEGERN*** ...
... ***OHNE*** DEINE KINDISCHE ZURÜCKHALTUNG.
DANK DIR KANN ICH ZUM ERSTEN MAL IM LEBEN ...

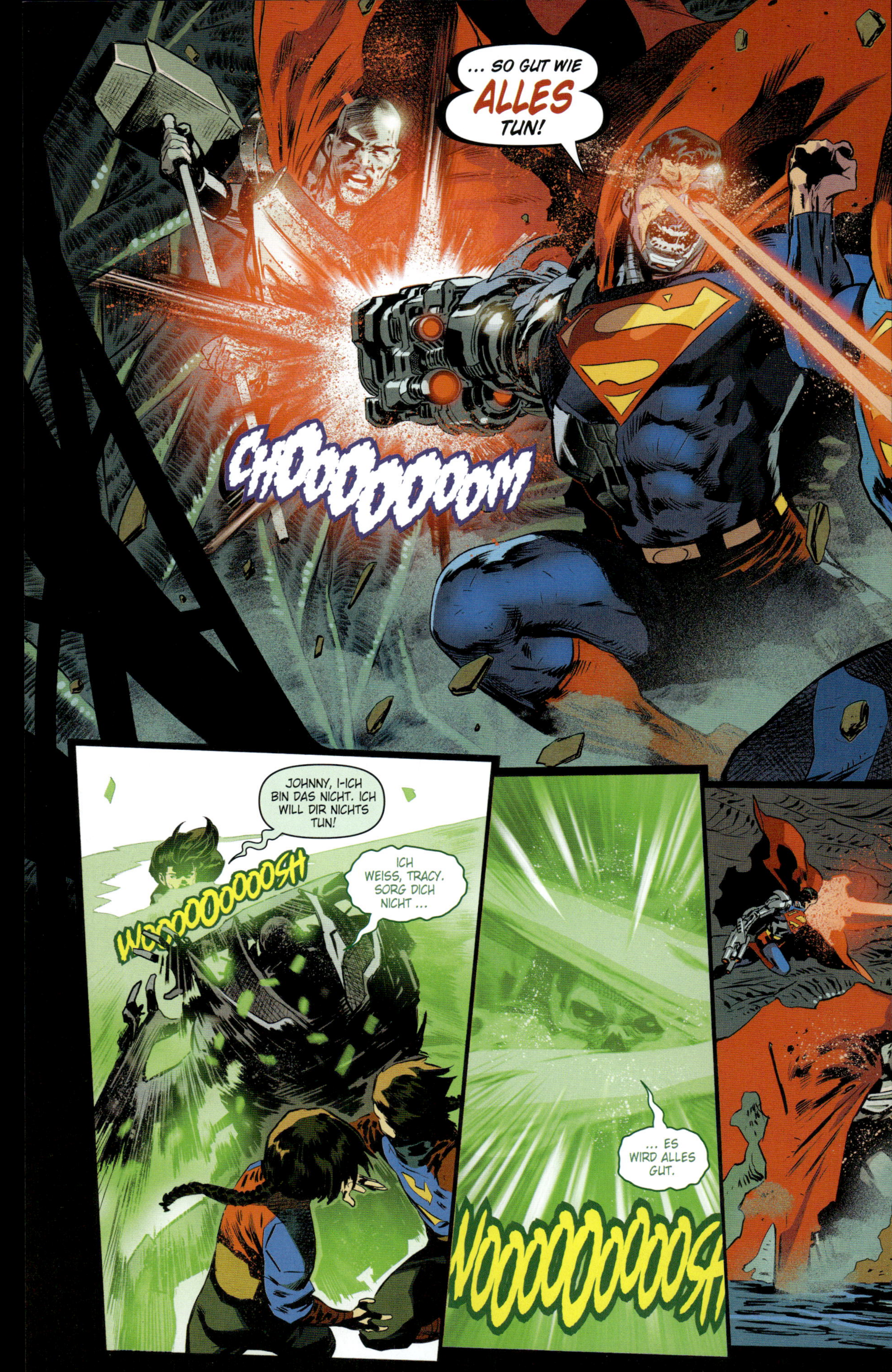
... SO GUT WIE ALLES TUN!
CHOOOOOOOOOM
JOHNNY, I-ICH BIN DAS NICHT. ICH WILL DIR NICHTS TUN!
WOOOOOOOOOOSH
ICH WEISS, TRACY. SORG DICH NICHT ...
... ES WIRD ALLES GUT.
WOOOOOOOOOOSH

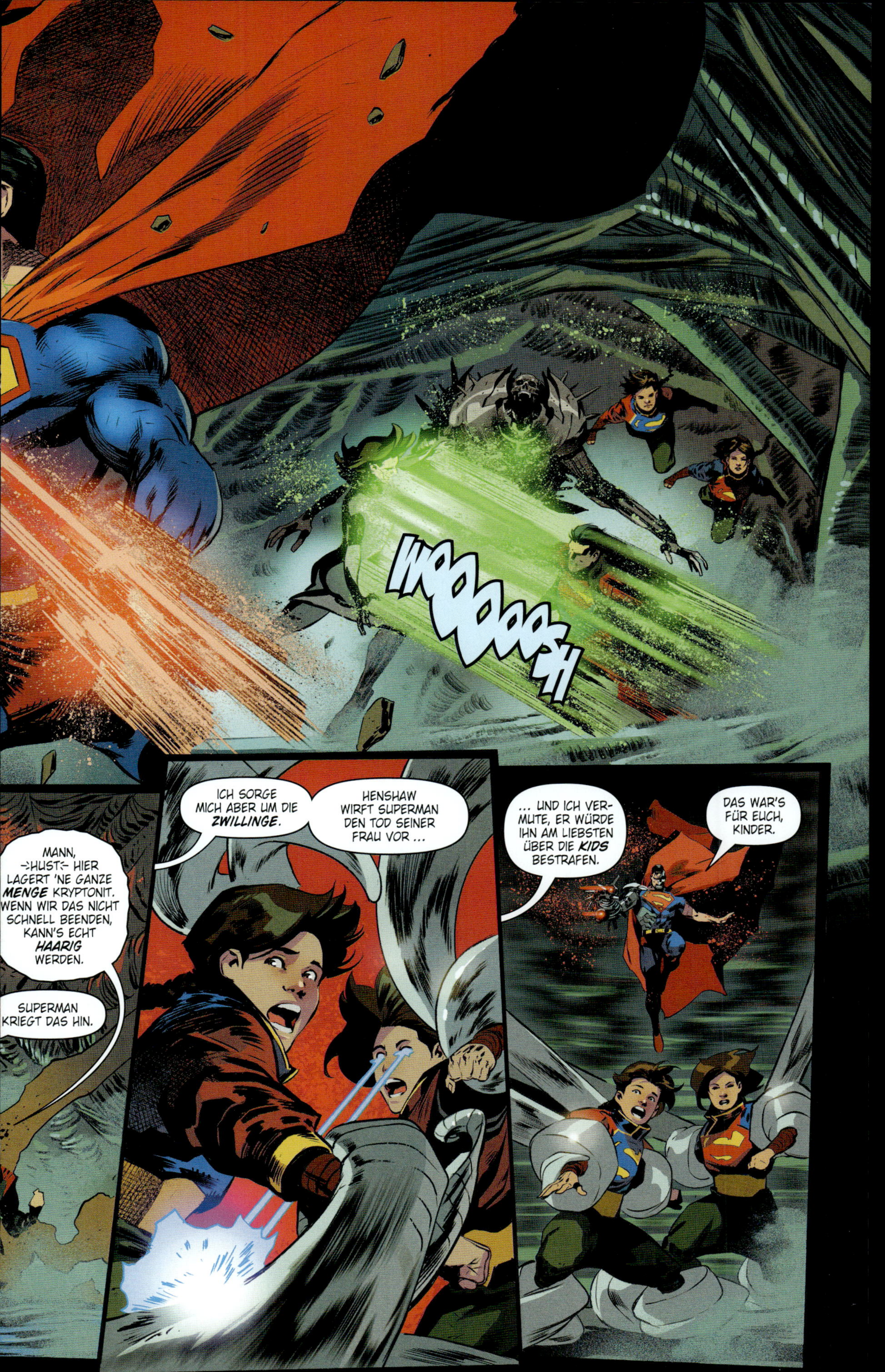
WOOOOOSH
MANN, -HUST- HIER LAGERT 'NE GANZE **MENGE** KRYPTONIT. WENN WIR DAS NICHT SCHNELL BEENDEN, KANN'S ECHT **HAARIG** WERDEN.
SUPERMAN KRIEGT DAS HIN.
ICH SORGE MICH ABER UM DIE **ZWILLINGE**.
HENSHAW WIRFT SUPERMAN DEN TOD SEINER FRAU VOR ...
... UND ICH VERMUTE, ER WÜRDE IHN AM LIEBSTEN ÜBER DIE **KIDS** BESTRAFEN.
DAS WAR'S FÜR EUCH, KINDER.

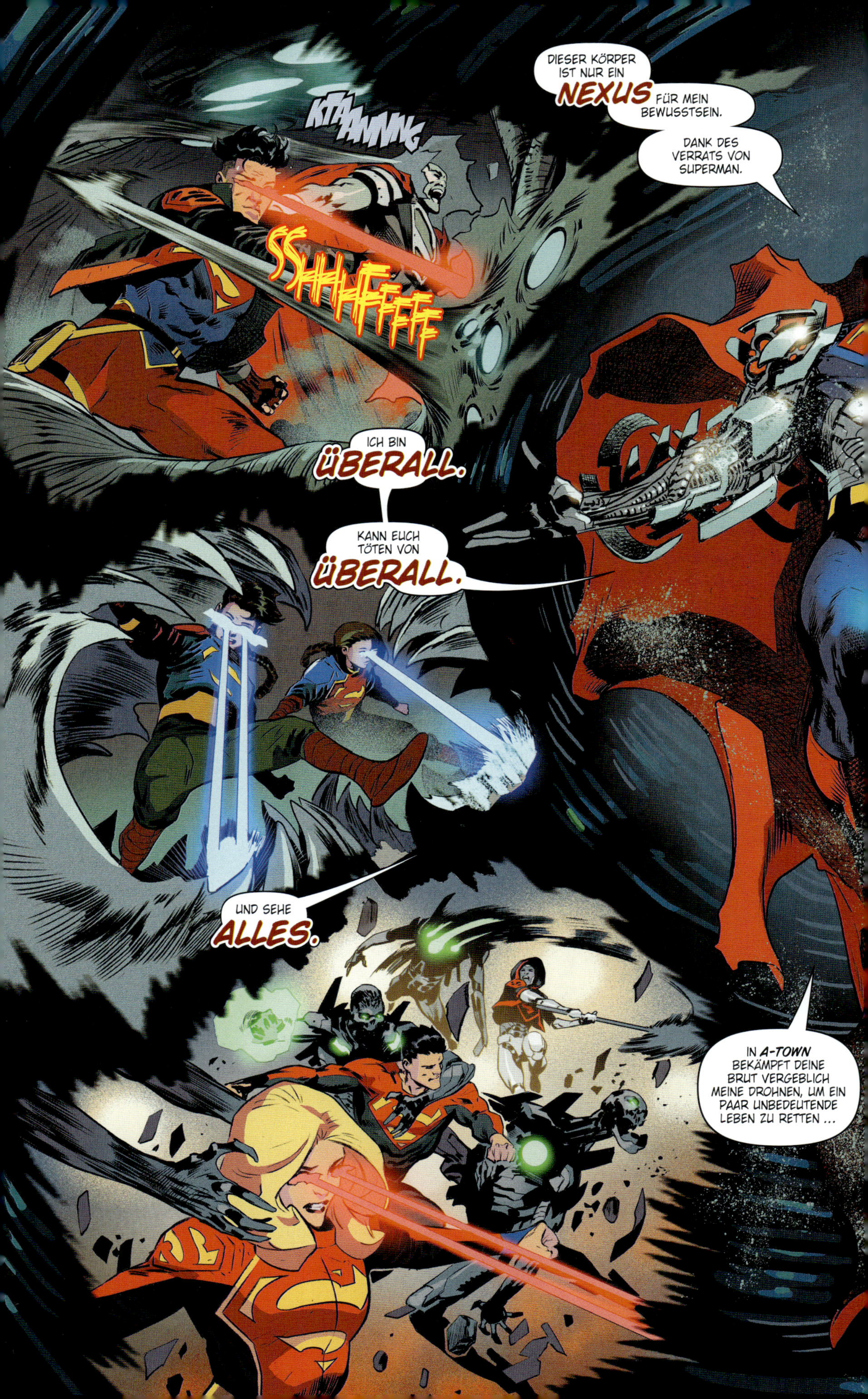
KTAANNNG
SSHHFFFFFF
DIESER KÖRPER IST NUR EIN NEXUS FÜR MEIN BEWUSSTSEIN.
DANK DES VERRATS VON SUPERMAN.
ICH BIN ÜBERALL.
KANN EUCH TÖTEN VON ÜBERALL.
UND SEHE ALLES.
IN A-TOWN BEKÄMPFT DEINE BRUT VERGEBLICH MEINE DROHNEN, UM EIN PAAR UNBEDEUTENDE LEBEN ZU RETTEN ...

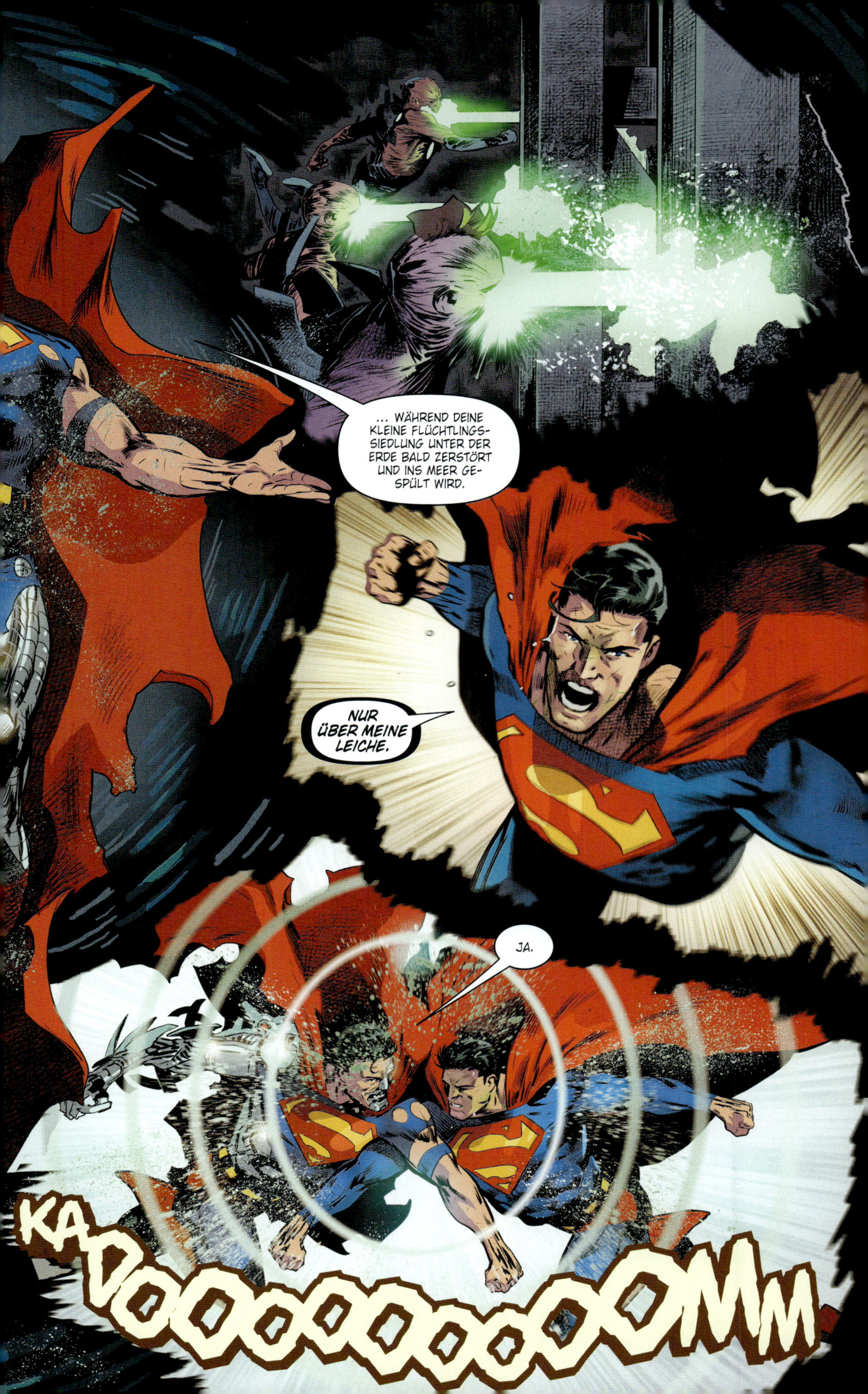
... WÄHREND DEINE KLEINE FLÜCHTLINGS-SIEDLUNG UNTER DER ERDE BALD ZERSTÖRT UND INS MEER GESPÜLT WIRD.
NUR ÜBER MEINE LEICHE.
JA.
KADOOOOOOOOOOMM

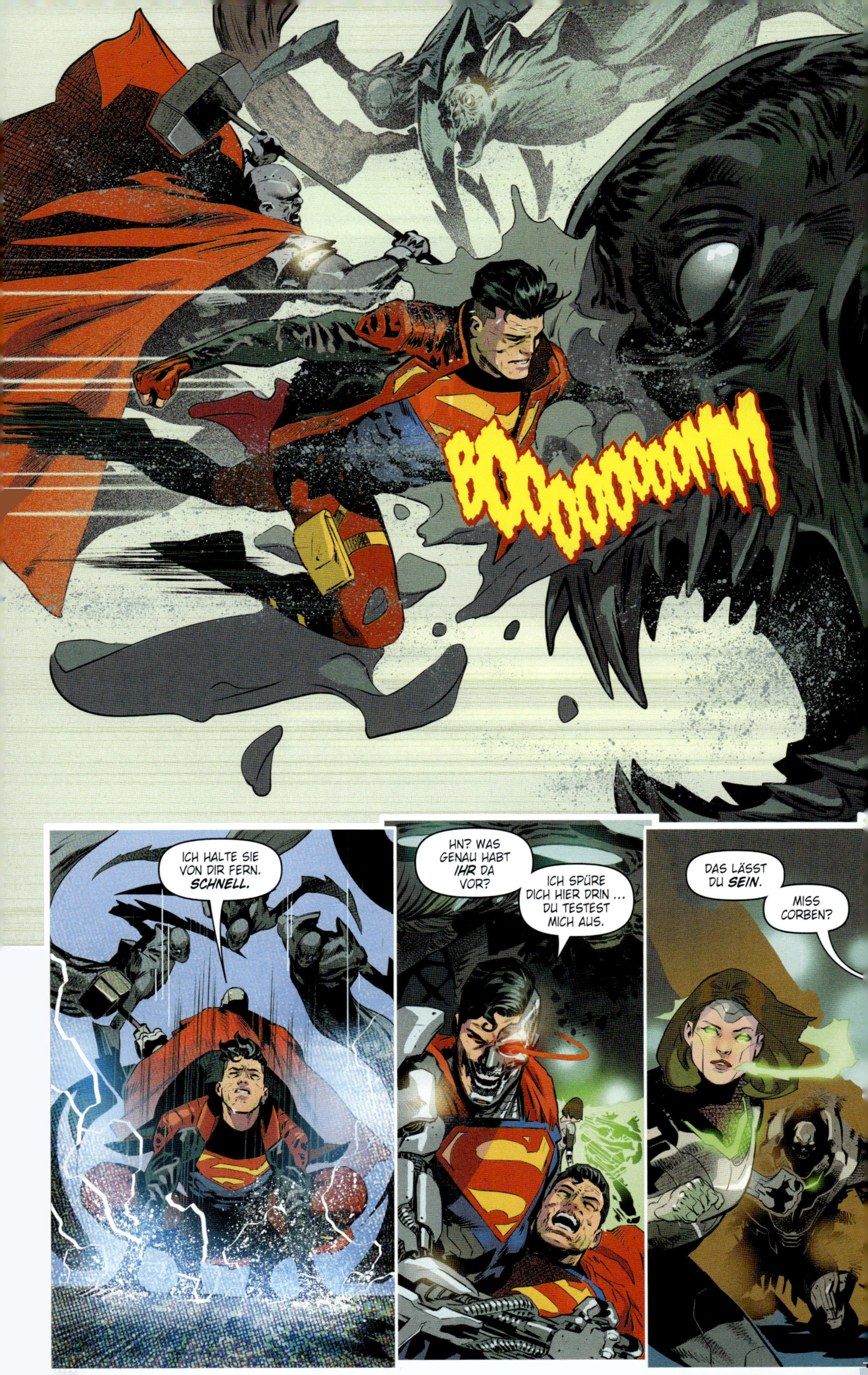

BOOOOOOOOMM

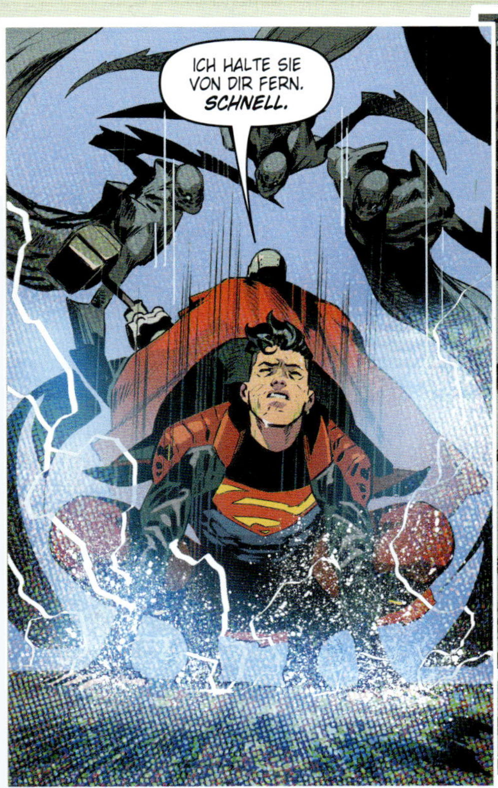

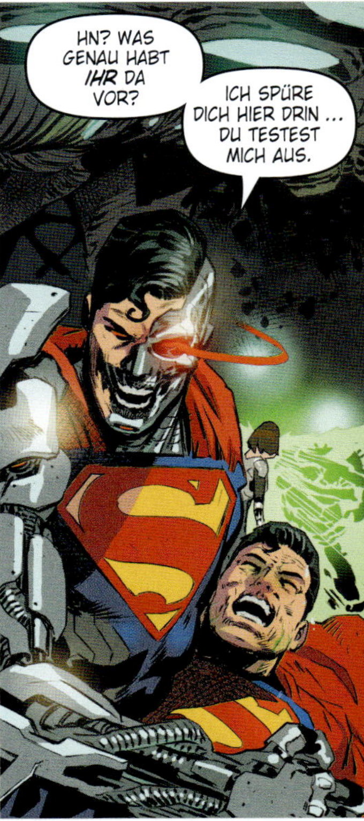

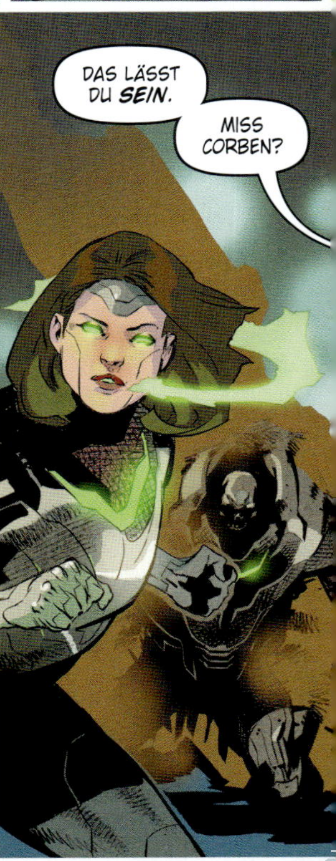

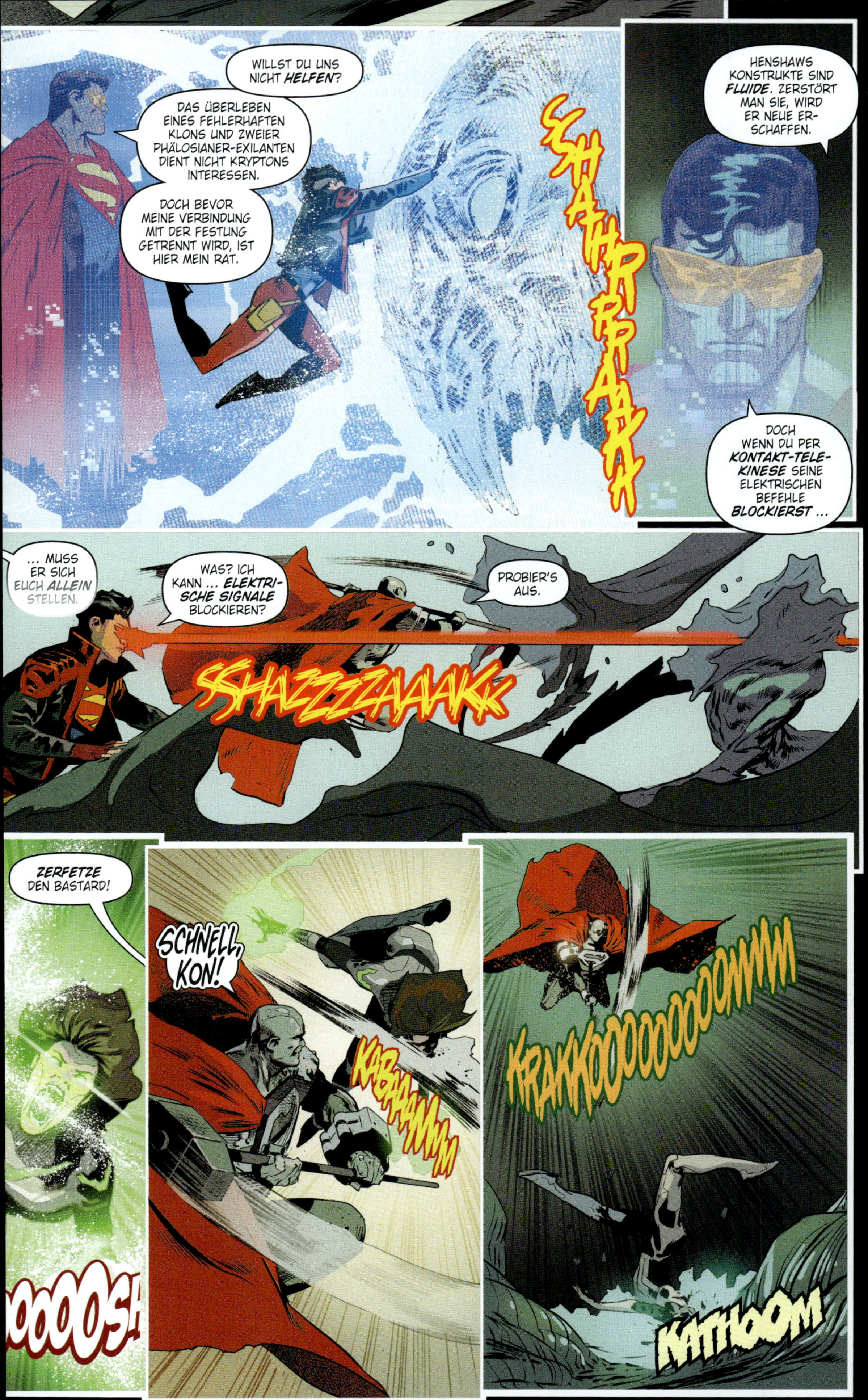

WILLST DU UNS NICHT *HELFEN*?

DAS ÜBERLEBEN EINES FEHLERHAFTEN KLONS UND ZWEIER PHÄLOSIANER-EXILANTEN DIENT NICHT KRYPTONS INTERESSEN.

DOCH BEVOR MEINE VERBINDUNG MIT DER FESTUNG GETRENNT WIRD, IST HIER MEIN RAT.

HENSHAWS KONSTRUKTE SIND ***FLUIDE***. ZERSTÖRT MAN SIE, WIRD ER NEUE ER-SCHAFFEN.

DOCH WENN DU PER ***KONTAKT-TELEKINESE*** SEINE ELEKTRISCHEN BEFEHLE ***BLOCKIERST*** ...

... MUSS ER SICH EUCH ***ALLEIN*** STELLEN.

WAS? ICH KANN ... ***ELEKTRISCHE SIGNALE*** BLOCKIEREN?

PROBIER'S AUS.

SSHAZZZAAAKK

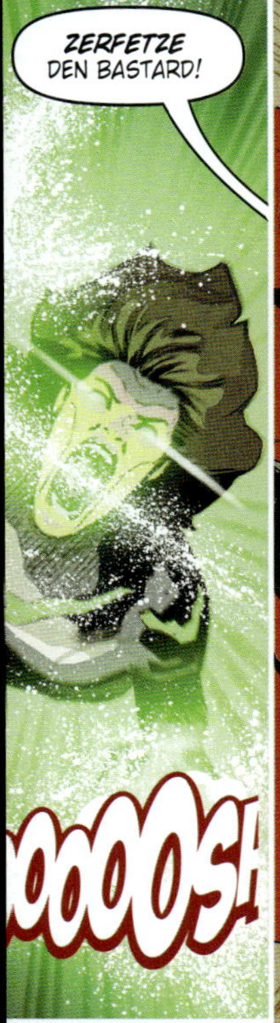

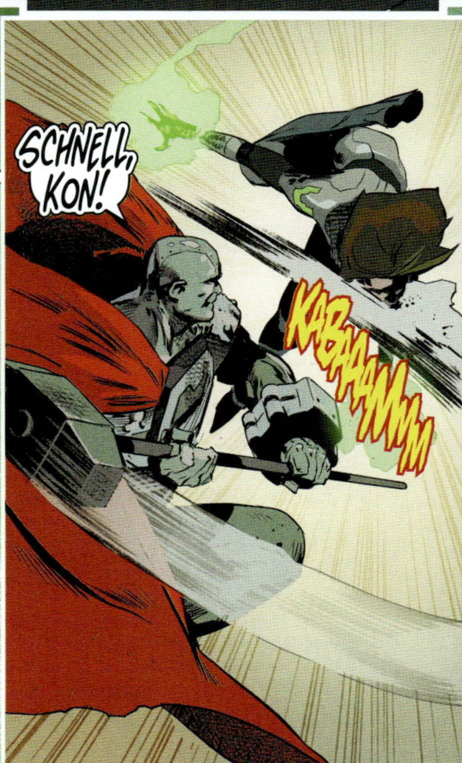

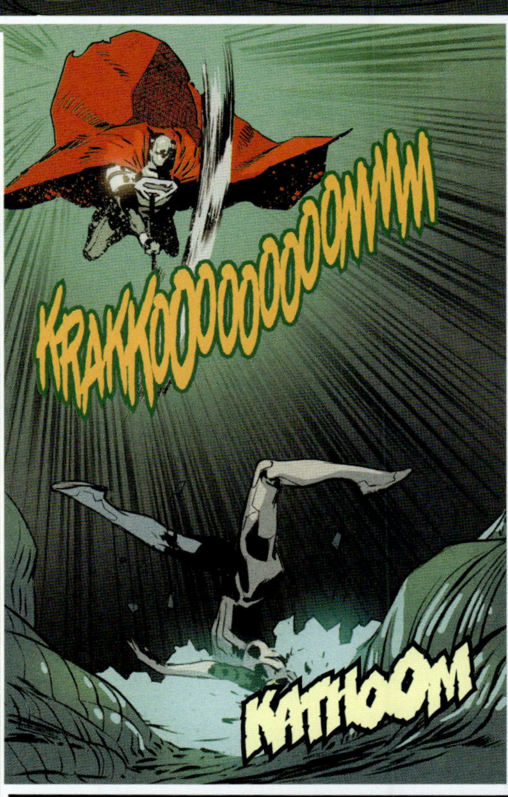

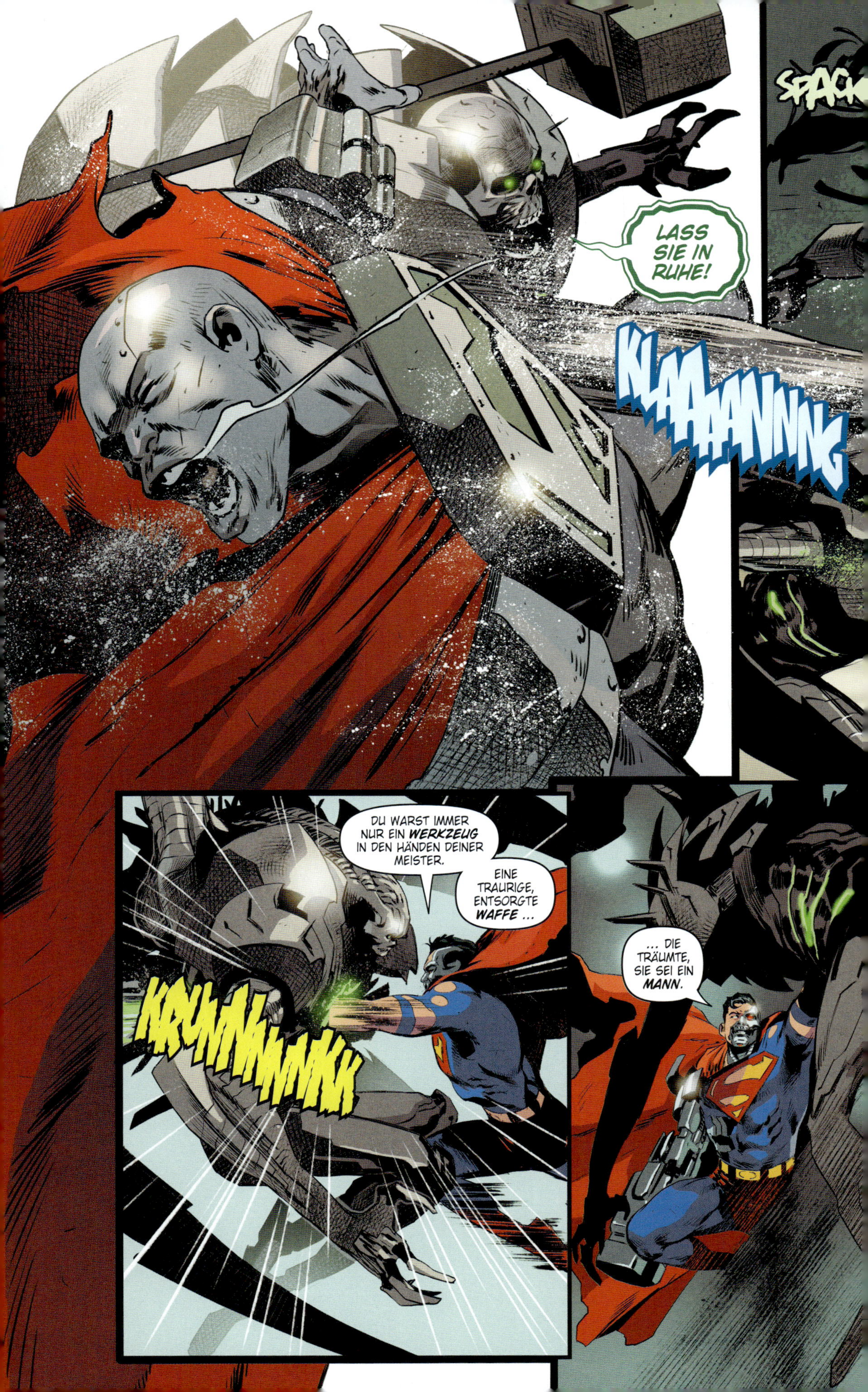
SPACK
LASS SIE IN RUHE!
KLAAAANNNG
DU WARST IMMER NUR EIN WERKZEUG IN DEN HÄNDEN DEINER MEISTER.
EINE TRAURIGE, ENTSORGTE WAFFE ...
KRUNNNNNKK
... DIE TRÄUMTE, SIE SEI EIN MANN.

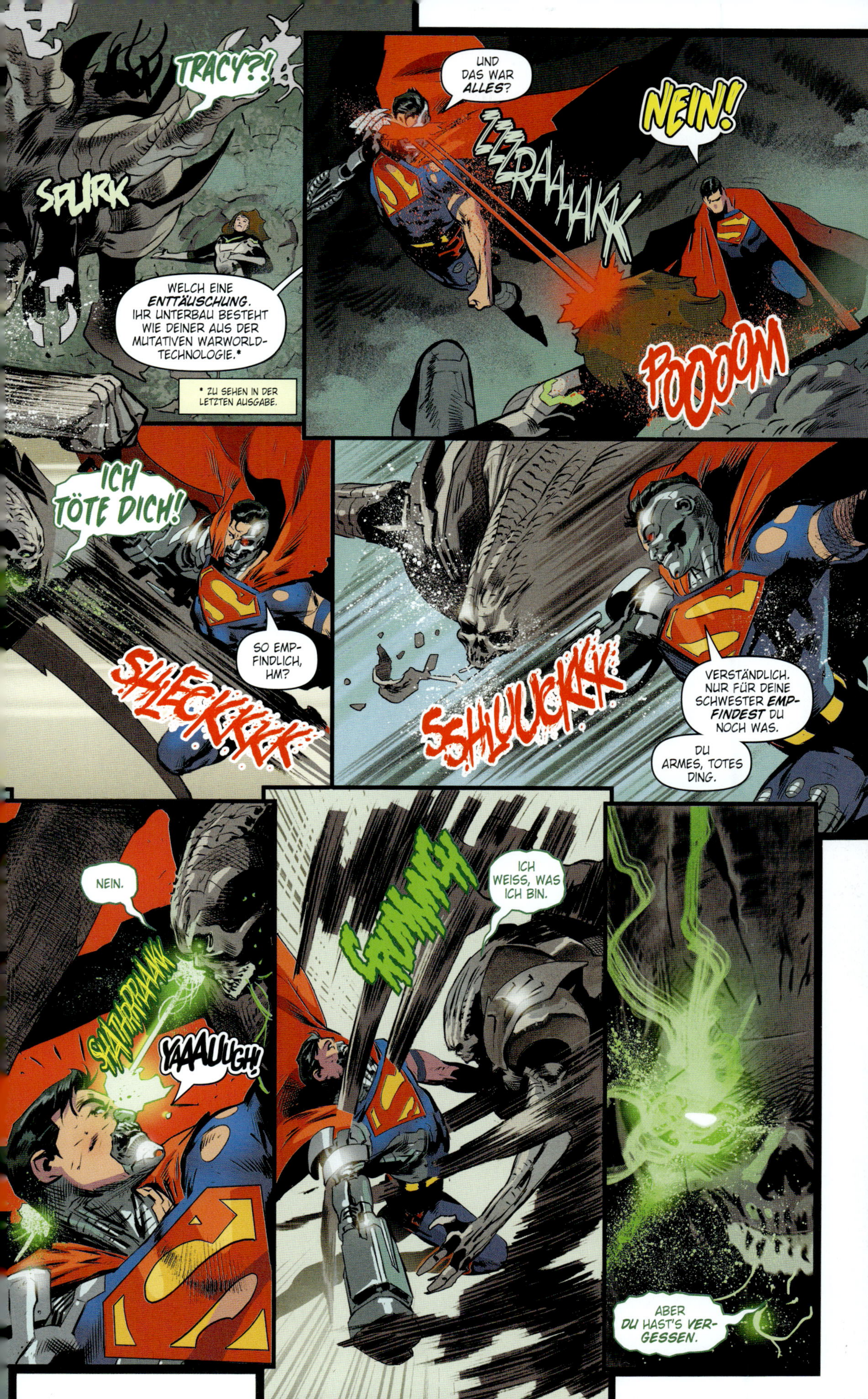
TRACY?!
SPLURK
WELCH EINE ENTTÄUSCHUNG. IHR UNTERBAU BESTEHT WIE DEINER AUS DER MUTATIVEN WARWORLD-TECHNOLOGIE.*
* ZU SEHEN IN DER LETZTEN AUSGABE.
UND DAS WAR ALLES?
ZZZRAAAAKK
NEIN!
POOOOM
ICH TÖTE DICH!
SO EMPFINDLICH, HM?
SHLECKKKK
SSHLUUCKKK
VERSTÄNDLICH. NUR FÜR DEINE SCHWESTER EMPFINDEST DU NOCH WAS.
DU ARMES, TOTES DING.
NEIN.
YAAAUUGH!
ICH WEISS, WAS ICH BIN.
ABER DU HAST'S VERGESSEN.

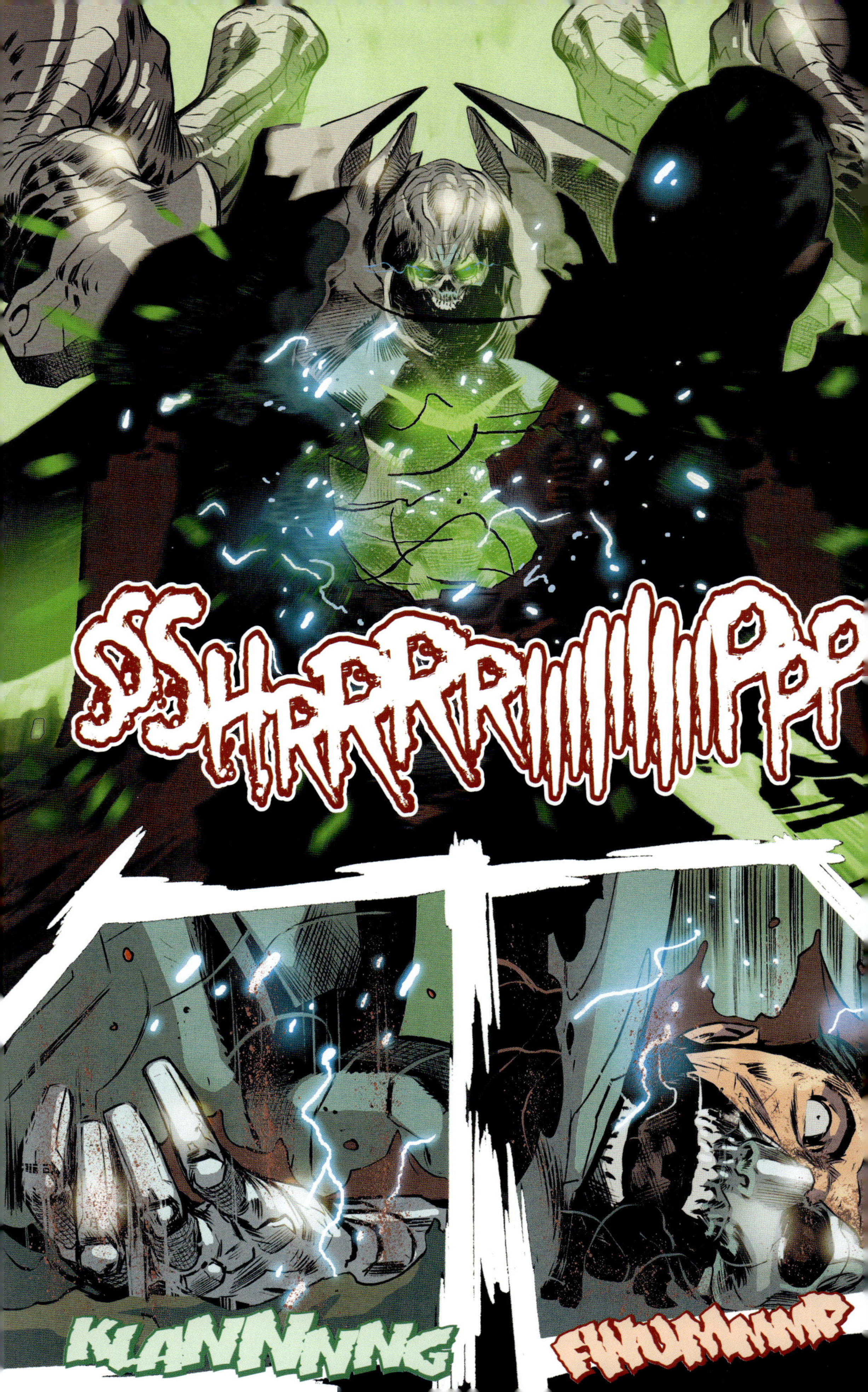
SSHRRRRIIIIIIIIIPP
KLANNNNG
FWUMMMMP

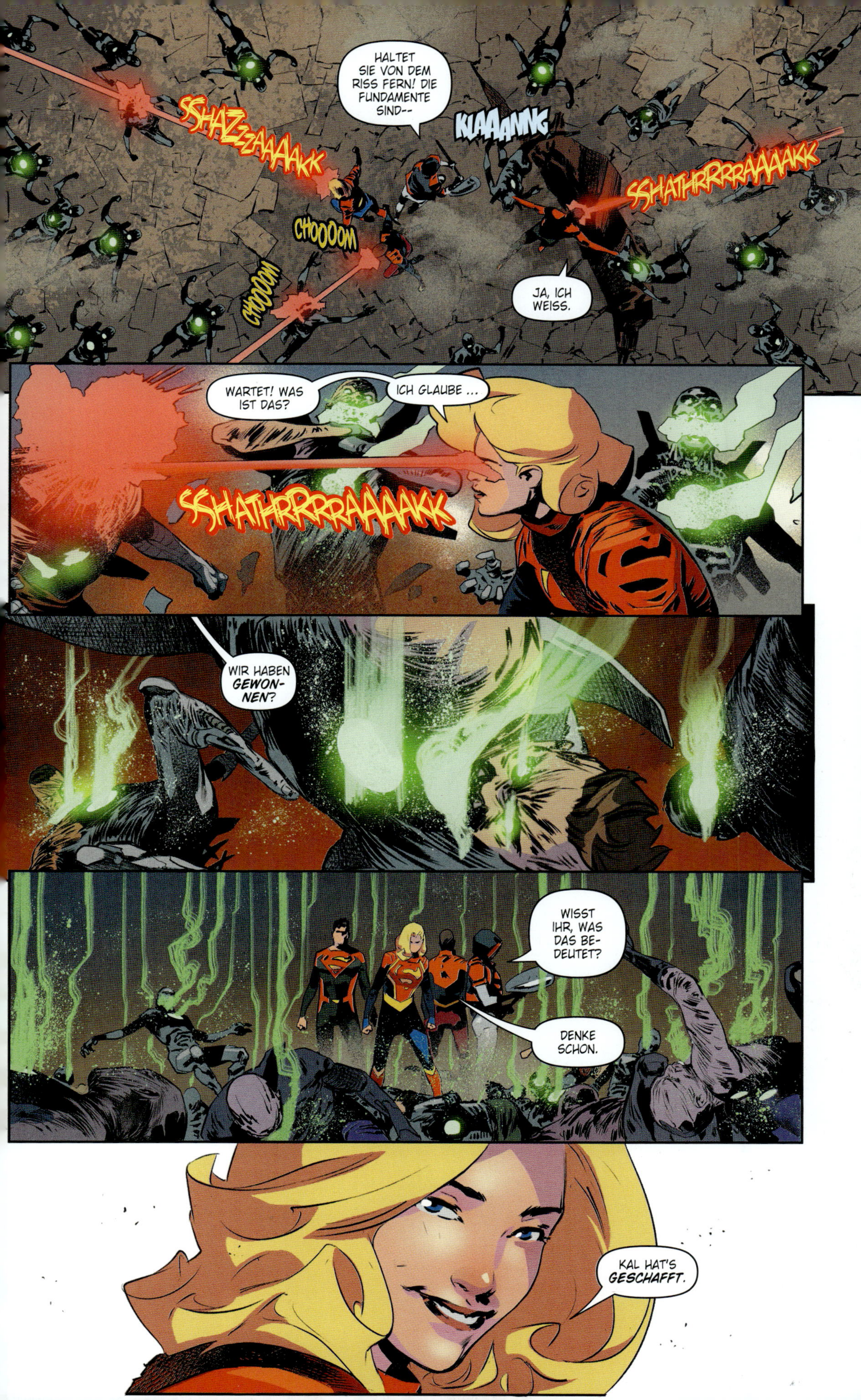
HALTET SIE VON DEM RISS FERN! DIE FUNDAMENTE SIND--
SSHAZZZAAAAKK
KLAAANNG
SSHATHRRRRAAAAKK
CHOOOOM
CHOOOOM
JA, ICH WEISS.
WARTET! WAS IST DAS?
ICH GLAUBE ...
SSHATHRRRRAAAAKK
WIR HABEN GEWONNEN?
WISST IHR, WAS DAS BEDEUTET?
DENKE SCHON.
KAL HAT'S GESCHAFFT.

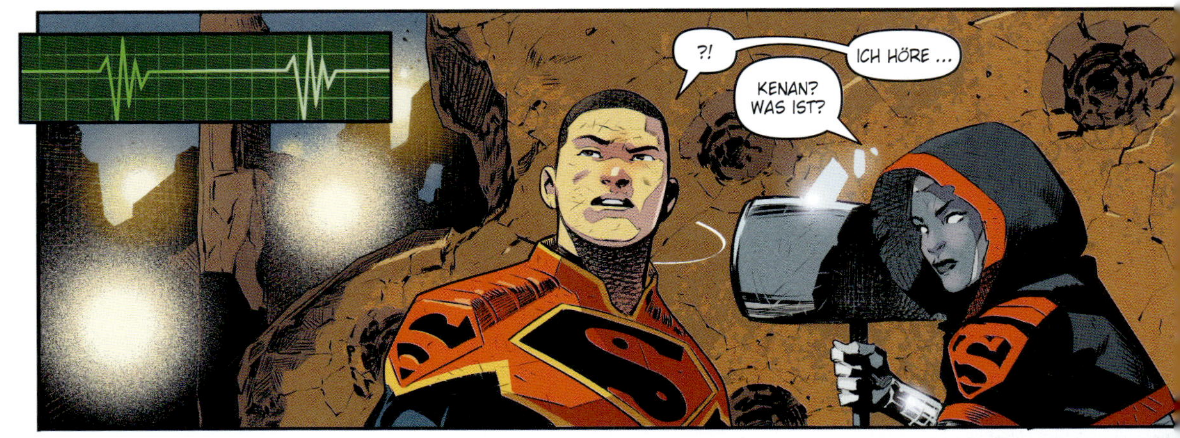
?!
ICH HÖRE ...
KENAN? WAS IST?

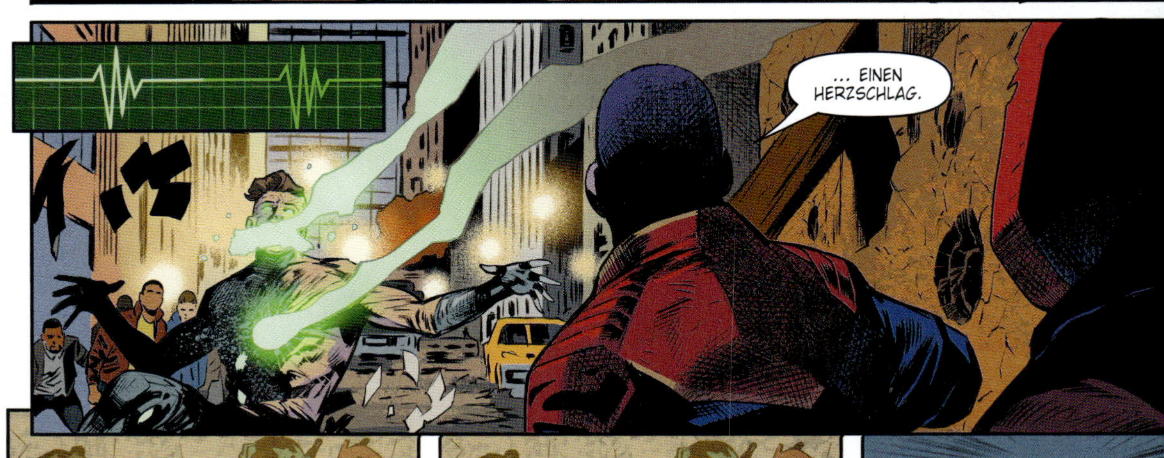
... EINEN HERZSCHLAG.

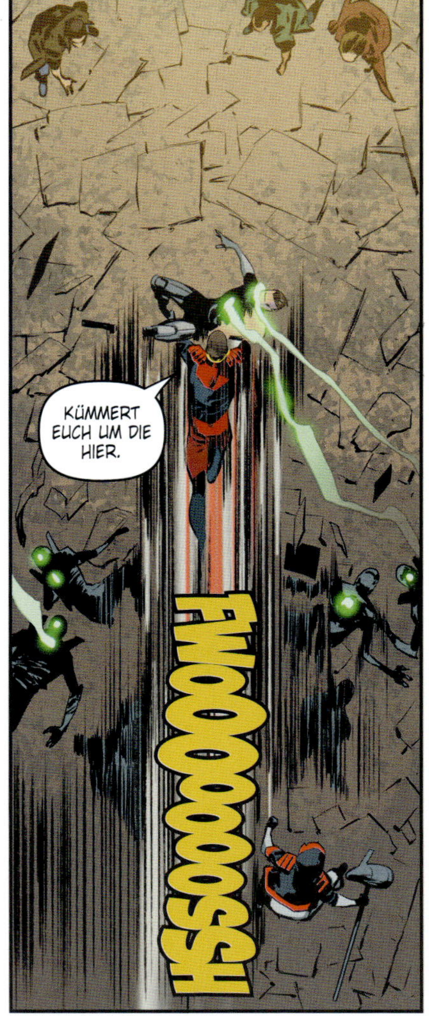
KÜMMERT EUCH UM DIE HIER.
FWOOOOOOOSH

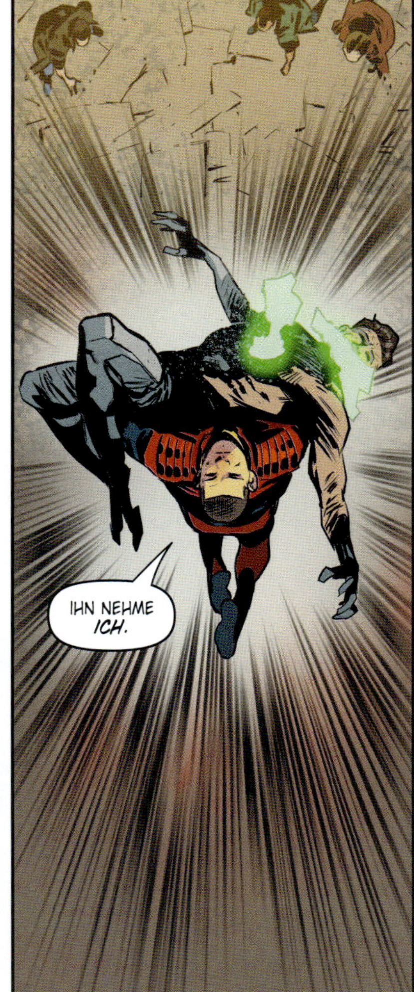
IHN NEHME *ICH*.

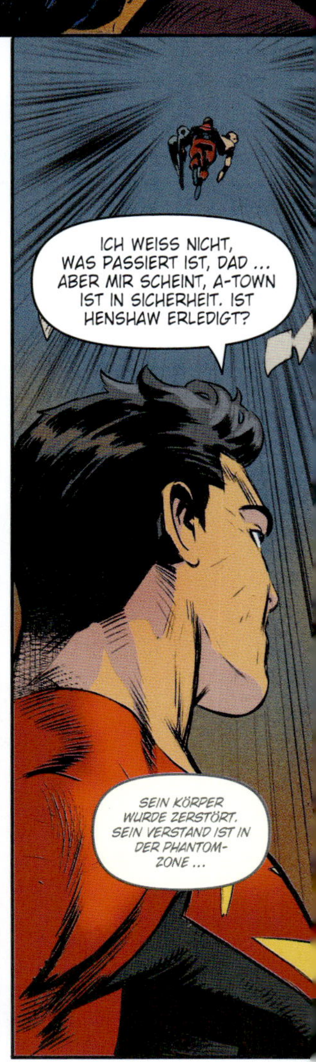
ICH WEISS NICHT, WAS PASSIERT IST, DAD ... ABER MIR SCHEINT, A-TOWN IST IN SICHERHEIT. IST HENSHAW ERLEDIGT?
SEIN KÖRPER WURDE ZERSTÖRT. SEIN VERSTAND IST IN DER PHANTOM-ZONE ...

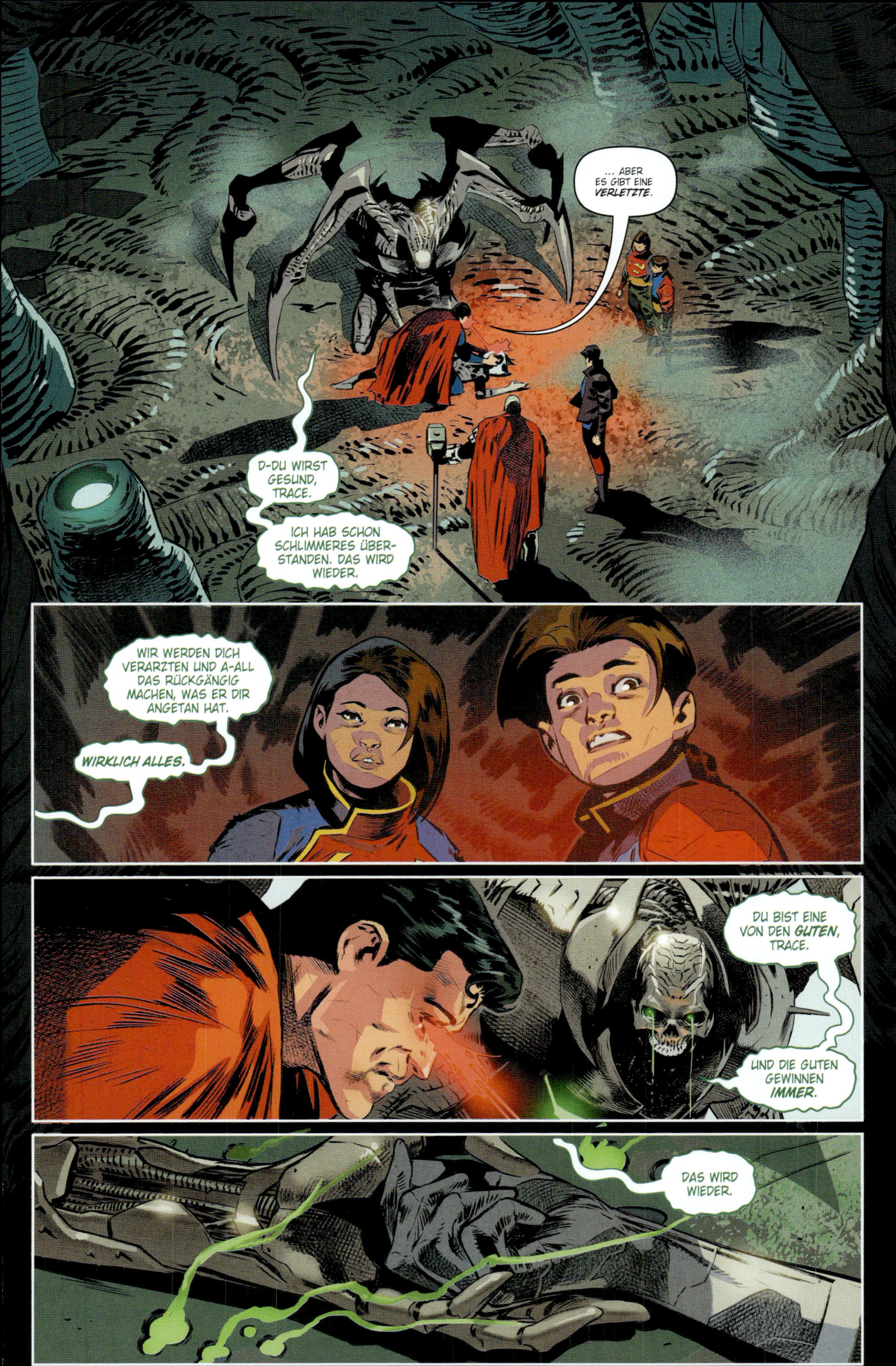

… ABER ES GIBT EINE *VERLETZTE*.
D-DU WIRST GESUND, TRACE.
ICH HAB SCHON SCHLIMMERES ÜBERSTANDEN. DAS WIRD WIEDER.
WIR WERDEN DICH VERARZTEN UND A-ALL DAS RÜCKGÄNGIG MACHEN, WAS ER DIR ANGETAN HAT.
WIRKLICH ALLES.

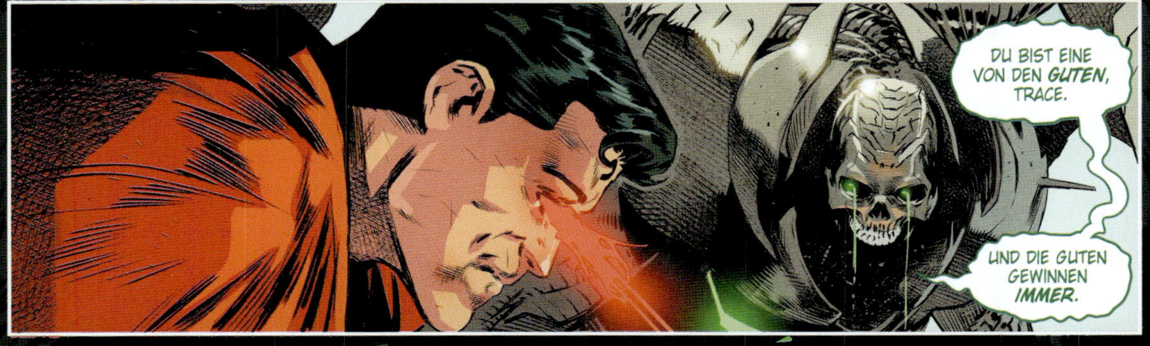

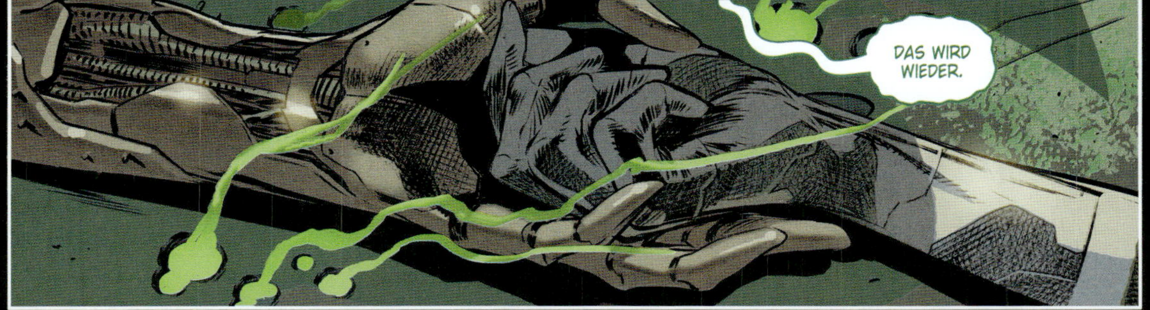

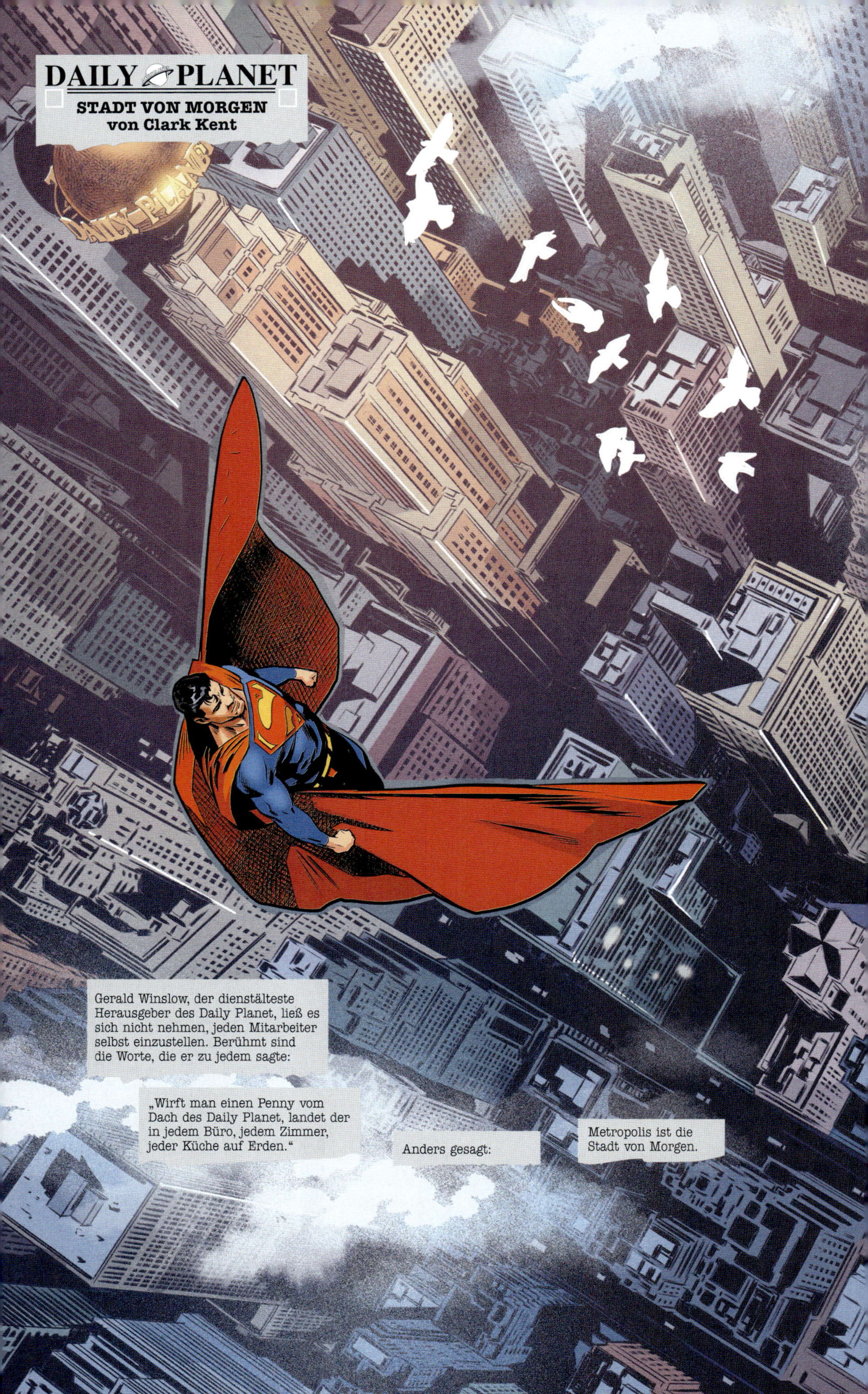
DAILY PLANET
STADT VON MORGEN
von Clark Kent
Gerald Winslow, der dienstälteste Herausgeber des Daily Planet, ließ es sich nicht nehmen, jeden Mitarbeiter selbst einzustellen. Berühmt sind die Worte, die er zu jedem sagte:
„Wirft man einen Penny vom Dach des Daily Planet, landet der in jedem Büro, jedem Zimmer, jeder Küche auf Erden.“
Anders gesagt:
Metropolis ist die Stadt von Morgen.

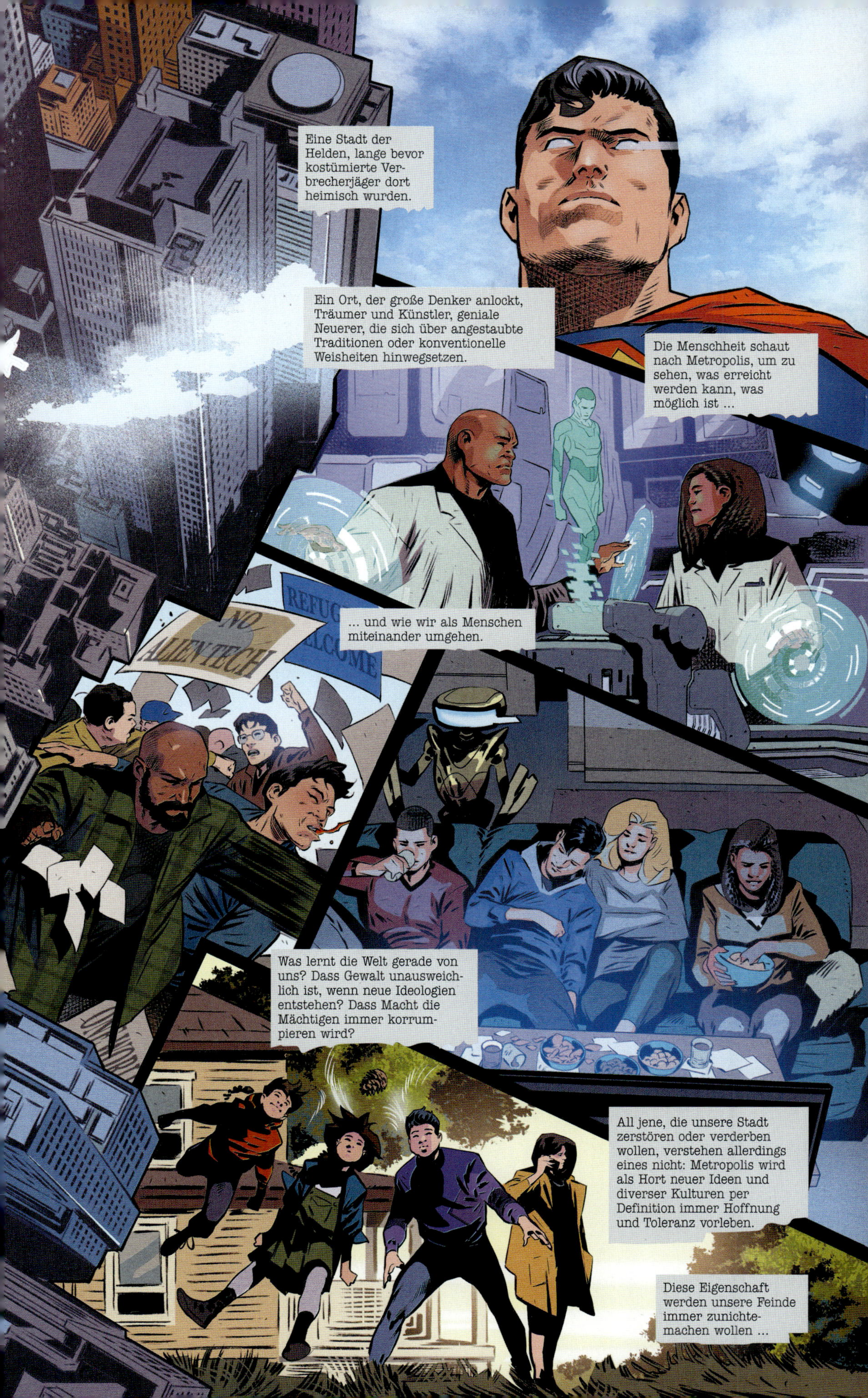

Eine Stadt der Helden, lange bevor kostümierte Verbrecherjäger dort heimisch wurden.
Ein Ort, der große Denker anlockt, Träumer und Künstler, geniale Neuerer, die sich über angestaubte Traditionen oder konventionelle Weisheiten hinwegsetzen.
Die Menschheit schaut nach Metropolis, um zu sehen, was erreicht werden kann, was möglich ist …
… und wie wir als Menschen miteinander umgehen.
NO ALIEN TECH
REFUG WELCOME
Was lernt die Welt gerade von uns? Dass Gewalt unausweichlich ist, wenn neue Ideologien entstehen? Dass Macht die Mächtigen immer korrumpieren wird?
All jene, die unsere Stadt zerstören oder verderben wollen, verstehen allerdings eines nicht: Metropolis wird als Hort neuer Ideen und diverser Kulturen per Definition immer Hoffnung und Toleranz vorleben.
Diese Eigenschaft werden unsere Feinde immer zunichtemachen wollen …

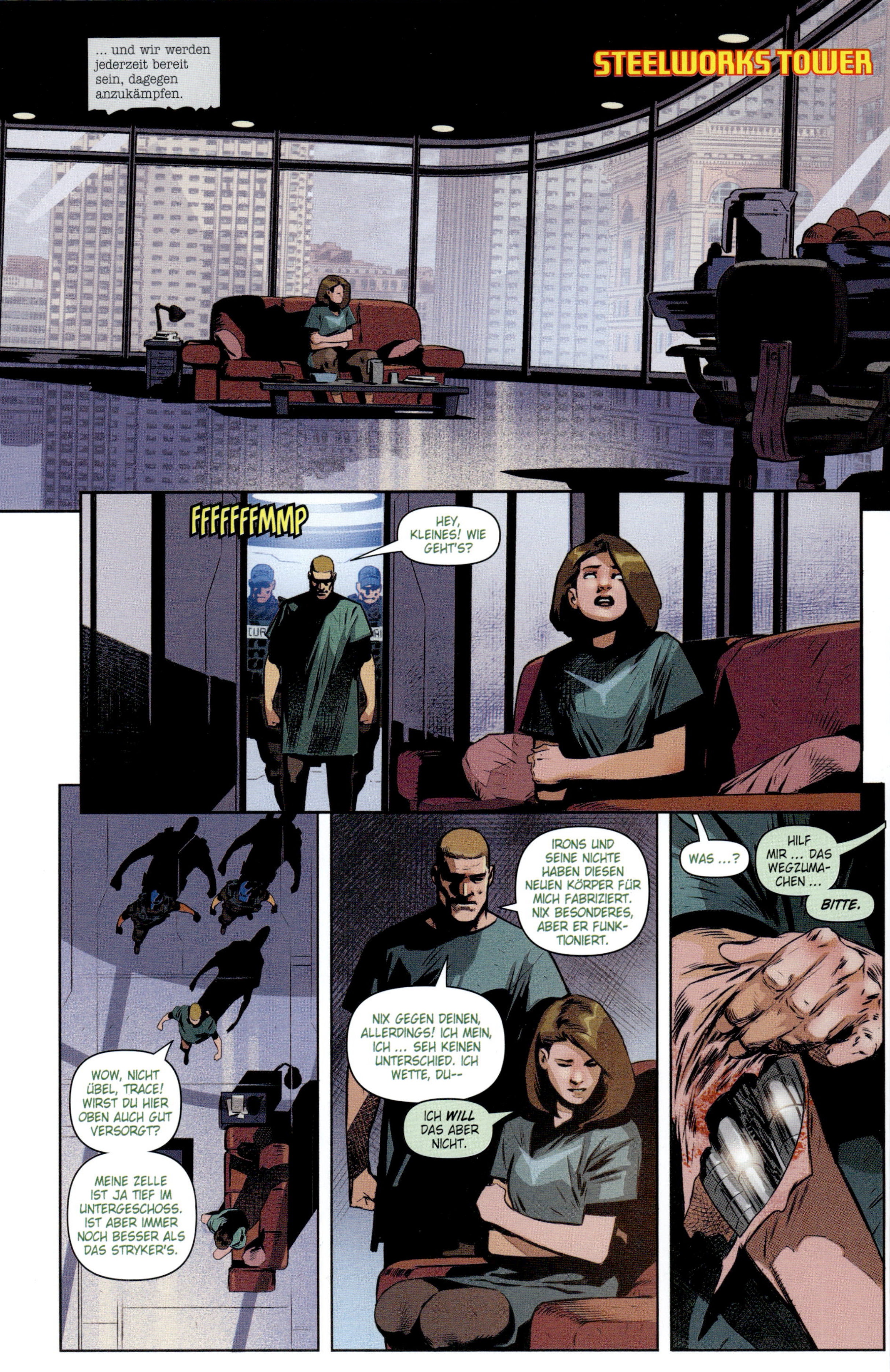
... und wir werden jederzeit bereit sein, dagegen anzukämpfen.
STEELWORKS TOWER
FFFFFFFMMP
HEY, KLEINES! WIE GEHT'S?
WOW, NICHT ÜBEL, TRACE! WIRST DU HIER OBEN AUCH GUT VERSORGT?
MEINE ZELLE IST JA TIEF IM UNTERGESCHOSS. IST ABER IMMER NOCH BESSER ALS DAS STRYKER'S.
IRONS UND SEINE NICHTE HABEN DIESEN NEUEN KÖRPER FÜR MICH FABRIZIERT. NIX BESONDERES, ABER ER FUNKTIONIERT.
NIX GEGEN DEINEN, ALLERDINGS! ICH MEIN, ICH ... SEH KEINEN UNTERSCHIED. ICH WETTE, DU--
ICH WILL DAS ABER NICHT.
WAS ...?
HILF MIR ... DAS WEGZUMACHEN ...
BITTE.

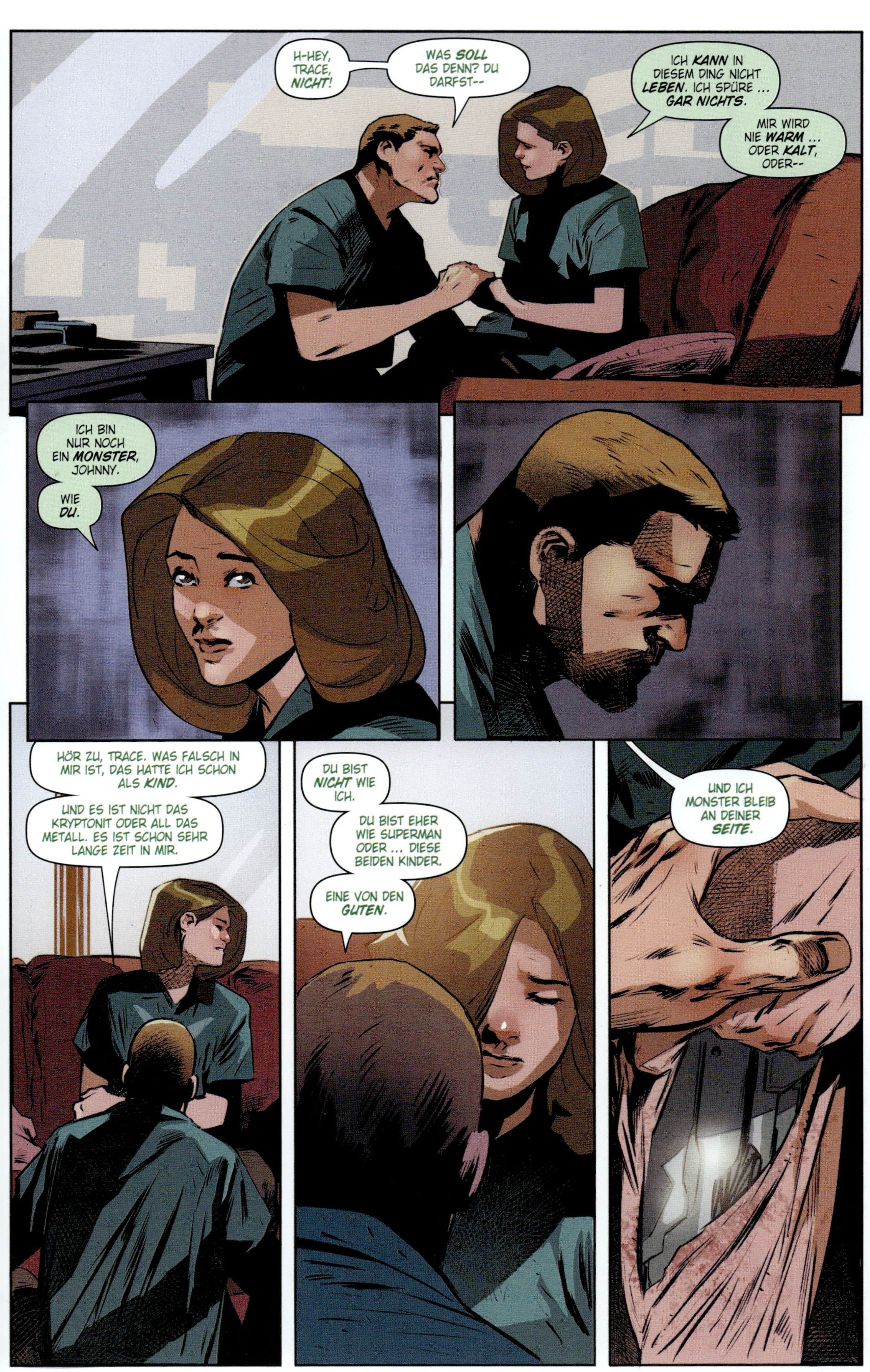
H-HEY, TRACE, NICHT!
WAS SOLL DAS DENN? DU DARFST--
ICH KANN IN DIESEM DING NICHT LEBEN. ICH SPÜRE ... GAR NICHTS.
MIR WIRD NIE WARM ... ODER KALT, ODER--
ICH BIN NUR NOCH EIN MONSTER, JOHNNY.
WIE DU.
HÖR ZU, TRACE. WAS FALSCH IN MIR IST, DAS HATTE ICH SCHON ALS KIND.
UND ES IST NICHT DAS KRYPTONIT ODER ALL DAS METALL. ES IST SCHON SEHR LANGE ZEIT IN MIR.
DU BIST NICHT WIE ICH.
DU BIST EHER WIE SUPERMAN ODER ... DIESE BEIDEN KINDER.
EINE VON DEN GUTEN.
UND ICH MONSTER BLEIB AN DEINER SEITE.

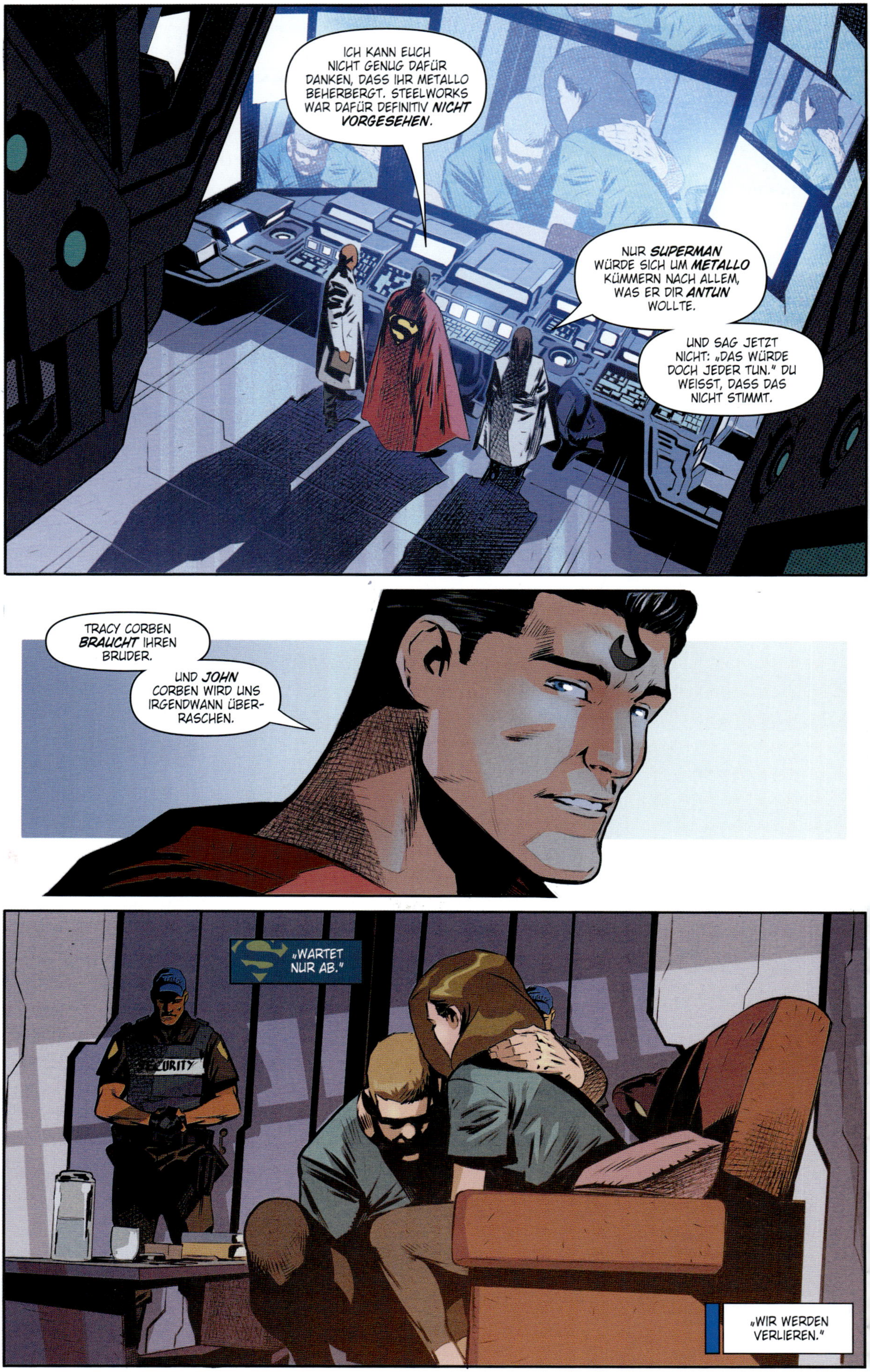

ICH KANN EUCH NICHT GENUG DAFÜR DANKEN, DASS IHR METALLO BEHERBERGT. STEELWORKS WAR DAFÜR DEFINITIV ***NICHT VORGESEHEN***.

NUR ***SUPERMAN*** WÜRDE SICH UM ***METALLO*** KÜMMERN NACH ALLEM, WAS ER DIR ***ANTUN*** WOLLTE.

UND SAG JETZT NICHT: „DAS WÜRDE DOCH JEDER TUN." DU WEISST, DASS DAS NICHT STIMMT.

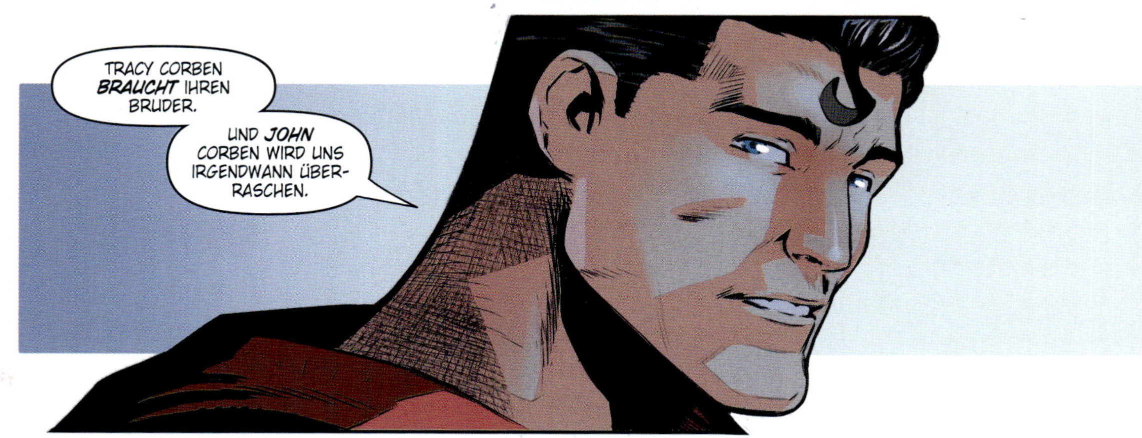

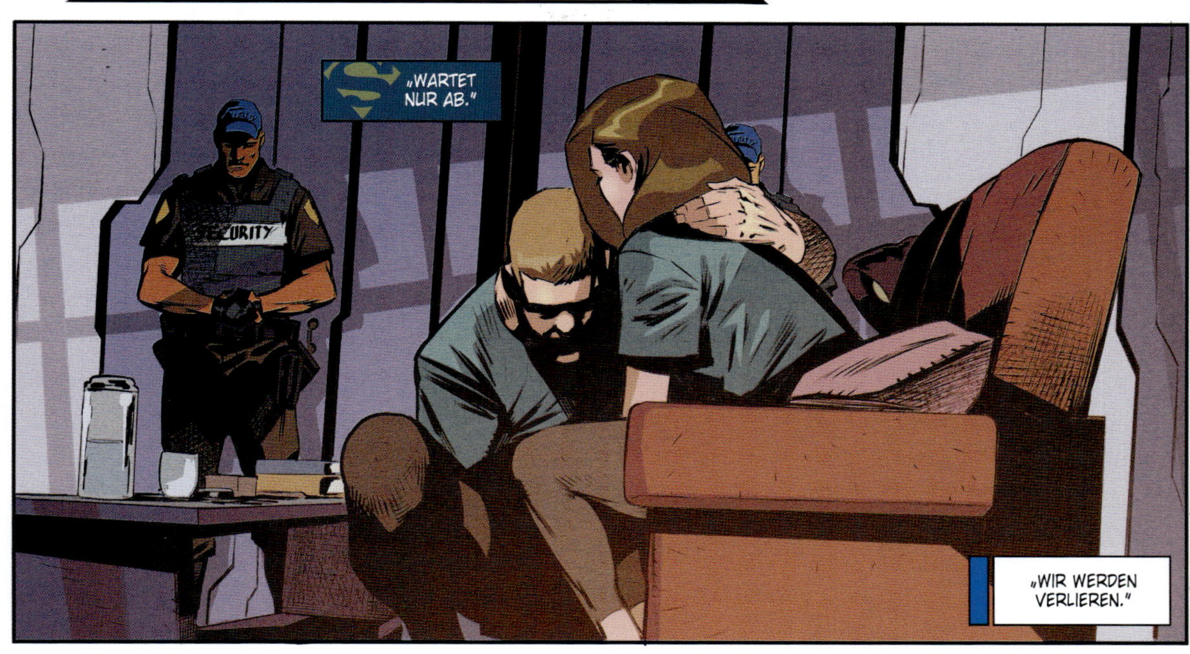

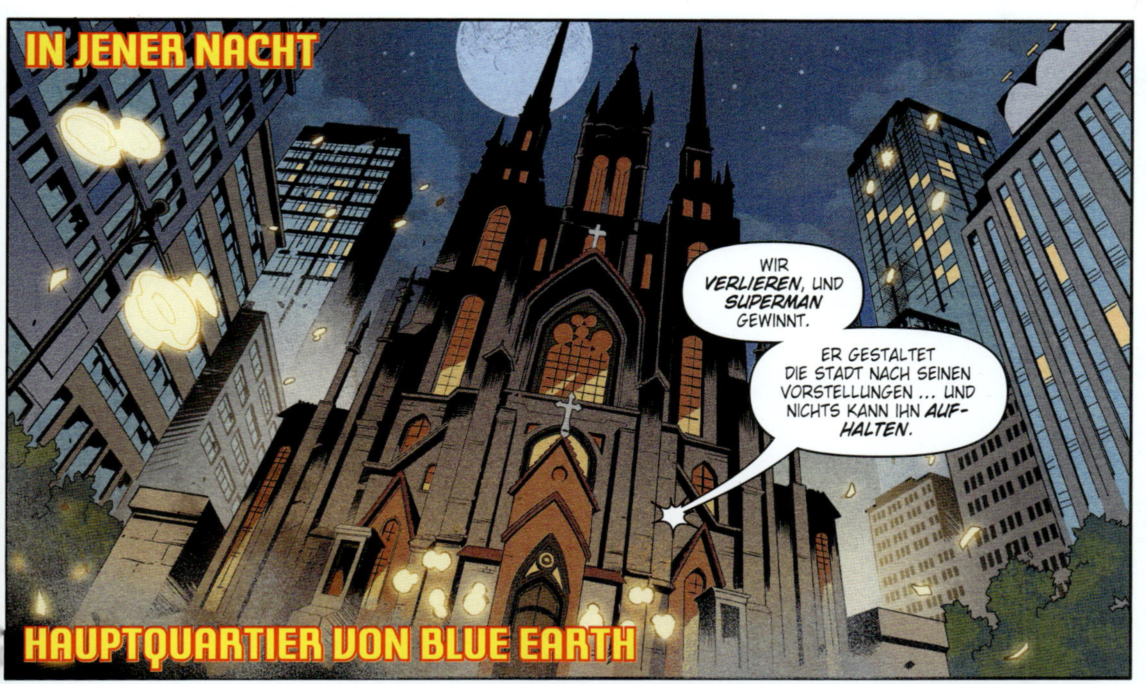
IN JENER NACHT
WIR VERLIEREN, UND SUPERMAN GEWINNT.
ER GESTALTET DIE STADT NACH SEINEN VORSTELLUNGEN ... UND NICHTS KANN IHN AUFHALTEN.
HAUPTQUARTIER VON BLUE EARTH

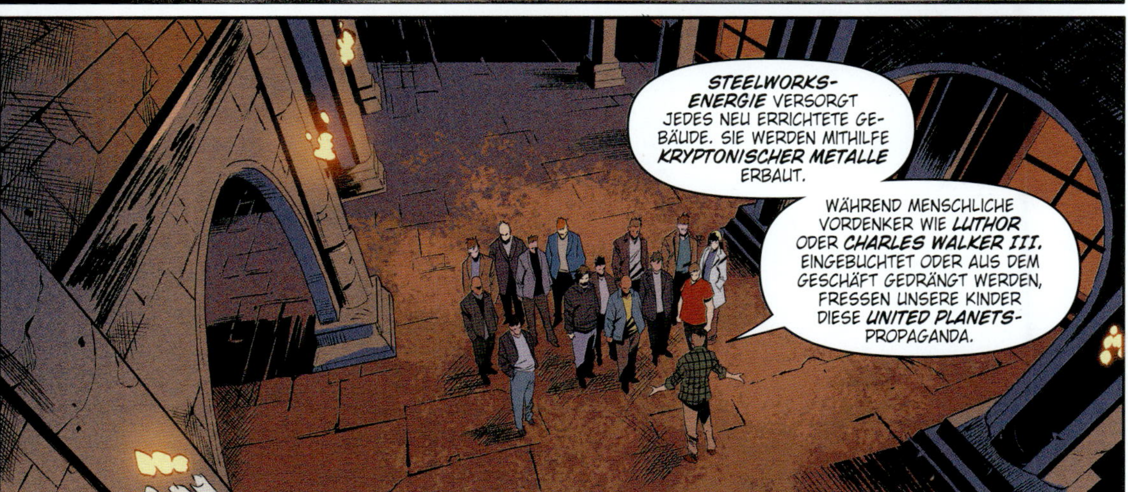
STEELWORKS-ENERGIE VERSORGT JEDES NEU ERRICHTETE GEBÄUDE. SIE WERDEN MITHILFE KRYPTONISCHER METALLE ERBAUT.
WÄHREND MENSCHLICHE VORDENKER WIE LUTHOR ODER CHARLES WALKER III. EINGEBUCHTET ODER AUS DEM GESCHÄFT GEDRÄNGT WERDEN, FRESSEN UNSERE KINDER DIESE UNITED PLANETS-PROPAGANDA.

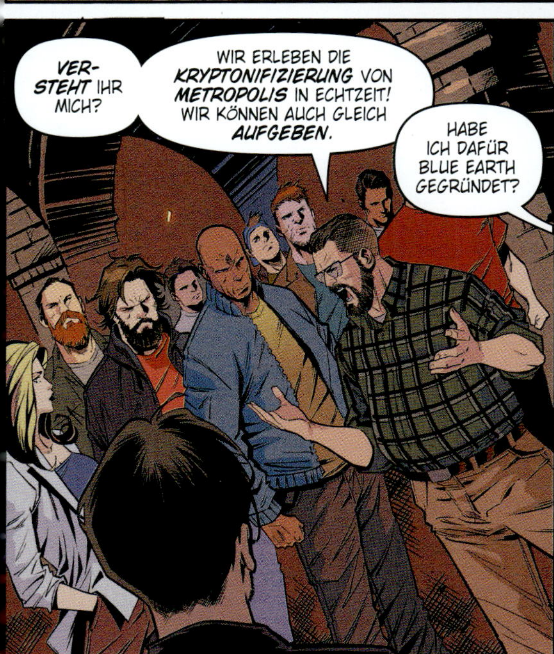
VERSTEHT IHR MICH?
WIR ERLEBEN DIE KRYPTONIFIZIERUNG VON METROPOLIS IN ECHTZEIT! WIR KÖNNEN AUCH GLEICH AUFGEBEN.
HABE ICH DAFÜR BLUE EARTH GEGRÜNDET?

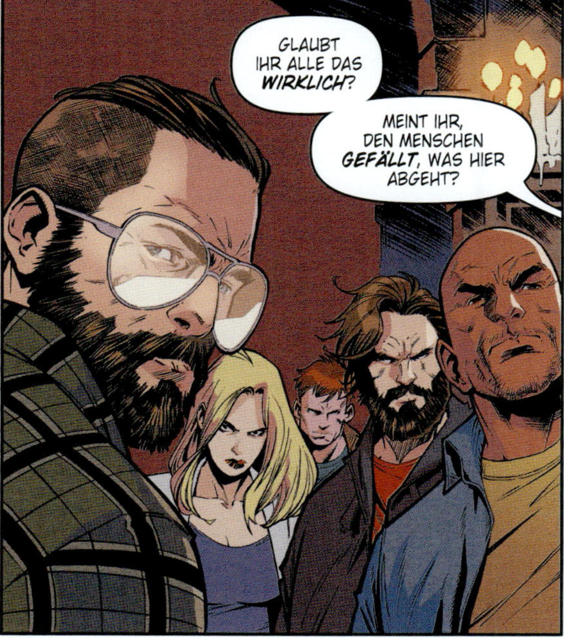
GLAUBT IHR ALLE DAS WIRKLICH?
MEINT IHR, DEN MENSCHEN GEFÄLLT, WAS HIER ABGEHT?

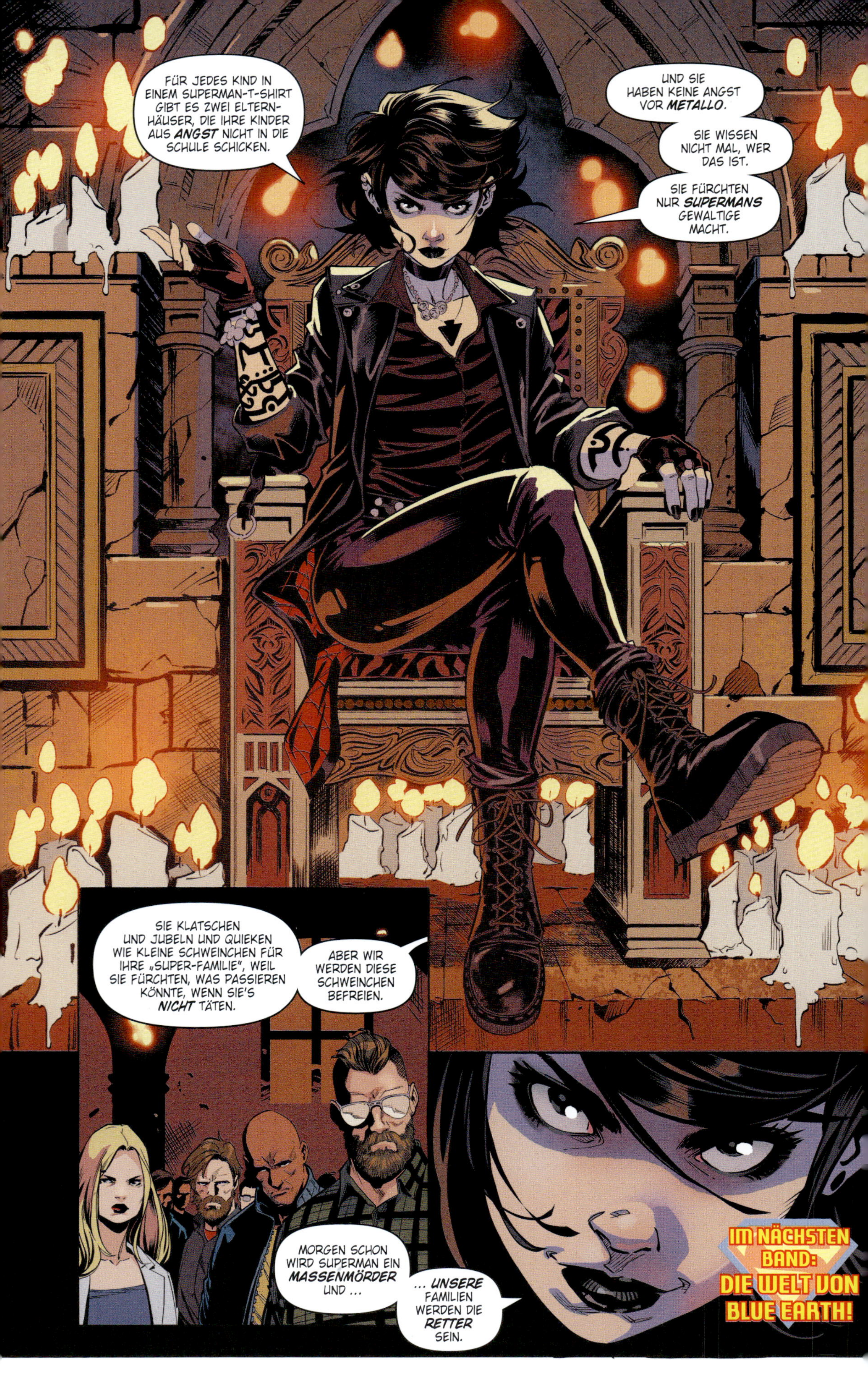
FÜR JEDES KIND IN EINEM SUPERMAN-T-SHIRT GIBT ES ZWEI ELTERN-HÄUSER, DIE IHRE KINDER AUS ANGST NICHT IN DIE SCHULE SCHICKEN.
UND SIE HABEN KEINE ANGST VOR METALLO.
SIE WISSEN NICHT MAL, WER DAS IST.
SIE FÜRCHTEN NUR SUPERMANS GEWALTIGE MACHT.
SIE KLATSCHEN UND JUBELN UND QUIEKEN WIE KLEINE SCHWEINCHEN FÜR IHRE „SUPER-FAMILIE", WEIL SIE FÜRCHTEN, WAS PASSIEREN KÖNNTE, WENN SIE'S NICHT TÄTEN.
ABER WIR WERDEN DIESE SCHWEINCHEN BEFREIEN.
MORGEN SCHON WIRD SUPERMAN EIN MASSENMÖRDER UND ...
... UNSERE FAMILIEN WERDEN DIE RETTER SEIN.
IM NÄCHSTEN BAND: DIE WELT VON BLUE EARTH!

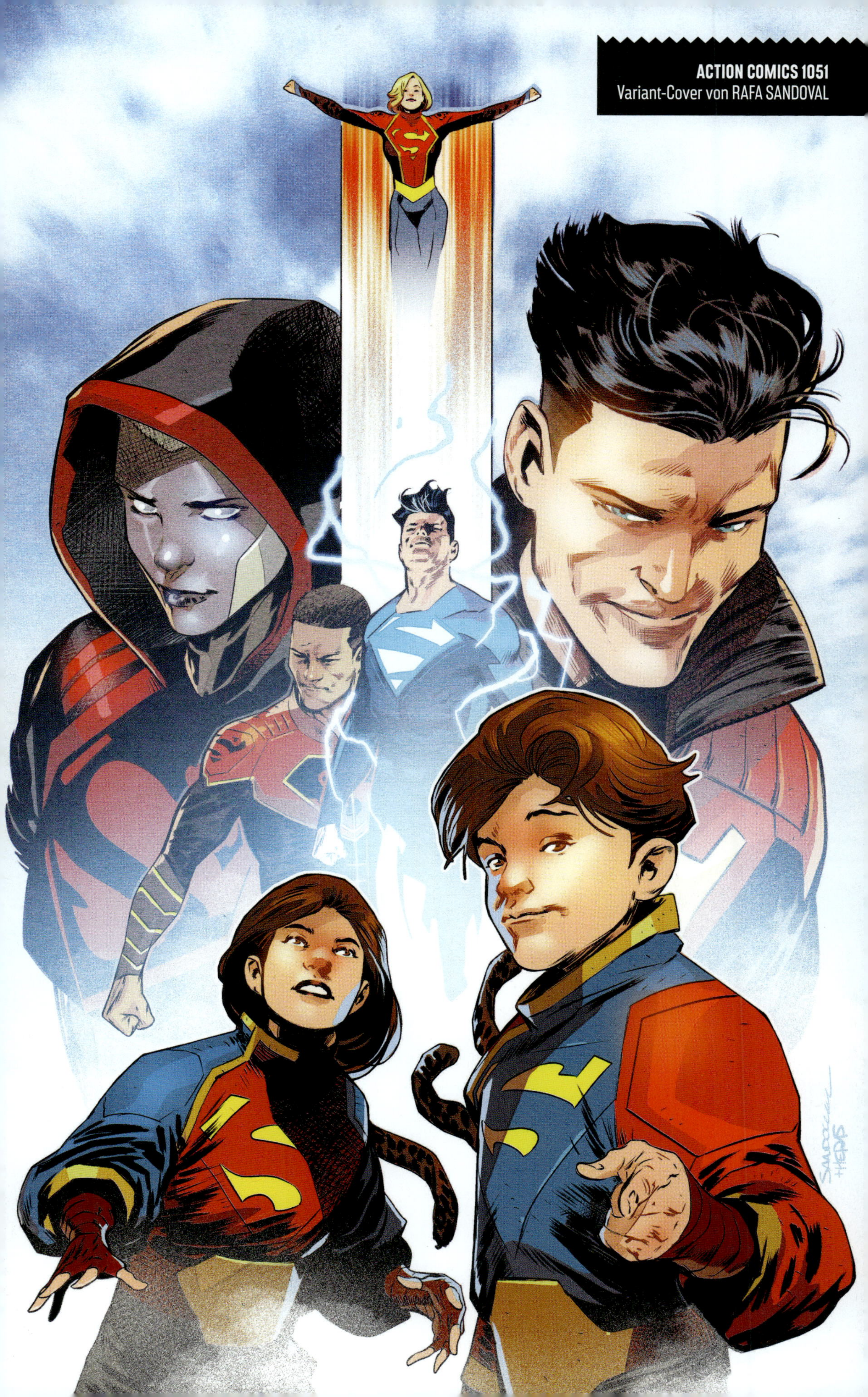

ACTION COMICS 1051
Variant-Cover von RAFA SANDOVAL

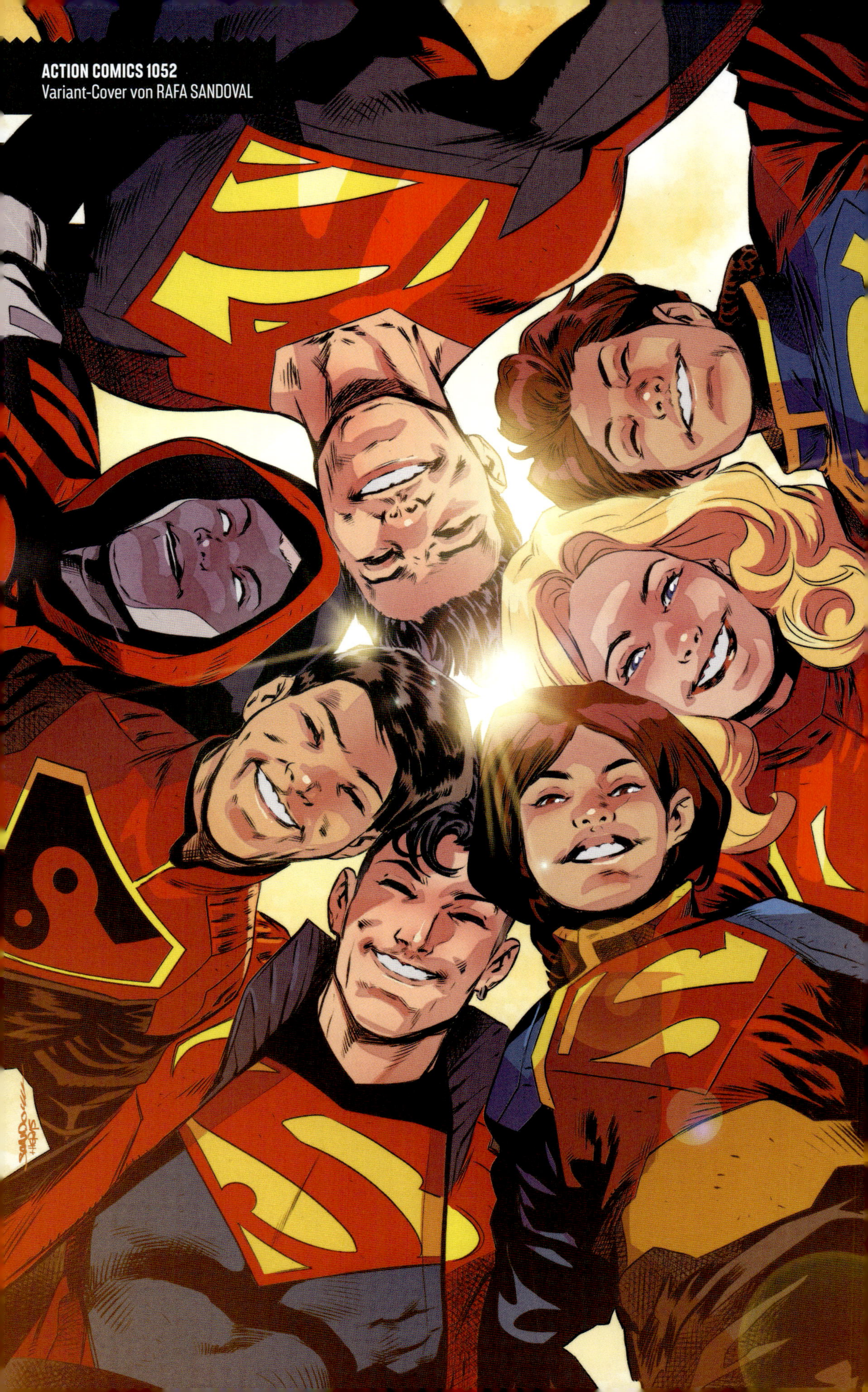

ACTION COMICS 1052
Variant-Cover von RAFA SANDOVAL

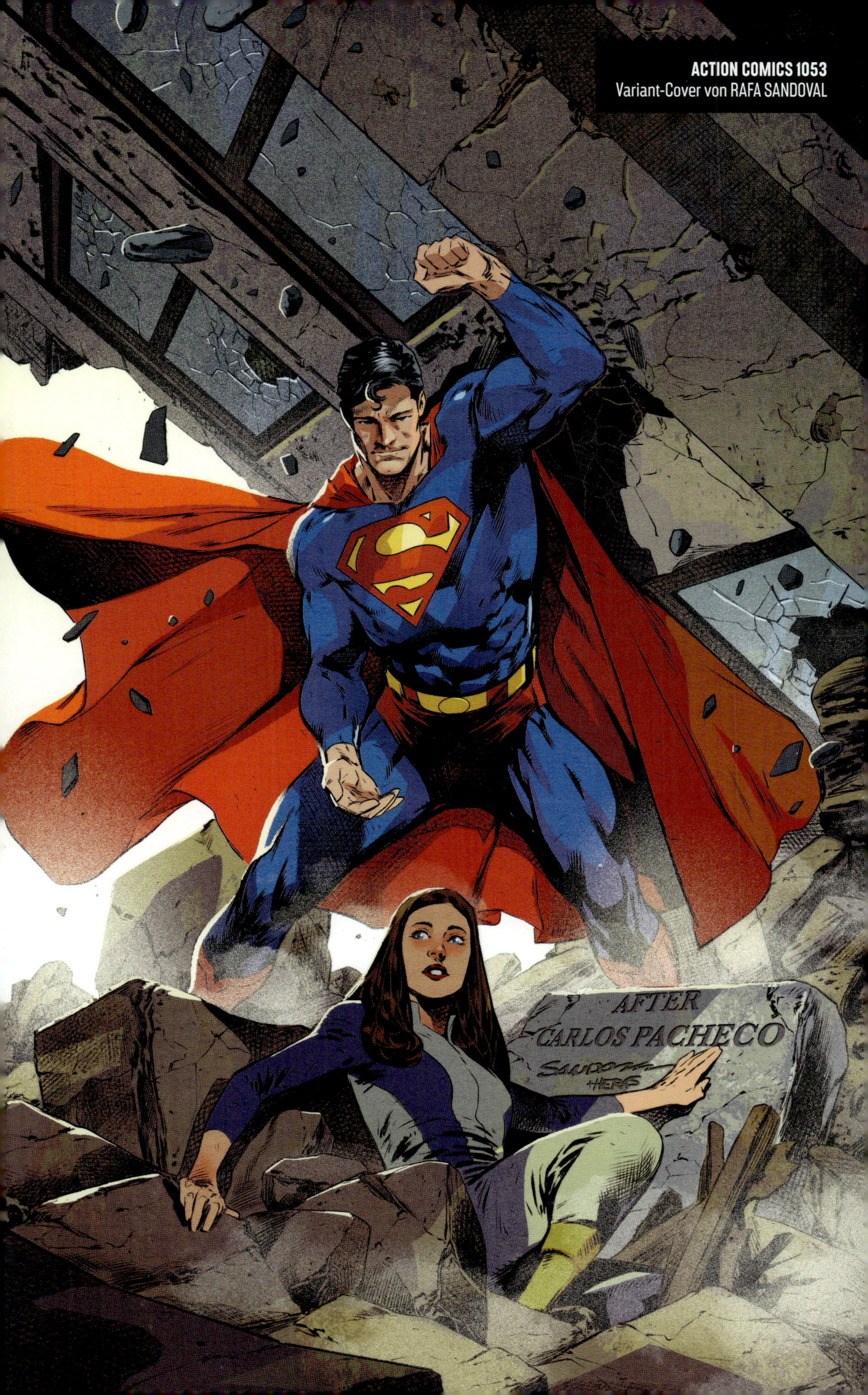

ACTION COMICS 1053
Variant-Cover von RAFA SANDOVAL

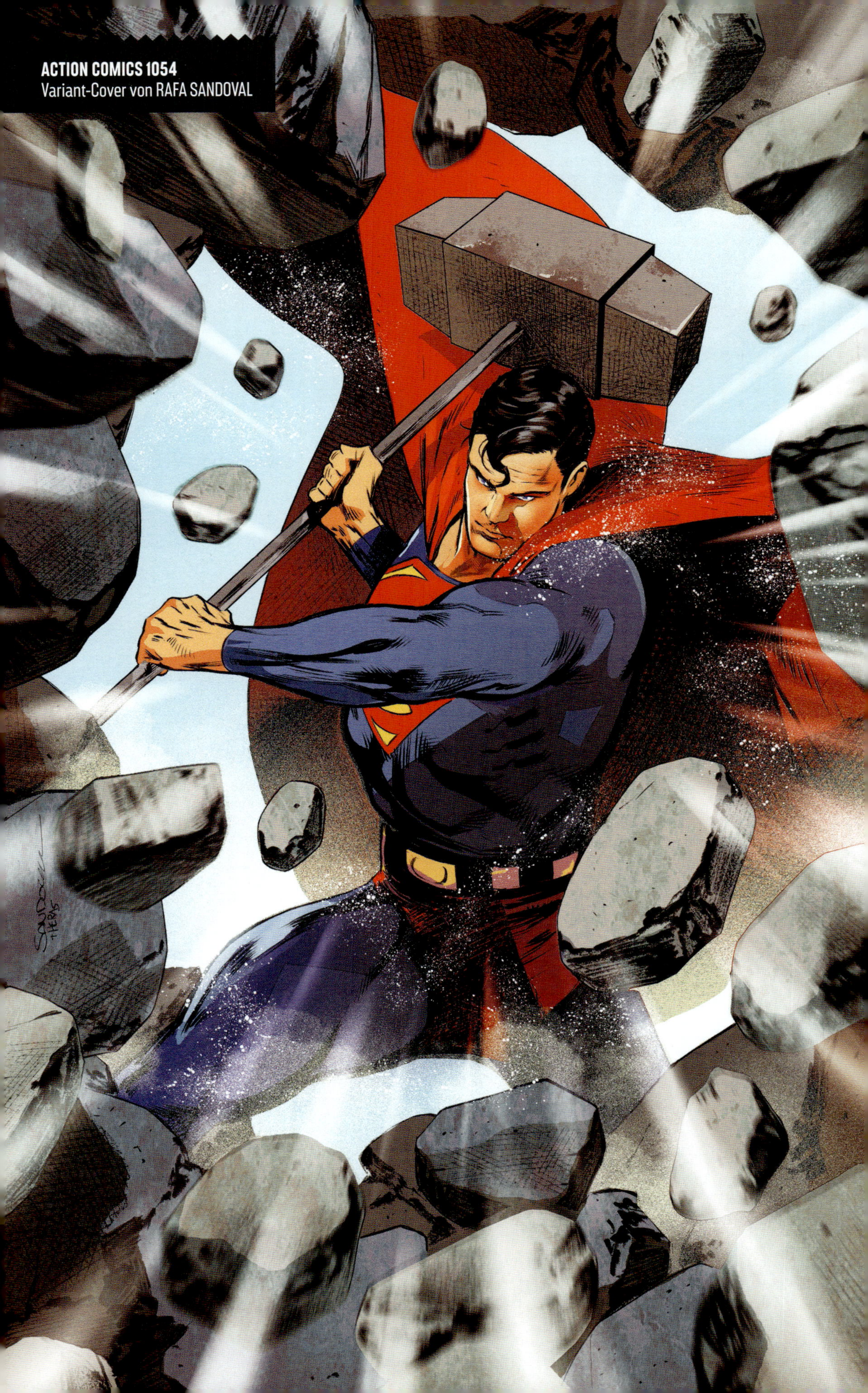

ACTION COMICS 1054
Variant-Cover von RAFA SANDOVAL

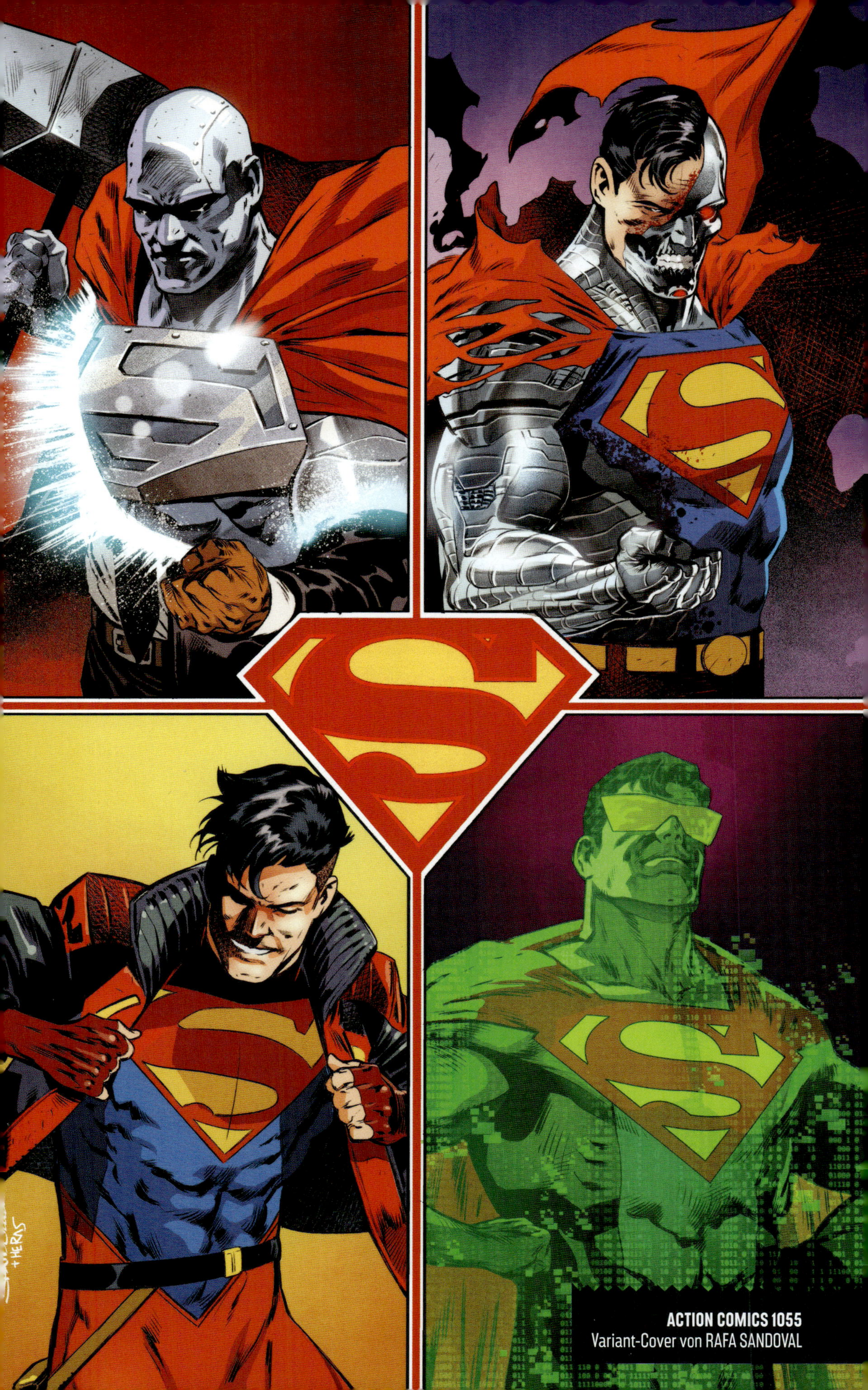

ACTION COMICS 1055
Variant-Cover von RAFA SANDOVAL

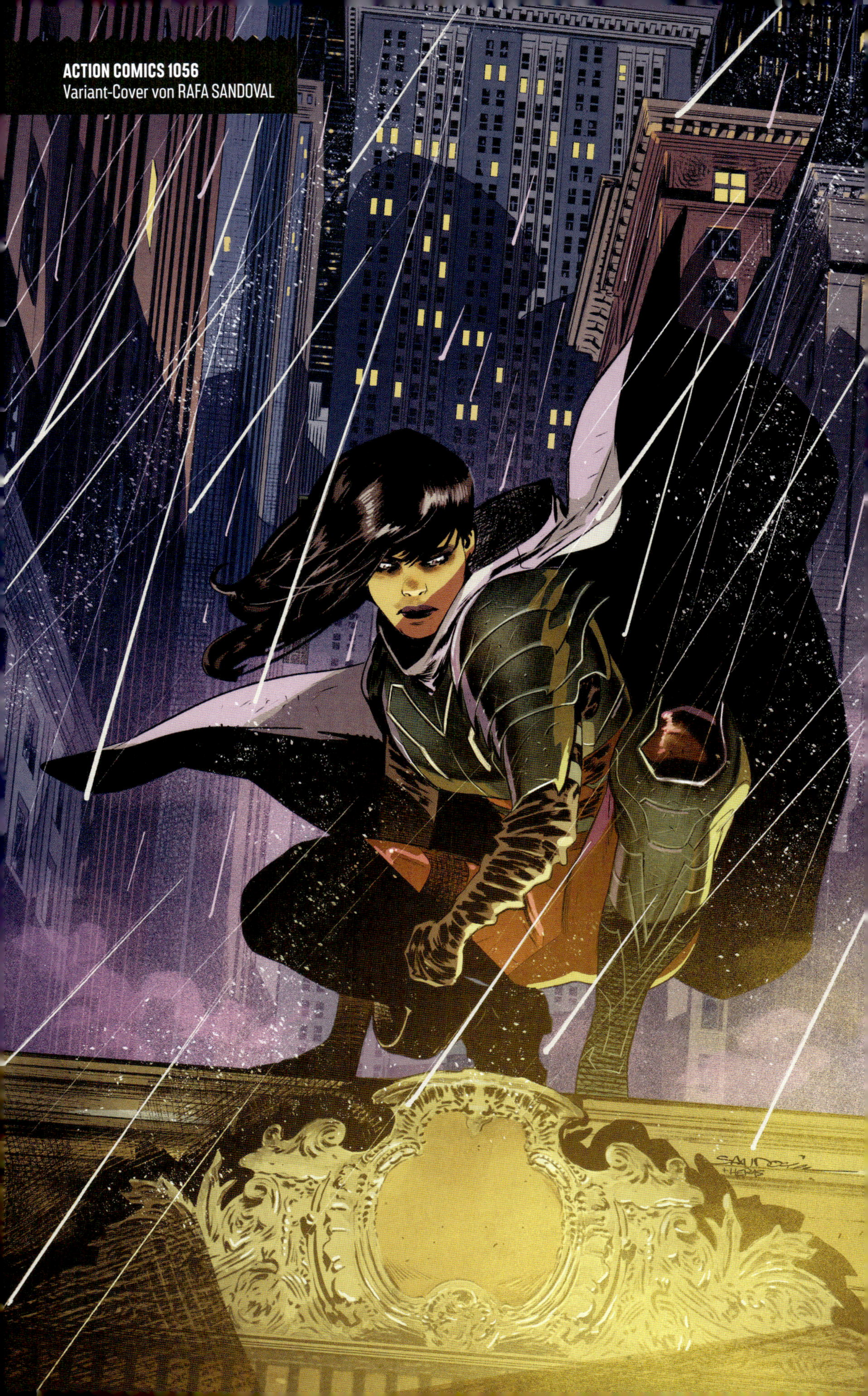

ACTION COMICS 1056
Variant-Cover von RAFA SANDOVAL

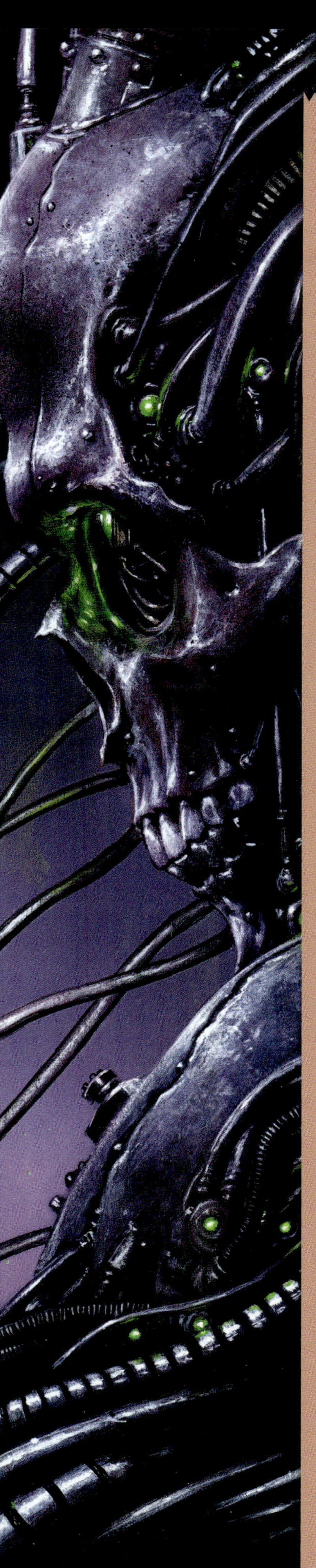

MACHT VON METROPOLIS

von **Christian Heiß**

DER STÄHLERNE SOLDAT

Zwei kybernetische Supermänner machen dem wahren **Mann aus Stahl** in dieser Ausgabe das Leben schwer: Der ältere der beiden, **John Corben**, trat erstmals in US-*Action Comics* 252 (Mai 1959) in einer Story von **Robert Bernstein** und **Al Plastino** auf und ist das wohl bekannteste Alter Ego des Superman-Erzfeindes **Metallo**. In der betreffenden Ausgabe wird beschrieben, wie der Reporter Corben nach einem verheerenden Autounfall von einem genialen Wissenschaftler gerettet wird und einen neuen Körper erhält. Dieser neue, künstliche Metallkörper wird durch ein Kryptonitherz angetrieben, was für Corben praktisch ist, da er sich dem Verbrechen zuwendet, und dank dieser tödlichen Waffe kann selbst Superman Corben nichts anhaben.

Später wurde Corbens Geschichte mehrfach umgeschrieben. In der aktuellen Version ist er ein ehemaliger Sergeant der US-Armee, der **Lois Lanes** Vater **Sam Lane** unterstellt war. Er meldete sich freiwillig für das von **John Henry Irons** (alias **Steel**) erdachte **Projekt Stahlsoldat**, um Superman bekämpfen zu können, der von den Militärs anfangs als Gefahr für die Sicherheit des Landes betrachtet wurde. Doch die experimentelle Prozedur verwandelte den mutigen Freiwilligen in den monströsen Maschinenmenschen Metallo, der nun von einem Herzen aus strahlendem Kryptonit und einem gewaltigen Hass auf Superman angetrieben wird.

KYBERNETISCHER KILLER

Der zweite Maschinenmensch in dieser Ausgabe ist die jüngste Inkarnation des **Cyborg-Superman**, der seit der großen Saga **Der Tod von Superman** einer der wichtigsten Antagonisten des **Mannes von Morgen** ist. Der Körper des Astronauten **Hank Henshaw** wurde bei einem Flug ins All, bei dem auch Henshaws Frau **Terri** ums Leben kam, durch All-Strahlung in ein Bewusstsein verwandelt, das Technologie und Maschinenteile steuern kann. Der wahnsinnig gewordene Henshaw sieht seither in Superman den Killer seiner Frau. Er schuf sich aus geklonter Superman-DNS und kryptonischer Technologie einen neuen Körper für sein Bewusstsein. Als bizarrer Cyborg-Superman kam er nach Supermans vermeintlichem Tod im Anschluss an den Kampf gegen **Doomsday** nach **Metropolis** und etablierte sich schnell als neuer, stählerner Held. Doch es zeigte sich, dass Henshaw im Bündnis mit dem Alien **Mongul** tatsächlich die Eroberung der Erde plante, ein Vorhaben, das auch dank der Rückkehr des wahren Superman vereitelt werden konnte.

FREUNDE DER ERDE?

Die **Blue Earth**-Bewegung proklamiert zwar, nur für das Wohl der Menschen in Metropolis einzustehen, doch zu oft hat sich gezeigt, dass ihre Anhänger vor Betrug, Hetze und roher Gewalt nicht zurückschrecken. Die Anführerin von Blue Earth ist **Norah Stone**, die unter dem Deckmantel des Fremdenhasses aber noch ganz andere Pläne schmiedet, wie wir im nächsten Band sehen werden. Um die wahre Identität der umtriebigen Agitatorin herauszufinden, empfehlen wir dem detektivisch geneigten Superman-Leser einen Blick in *Superman – Action Comics* 2 aus dem Jahr 2022 zu werfen.

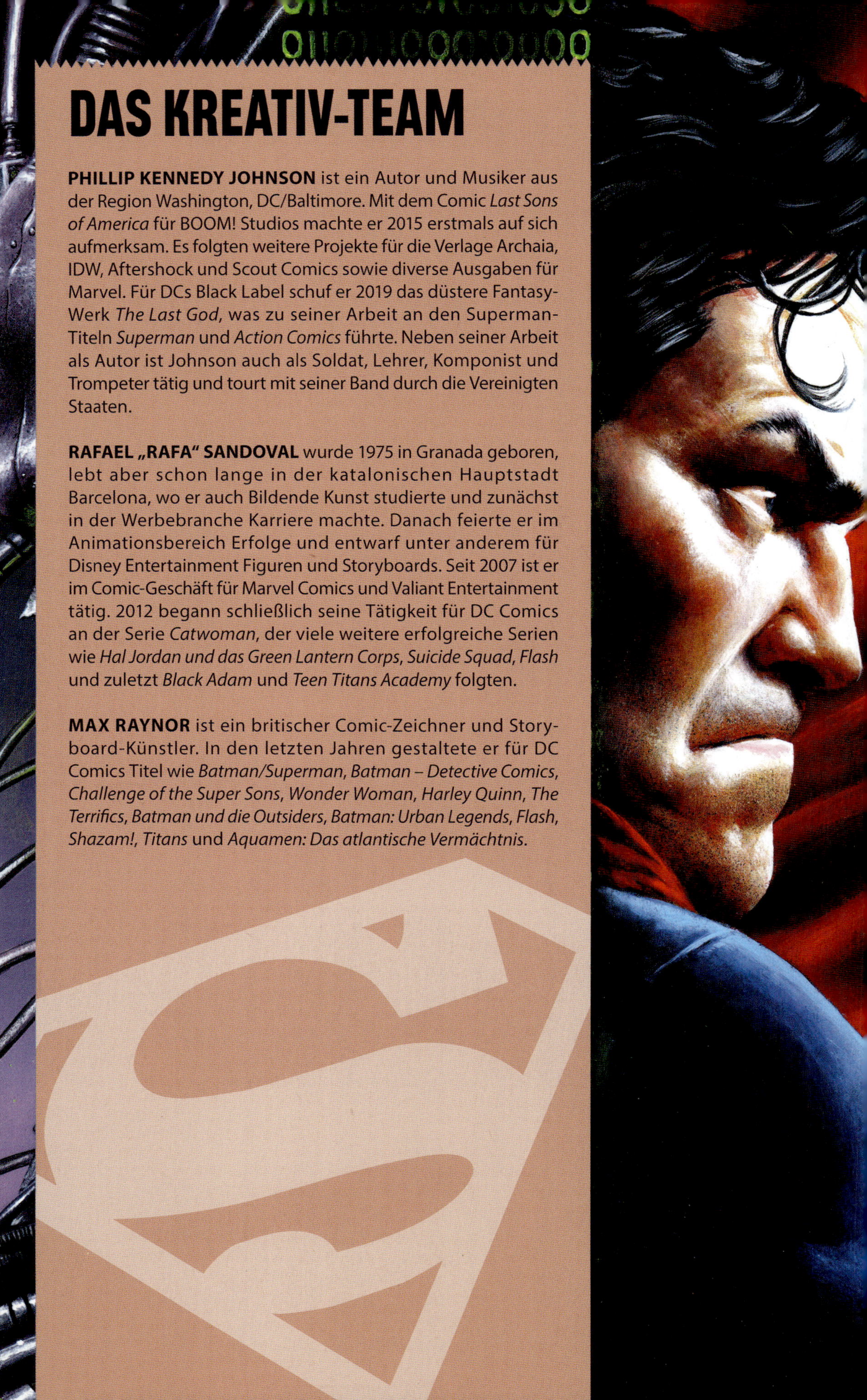

DAS KREATIV-TEAM

PHILLIP KENNEDY JOHNSON ist ein Autor und Musiker aus der Region Washington, DC/Baltimore. Mit dem Comic *Last Sons of America* für BOOM! Studios machte er 2015 erstmals auf sich aufmerksam. Es folgten weitere Projekte für die Verlage Archaia, IDW, Aftershock und Scout Comics sowie diverse Ausgaben für Marvel. Für DCs Black Label schuf er 2019 das düstere Fantasy-Werk *The Last God*, was zu seiner Arbeit an den Superman-Titeln *Superman* und *Action Comics* führte. Neben seiner Arbeit als Autor ist Johnson auch als Soldat, Lehrer, Komponist und Trompeter tätig und tourt mit seiner Band durch die Vereinigten Staaten.

RAFAEL „RAFA" SANDOVAL wurde 1975 in Granada geboren, lebt aber schon lange in der katalonischen Hauptstadt Barcelona, wo er auch Bildende Kunst studierte und zunächst in der Werbebranche Karriere machte. Danach feierte er im Animationsbereich Erfolge und entwarf unter anderem für Disney Entertainment Figuren und Storyboards. Seit 2007 ist er im Comic-Geschäft für Marvel Comics und Valiant Entertainment tätig. 2012 begann schließlich seine Tätigkeit für DC Comics an der Serie *Catwoman*, der viele weitere erfolgreiche Serien wie *Hal Jordan und das Green Lantern Corps*, *Suicide Squad*, *Flash* und zuletzt *Black Adam* und *Teen Titans Academy* folgten.

MAX RAYNOR ist ein britischer Comic-Zeichner und Storyboard-Künstler. In den letzten Jahren gestaltete er für DC Comics Titel wie *Batman/Superman*, *Batman – Detective Comics*, *Challenge of the Super Sons*, *Wonder Woman*, *Harley Quinn*, *The Terrifics*, *Batman und die Outsiders*, *Batman: Urban Legends*, *Flash*, *Shazam!*, *Titans* und *Aquamen: Das atlantische Vermächtnis.*